MULTIPARENTALIDADE
UMA ANÁLISE DOS LIMITES E EFEITOS JURÍDICOS PRÁTICOS SOB O ENFOQUE DO PRINCÍPIO DA AFETIVIDADE

KARINA BARBOSA FRANCO

Prefácio
Marcos Ehrhardt Jr.

Posfácio
Fabíola Albuquerque Lobo

MULTIPARENTALIDADE

UMA ANÁLISE DOS LIMITES E EFEITOS JURÍDICOS PRÁTICOS SOB O ENFOQUE DO PRINCÍPIO DA AFETIVIDADE

2ª edição

6

Belo Horizonte

2025

© 2021 1ª ed. Editora Fórum Ltda.
© 2025 2ª edição

É proibida a reprodução total ou parcial desta obra, por qualquer meio eletrônico, inclusive por processos xerográficos, sem autorização expressa do Editor.

Coleção Fórum

Coordenação da coleção
Marcos Ehrhardt Júnior

Conselho Editorial da coleção
Ana Carolina Brochado Teixeira
Anderson Schreiber
Eroulths Cortiano Junior
Fabiola Albuquerque Lobo
Flávio Tartuce
Gustavo Tepedino
Nelson Rosenvald
Paulo Lôbo
Rodrigo da Cunha Pereira
Walber e Moura Agra

Conselho Editorial

Adilson Abreu Dallari
Alécia Paolucci Nogueira Bicalho
Alexandre Coutinho Pagliarini
André Ramos Tavares
Carlos Ayres Britto
Carlos Mário da Silva Velloso
Cármen Lúcia Antunes Rocha
Cesar Augusto Guimarães Pereira
Clovis Beznos
Cristiana Fortini
Dinorá Adelaide Musetti Grotti
Diogo de Figueiredo Moreira Neto (*in memoriam*)
Egon Bockmann Moreira
Emerson Gabardo
Fabrício Motta
Fernando Rossi
Flávio Henrique Unes Pereira
Floriano de Azevedo Marques Neto
Gustavo Justino de Oliveira
Inês Virgínia Prado Soares
Jorge Ulisses Jacoby Fernandes
Juarez Freitas
Luciano Ferraz
Lúcio Delfino
Marcia Carla Pereira Ribeiro
Márcio Cammarosano
Marcos Ehrhardt Jr.
Maria Sylvia Zanella Di Pietro
Ney José de Freitas
Oswaldo Othon de Pontes Saraiva Filho
Paulo Modesto
Romeu Felipe Bacellar Filho
Sérgio Guerra
Walber de Moura Agra

FÓRUM
CONHECIMENTO JURÍDICO

Luís Cláudio Rodrigues Ferreira
Presidente e Editor

Coordenação editorial: Leonardo Eustáquio Siqueira Araújo / Aline Sobreira de Oliveira
Revisão: Patrícia Falcão
Capa e projeto gráfico: [capa]
Diagramação: Formato Editorial

Rua Paulo Ribeiro Bastos, 211 – Jardim Atlântico – CEP 31710-430
Belo Horizonte – Minas Gerais – Tel.: (31) 99412.0131
www.editoraforum.com.br – editoraforum@editoraforum.com.br

Técnica. Empenho. Zelo. Esses foram alguns dos cuidados aplicados na edição desta obra. No entanto, podem ocorrer erros de impressão, digitação ou mesmo restar alguma dúvida conceitual. Caso se constate algo assim, solicitamos a gentileza de nos comunicar através do e-mail editorial@editoraforum.com.br, para que possamos esclarecer no couber. A sua contribuição é muito importante para mantermos a excelência editorial. A Editora Fórum agradece a sua contribuição.

Dados Internacionais de Catalogação na Publicação (CIP) de acordo com ISBD

F825m	Franco, Karina Barbosa Multiparentalidade: uma análise dos limites e efeitos jurídicos práticos sob o enfoque do princípio da afetividade -- 2. ed. -- / Karina Barbosa Franco. Belo Horizonte: Fórum, 2025. 214p. 14,5x21,5cm Coleção Fórum Direito Civil e seus desafios contemporâneos, v. 6 ISBN da coleção: 978-85-450-0675-6 ISBN impresso 978-65-5518-843-1 ISBN digital 978-65-5518-845-5 1. Filiação. 2. Socioafetividade. 3. Multiparentalidade. I. Título. CDD: 342.085 CDU: 347

Ficha catalográfica elaborada por Lissandra Ruas Lima – CRB/6 – 2851

Informação bibliográfica deste livro, conforme a NBR 6023:2018 da Associação Brasileira de Normas Técnicas (ABNT):

FRANCO, Karina Barbosa. *Multiparentalidade*: uma análise dos limites e efeitos jurídicos práticos sob o enfoque do princípio da afetividade. 2. ed. Belo Horizonte: Fórum, 2025. 214 p. ISBN 978-65-5518-843-1. (Coleção Fórum Direito Civil e seus desafios contemporâneos, v. 6).

Dedico à minha amada família nas pessoas dos meus pais, Washington Franco e Nilza Cabral Barbosa Franco, e ao meu companheiro, Romikson Christiano da Silva Freitas.

AGRADECIMENTOS

A Deus por ter me guiado até este momento.

Ao professor Marcos Ehrhardt Junior por toda a orientação, incentivo e apoio na minha trajetória acadêmica e profissional.

À querida professora Fabíola Albuquerque Lobo, que me ensina, inspira e incentiva na vida acadêmica e pessoal.

Aos integrantes do Grupo de Pesquisa Constitucionalização das Relações Privadas (CONREP), na pessoa do professor Paulo Lôbo, que me acolheram e oportunizaram ampliar os conhecimentos e pesquisas na área de Direito Civil.

A todos os que contribuíram para minha trajetória acadêmica, incentivando, apoiando e torcendo para a realização de um objetivo, que culminou com a publicação desta obra.

SUMÁRIO

APRESENTAÇÃO
COLEÇÃO FÓRUM DIREITO CIVIL E SEUS DESAFIOS CONTEMPORÂNEOS
Marcos Ehrhardt Jr. 11

PREFÁCIO
Marcos Ehrhardt Jr. 13

CAPÍTULO 1
INTRODUÇÃO 15

CAPÍTULO 2
FILIAÇÃO E PARENTALIDADE SOCIOAFETIVA 19
2.1   Filiação 19
2.1.1 Conceito de filiação e sua evolução legislativa 19
2.1.2 Espécies da filiação e os contornos para a filiação socioafetiva .. 24
2.2   O afeto como vetor das relações familiares contemporâneas 26
2.2.1 Natureza jurídica do afeto e o princípio jurídico da afetividade   30
2.2.2 O estado de filho (posse de estado de filho) e a filiação socioafetiva 37
2.3   Da parentalidade socioafetiva.. 44
2.3.1 A parentalidade socioafetiva sob a ótica do STJ e a necessária distinção entre direito à origem genética e direito ao estado de filiação 47
2.3.2 Da parentalidade socioafetiva à possibilidade do reconhecimento da multiparentalidade 58

CAPÍTULO 3
O INSTITUTO DA MULTIPARENTALIDADE: ANÁLISE NA PERSPECTIVA CIVIL-CONSTITUCIONAL 61
3.1   A nova principiologia aplicável à multiparentalidade 61
3.2   Origem e sua conceituação... 70

3.3	As decisões iniciais que reconheceram a multiparentalidade, o RE nº 898.060/SC e a tese fixada em repercussão geral	80
3.4	Posicionamento doutrinário acerca do reconhecimento da multiparentalidade pelo STF	100
3.5	A multiparentalidade extrajudicial	108

CAPÍTULO 4
DOS LIMITES E EFEITOS JURÍDICOS DECORRENTES DA MULTIPARENTALIDADE 121

4.1	Os limites para o reconhecimento da multiparentalidade à luz do princípio de afetividade	121
4.1.1	A (im)possibilidade do reconhecimento da multiparentalidade com base apenas no critério biológico	122
4.1.2	A discussão sobre o reconhecimento da multiparentalidade com fins meramente patrimoniais, escusos ou imorais	130
4.1.3	Análise de outros parâmetros que configuram a tese da repercussão geral sobre a multiparentalidade	141
4.2	O exercício da multiparentalidade e seus efeitos jurídicos	155
4.2.1	Em relação ao exercício da autoridade parental	159
4.2.2	Em relação ao direito de convivência e à guarda compartilhada	161
4.2.3	Em relação à obrigação alimentar	166
4.2.4	Em relação aos direitos sucessórios	173

CAPÍTULO 5
CONSIDERAÇÕES FINAIS 191

POSFÁCIO 195

REFERÊNCIAS 199

APRESENTAÇÃO

COLEÇÃO FÓRUM DIREITO CIVIL E SEUS DESAFIOS CONTEMPORÂNEOS

A vida em sociedade é uma constante mutação nos modos e na intensidade de relações interpessoais cada vez mais fluidas e complexas. Diversidade e pluralidade se tornam um desafio para operadores do direito comprometidos com as diretrizes axiológicas do texto constitucional, num cenário de pouca tolerância e respeito a pontos de vista e escolhas comportamentais e negociais diferentes da maioria.

O Direito Civil exprime o cotidiano do sujeito comum, do indivíduo que assume funções em seu ambiente familiar, negocial e tem que equilibrar as necessidades de interação e contato social com o respeito a seus valores e visão de mundo, que determinam seu projeto de vida e decisões eminentemente existenciais. A velocidade das mudanças no mundo contemporâneo tem produzido um evidente impacto nos institutos tradicionais da disciplina, que carecem de ressistematização e uma funcionalização atenta aos legítimos interesses das pessoas envolvidas.

O melhor caminho para refletir sobre os desafios de aplicar um conhecimento que era abordado de modo estático numa realidade analógica, a um cenário dinâmico de elevada interação digital, é ter acesso a um acervo de qualidade técnica, elaborado mediante uma pesquisa de fontes exemplar, comprometido com análise crítica do contexto fático atual e com uma metodologia que privilegia a pessoa e suas necessidades existenciais em detrimento de aspectos puramente patrimoniais.

Com esses objetivos apresenta-se a *Coleção Fórum de Direito Civil e seus desafios contemporâneos*, criada com a finalidade de servir como um espaço privilegiado para discussão de um direito civil adequado às demandas do tempo presente. Os livros que forem editados com esse selo têm por objetivo abordar temas que necessitam de maior atenção e debate de operadores jurídicos, quer seja por sua inovação, necessidade de revisão de entendimentos clássicos, quer seja pela nova abordagem que sugerem para enfrentamento de questões controversas relevantes para a melhoria da prestação jurisdicional em nosso país. Busca-se reunir uma doutrina útil para novas pesquisas e para servir de fonte preferencial para decisões judiciais, servindo de fundamento para a atuação de advogados, promotores, defensores e magistrados.

Com a criação desta Coleção, a Editora Fórum mais uma vez reafirma seu compromisso com a consolidação e divulgação de doutrina jurídica de qualidade a seus leitores, garantindo um espaço de excelência para o trabalho de todos aqueles que acreditam na pesquisa jurídica como num dos caminhos para a construção de uma sociedade mais justa e solidária.

Maceió/AL, 21 de abril de 2019.
Marcos Ehrhardt Júnior
Coordenador

PREFÁCIO

NOVOS CAPÍTULOS NA COMPREENSÃO DA MULTIPARENTALIDADE EM NOSSO SISTEMA JURÍDICO

Em tempos tão difíceis para atividades acadêmicas e de incertezas cada vez mais robustas sobre o futuro do ensino público em nosso país, especialmente no nível dos cursos de pós-graduação stricto sensu, preciso registrar minha alegria e satisfação em escrever este texto, que serve de apresentação a uma pesquisa que se iniciou durante o curso de mestrado em direito da Universidade Federal de Alagoas.

Apesar da decisão do Supremo Tribunal Federal, no julgamento do RE nº 898.060/SC, a partir da qual se admitiu a possibilidade de coexistência das filiações biológica e socioafetiva em nosso sistema jurídico, ampliando os vínculos parentais e reconhecendo a configuração da multiparentalidade, as consequências e desdobramentos de tal instituto ainda não se encontram suficientemente desenvolvidos em nosso país.

Vários aspectos e consequências práticas da decisão são objeto de análise ao longo do texto, como, por exemplo, a indagação se é possível o reconhecimento da multiparentalidade nas famílias reconstituídas pelo vínculo da filiação socioafetiva entre padrastos, madrastas e enteados. A temática é relevante por ser a multiparentalidade um fenômeno que representa uma realidade jurídica impulsionada pela dinâmica das novas relações parentais, quando a mera substituição da parentalidade (biológica e socioafetiva) não atende ao caso concreto, sem olvidar que as famílias reconstituídas vêm ocupando um lugar de destaque entre as famílias contemporâneas.

As famílias denominadas recompostas, reconstituídas ou mosaico, merecem cada vez mais a atenção dos operadores jurídicos em face da elevada incidência de separações de fato, dissoluções de uniões estáveis e divórcios em decorrência da liberdade de desconstituição familiar, principalmente a partir da EC nº 66/2010. Segundo dados do IBGE, o número de pessoas se relacionando com esta configuração já ultrapassa 4,5 milhões.

Após manifestação do STF, é preciso integrar a noção de multiparentalidade no contexto de direitos sucessórios e deveres relacionados ao exercício do direito de convivência. Em geral, é nesse ponto que contribuições doutrinárias ainda são escassas e ainda não analisam em profundidade o impacto causado pela multiparentalidade; instituto que não deve ter uma aplicação expansiva, pois foi forjado para resolver situações que, até então, não encontravam resposta específica e adequada em nossa tradição jurídica.

Permeia o texto o entendimento de que o respeito à diferença e às escolhas do outro, juntamente com a compreensão de que é possível viver de modo diverso do que o caminho escolhido por si próprio, não havendo hierarquia na forma de constituição de arranjos familiares, são premissas fundamentais.

As recentes mudanças legislativas e os entendimentos jurisprudenciais que vêm se consolidando exigem atualização constante dos operadores jurídicos e a necessidade de ressignificar conceitos mediante interpretação prospectiva que privilegie o exercício da autonomia existencial com responsabilidade, tanto no espaço da convivência conjugal quanto da parental. Acredito que este livro pode auxiliar decisivamente no debate sobre o tema.

Maceió, 25 de abril de 2021.

Marcos Ehrhardt Júnior

Advogado. Doutor em Direito pela Universidade Federal de Pernambuco (UFPE). Professor de Direito Civil da Universidade Federal de Alagoas (UFAL) e do Centro Universitário CESMAC. Editor da Revista Fórum de Direito Civil – RFDC. Vice-Presidente do Instituto Brasileiro de Direito Civil (IBDCIVIL). Presidente da Comissão de Enunciados do Instituto Brasileiro de Direito de Família (IBDFAM). Membro Fundador do Instituto Brasileiro de Direito Contratual (IBDCont) e do Instituto Brasileiro de Estudos de Responsabilidade Civil (IBERC).
E-mail: contato@marcosehrhardt.com.br

CAPÍTULO 1

INTRODUÇÃO

Assim como grande parte dos institutos do Direito das Famílias, a partir da compreensão das normas infraconstitucionais sob a ótica dos princípios da Constituição Federal, o instituto da filiação foi alvo de indelével transformação com o advento das Constituições sociais, sobretudo a de 1988, sob a égide da igualdade entre os filhos e da primazia do afeto nas relações parentais.

A nossa Lei Fundamental, como marco paradigmático, iniciou o reconhecimento da afetividade no trato das relações familiares, tornando-se vetor e o eixo nas suas formações e na filiação, ressignificando o modelo tradicional da família, que se tornou socioafetiva por ser um grupo social considerado base da sociedade, unido na convivência afetiva. Nesse sentido, a socioafetividade foi erigida a uma categoria com sistematização recente na filiação, passando a congregar o fato social e a incidência do princípio da afetividade.

Na década de 1970, João Baptista Villela já anunciava as transformações pelas quais a família passou, constituindo, em sua acepção, um grupo de afetividade e companheirismo, acarretando um reforço ao esvaziamento biológico da paternidade.

No campo das filiações, o sistema clássico, na proteção da família, era assentado em duas vertentes: a jurídica e a biológica. A superação desse sistema se deu com a busca da verdade da filiação em uma concreta relação paterno-materno-filial, pais e filhos que se tratam como tais. Daí emerge a verdade socioafetiva, aqui defendida e delimitada pela posse de estado de filho.

Nesse contexto e diante do paradigma da biparentalidade, as decisões reconheciam a prevalência ou da parentalidade biológica ou da parentalidade socioafetiva. Com base numa realidade jurídica impulsionada pela dinâmica das novas relações parentais, a doutrina começou a questionar a possibilidade do reconhecimento concomitante das parentalidades.

Com a possibilidade de coexistirem, sem haver, necessariamente, a exclusão da parentalidade biológica e da socioafetiva, surge, nesse cenário, a multiparentalidade, inserindo-se num contexto da atualidade, haja vista que as primeiras decisões de 1º e 2º graus reconhecendo o instituto datam de 2012, motivo pelo qual foram pesquisadas decisões reconhecendo a multiparentalidade entre os anos de 2012 e 2021.

Em 2016, na decisão com repercussão geral reconhecida (Tema 622), o Supremo Tribunal Federal (STF), nos autos do Recurso Extraordinário (RE) nº 898.060/SC, ampliou os conceitos e as nuances dos vínculos parentais; reconheceu juridicamente a parentalidade socioafetiva, a inexistência de hierarquia entre as filiações biológica e socioafetiva; e inovou quando admitiu a possibilidade de coexistência das filiações biológica e socioafetiva, para todos os fins de direito, reconhecendo a configuração da multiparentalidade.

A partir dessas razões epistemológicas, é que será desenvolvida a pesquisa com o tema "Multiparentalidade: uma análise dos limites e efeitos jurídicos práticos sob o enfoque do princípio da afetividade", cuja problemática está centrada na seguinte indagação: quais os limites e efeitos jurídicos decorrentes da multiparentalidade, considerando a possibilidade de coexistência das filiações biológica e socioafetiva pela posse de estado de filho?

Tal indagação acomoda nas suas entrelinhas outras, a saber: é possível o reconhecimento da multiparentalidade com base apenas no critério biológico, não estando presente a efetiva afetividade e convivência entre as pessoas que buscam o vínculo parental? É cabível o reconhecimento da multiparentalidade na hipótese inversa diante da superveniência da parentalidade socioafetiva à parentalidade biológica? E ainda: para o reconhecimento da multiparentalidade, estariam excluídas as hipóteses de adoção e filiação oriunda de inseminação artificial heteróloga? Esses questionamentos conferem os parâmetros para a limitação do reconhecimento da multiparentalidade.

Ocorre que houve necessidade, também, de analisar alguns efeitos jurídicos decorrentes da multiparentalidade. Sem o intuito de esgotar a investigação de todos os efeitos, adotaram-se, como parâmetro, e em um corte bem delimitado no âmbito do Direito das Famílias e Sucessões, os efeitos destacados por Paulo Lôbo: na ordem existencial, o exercício da autoridade parental e a guarda compartilhada; e na patrimonial, o direito aos alimentos e à sucessão.

Surgiram, por conseguinte, outros questionamentos: o que ocorre se os múltiplos pais vierem a necessitar de alimentos? O filho deve ser chamado a prestar alimentos aos seus múltiplos pais? É possível ou não uma pessoa herdar mais de uma vez de pais e mães diferentes, como efeito jurídico no âmbito sucessório? Se uma pessoa pode receber herança de dois pais, o que ocorre caso o filho venha a falecer antes dos pais, sem deixar descendentes? Como será feita a distribuição nessa hipótese?

Diante de tantas indagações e controvérsias, a pesquisa tem relevância para a sociedade brasileira, diante da ocorrência das situações fáticas consolidadas que envolvem as relações multiparentais, e relevância científica, porque carece de normatização legal no ordenamento jurídico, assim como de consenso definido ou consolidado na doutrina e nas decisões, necessitando de uma maior discussão na Academia, a despeito da decisão do STF que será analisada.

Nesse passo, o presente estudo pretende promover, dessa forma, uma análise do instituto da multiparentalidade, sob o enfoque do princípio da afetividade, apontando limites e critérios para o seu reconhecimento, bem como os efeitos jurídicos já delimitados – de ordem pessoal e patrimonial, partindo-se da análise de decisões de 1º e 2º graus, casos concretos e hipotéticos, considerando a possibilidade da coexistência entre as filiações biológica e socioafetiva, restringindo-se a pesquisa ao seu estudo sob o viés de sua caracterização pela posse de estado de filho.

Para tanto, intentar-se-á alcançar os seguintes objetivos específicos: a análise do instituto da filiação, considerando os critérios biológico, jurídico e socioafetivo; a abordagem da teoria da parentalidade socioafetiva; e a possibilidade de coexistência entre as filiações biológica e socioafetiva.

Após, analisar-se-á o instituto da multiparentalidade, estudando os seus princípios constitucionais norteadores, entre eles, o da dignidade da pessoa humana, da afetividade, do melhor interesse da criança e do adolescente e o da paternidade responsável; sua origem, conceituação e a decisão do STF no Recurso Extraordinário nº 898.060/SC, buscando compreender os fundamentos que balizaram os julgadores e apontando as críticas e as ilações decorrentes do posicionamento da Suprema Corte.

Serão estudados os limites para o reconhecimento da multiparentalidade e os efeitos jurídicos decorrentes do seu reconhecimento, delimitados no âmbito do Direito das famílias e sucessões, seguindo a classificação do Paulo Lôbo, em um corte, a partir de decisões, casos concretos e hipotéticos, para dirimir os questionamentos iniciais propostos.

O segundo capítulo abordará o instituto da filiação em uma evolução histórica e a parentalidade socioafetiva. No terceiro capítulo, a multiparentalidade será analisada sob a perspectiva civil-constitucional, abordando-se a decisão central da pesquisa no Recurso Extraordinário nº 898.060/SC como precedente judicial, prolatada pelo Supremo Tribunal Federal, que servirá de parâmetro para dirimir o questionamento central da pesquisa, além de outras decisões, no período de 2012 a 2021, que reconhecem a multiparentalidade. O quarto capítulo analisará quais os limites para o reconhecimento da multiparentalidade e os efeitos restritos ao âmbito existencial e patrimonial no Direito das Famílias e Sucessões.

Por fim, apresenta-se, na conclusão, a posição da autora acerca da problematização central, calcada nos argumentos explicitados no decorrer da pesquisa, a qual foi dividida em seções organizadas numa perspectiva de abordagem do conteúdo de modo dinâmico, correlacionando todos os assuntos de forma íntegra e formalmente fundamentados nas bases teóricas apresentadas por meio das bibliografias nelas utilizadas.

CAPÍTULO 2

FILIAÇÃO E PARENTALIDADE SOCIOAFETIVA

2.1 Filiação

2.1.1 Conceito de filiação e sua evolução legislativa

Pontes de Miranda conceitua a relação que o fato da procriação estabelece entre duas pessoas, uma das quais nascida da outra, como paternidade ou maternidade. Filiação é a relação do filho para com qualquer dos genitores.[1]

O vínculo de filiação está no centro das relações familiares e traduz a relação de parentesco que se estabelece entre duas pessoas, uma das quais é titular de autoridade parental; a outra se vincula pela origem biológica ou socioafetiva.[2] No âmbito do Direito das Famílias, foi o ramo que recebeu maiores impactos, considerando as mudanças legislativas, constitucionais e a construção doutrinária e jurisprudencial.

É importante para a compreensão da pesquisa trazer à baila uma breve evolução da família e da filiação em uma sucinta digressão, na qual a família contemporânea sofreu os influxos da família romana e canônica.

A família romana assentava no poder incontrastável do *pater famílias*, "sacerdote, senhor e magistrado", que se exercia sobre os

---

[1] MIRANDA, Pontes de. *Tratado de Direito de Família*. 3. ed. São Paulo: Max Limonad, 1947, v. IIII.
[2] LÔBO, Paulo. *Direito Civil*. Famílias. 8. ed. São Paulo: Saraiva, 2018, v. 5.

filhos, a mulher, os escravos, permitindo-lhe dispor livremente das pessoas e bens.³

Gomes leciona

> No direito romano, dividiam-se as pessoas quanto ao estado na família – *status familiae* – em *sui juris* e *alieni juris*. Na primeira categoria situava-se o *pater famílias*, na segunda, as pessoas submetidas ao seu poder. Os filhos não se emancipavam, como ocorria atualmente, ao atingirem certa idade. A mulher jamais ascendia à posição de *pater famílias*, conquanto adquirisse, em determinadas circunstâncias, a condição de *sui juris*.⁴

A mulher do *pater*, portanto, vivia totalmente sob a sua autoridade e sem autonomia, pois passava da condição de filha à esposa sem alteração da sua capacidade, constituindo a família uma unidade jurídica, econômica, política e religiosa, com estrutura análoga à do Estado. Seu modelo clássico era romano, patriarcal, matrimonializado, hierarquizado com base na autoridade do marido e do pai.

Na Idade Média, as famílias regeram-se exclusivamente pelo direito canônico. Para o cristianismo, a família devia fundar-se no matrimônio. Entre os séculos X e XV, o casamento religioso foi o único reconhecido, adotando-se o critério da legitimidade para a distinção existente entre os filhos legítimos e ilegítimos, cuja prole legítima era abençoada pela Igreja; já os provindos de fora do casamento eram reputados como naturais e espúrios, adulterinos e incestuosos.⁵

De acordo com Leite:

> Foi a igreja quem, de forma sistemática e implacável categorizou os filhos, em função da existência ou não de casamento. A partir desta categorização decorreu a discriminação em filhos legítimos, ilegítimos, em naturais e espúrios, em incestuosos e adulterinos, e assim por diante.⁶

---

³ GOMES, Orlando. *Direito de Família*. 14. ed. Atualizada por Humberto Theodoro Junior. Rio de Janeiro: Forense, 2002.
⁴ GOMES, Orlando. *Direito de Família*. 14. ed. Atualizada por Humberto Theodoro Junior. Rio de Janeiro: Forense, 2002, p. 39.
⁵ NOGUEIRA, Jacqueline Filgueras. *A filiação que se constrói:* o reconhecimento do afeto como valor jurídico. São Paulo: Memória Jurídica, 2001.
⁶ LEITE, Eduardo de Oliveira. *Temas de Direito de Família*. São Paulo: Revista dos Tribunais, 1994, p. 123.

Assim, no sistema jurídico então vigente à época da promulgação do Código Civil (CC) de 1916, sob a égide da Constituição de 1891,[7] o *status* de filho recebia designação diversa de acordo com o estado civil dos pais. A legitimidade da filiação era determinada pela legitimidade das relações dos pais e da mãe ao tempo da concepção.[8]

Se casados entre si, seria legítimo; se entre eles não figurasse laço matrimonial, seria ilegítimo. Nesta última classe, subdividia-se em filho natural e espúrio. O primeiro era concebido de pais não casados, mas sem nenhum impedimento, o que facilitava sua legitimação; já o último era concebido extramatrimonialmente, ante a existência de impedimentos matrimoniais entre os pais, podendo ser classificado em adulterino e incestuoso.

Uma distinção se estabelecia entre as filiações legítima e natural. Segundo Silva Pereira, "a primeira dava origem a uma relação jurídica que é correlata à situação de fato, instituindo-se o vínculo jurídico que liga o filho ao pai e à mãe. Este vínculo defluía do casamento e só se destruía mediante uma atuação jurisdicional contrária"; por outro lado, na filiação extramatrimonial não ocorria a mesma coincidência entre o fato do nascimento e a relação jurídica e, por conseguinte, não se configurava o vínculo jurídico entre pai e filho.[9]

No tocante à filiação legítima, repousava a presunção de que *"mater semper certa est"* e a incerteza girava em torno do pai. Daí a necessidade de fundar a paternidade numa possibilidade que a lei elevava à

---

[7] Traçando um panorama histórico dos diplomas normativos e projetos de lei, à época da proclamação da independência brasileira em 1822, Giselda Hironaka apresenta as principais referências anteriores ao Código Civil de 1916: as Ordenações Filipinas, Alvará de 9 de novembro de 1754, a Consolidação das Leis Civis de Teixeira de Freitas, que entregou em 1858 uma consolidação de toda a legislação civil em vigor, embora não tenha sido aprovado imediatamente, mas que serviu de inspiração para os países vizinhos, a exemplo da Argentina, Uruguai, Paraguai, e posteriormente, para Clóvis Beviláqua quando da elaboração do seu projeto. A autora cita o projeto de Nabuco de Araújo e o esboço de Teixeira de Freitas, o projeto de Felício dos Santos e Coelho Rodrigues, além da Consolidação de Carlos Carvalho e o projeto de Beviláqua, que se tornaria o Código Civil de 1916. Direito de Família no tempo (HIRONAKA, Giselda Maria Fernandes Novaes. Do Código Civil de 1916 ao de 2002 e além. *In:* HIRONAKA, Giselda Maria Fernandes Novaes; SANTOS, Romualdo Baptista dos (Coord.). *Direito Civil:* Estudos. Coletânea do XV Encontro dos Grupos de Pesquisa – IBDCIVIL. São Paulo: Blucher, 2018).

[8] RODRIGUES PEREIRA, Lafayette. *Direitos de Família.* 4. ed. São Paulo: Livraria Editora Freitas Bastos, 1945.

[9] SILVA PEREIRA, Caio Mário da. *Instituições de Direito Civil.* Atualização de Tânia da Silva Pereira. 25. ed. Rio de Janeiro: Forense, 2017. v. 6.

categoria de presunção legal,[10] a presunção *"pater is est"* – fundando-se a regra em dupla presunção – a de coabitação e de fidelidade da mulher, afastando-se qualquer dúvida em nome da instituição matrimônio, pois se presumia ser o pai o esposo da mulher casada.[11]

A partir dessa classificação, observar-se-á a evolução quanto à filiação em nosso ordenamento jurídico, examinando-se, brevemente, as alterações provocadas pelos textos constitucionais e legislações posteriores, para verificar que, *ab initio*, a lei civil relegava a verdade biológica e a afetiva a um segundo plano ante o interesse na preservação de outros valores como a intangibilidade da família legítima em vez do vínculo sanguíneo. Trata-se de um modelo construído para a manutenção da comunidade familiar, em que o afeto era presumido, mas que permitia a desigualdade entre os filhos e seu tratamento diferenciado.

As Constituições de 1824 e 1891, anteriores ao Código Civil de 1916, não fizeram menção à família. A de 1934 reservou um capítulo à família, embora reconhecendo a família legítima (arts. 144/147). A de 1937 (art. 124) definiu a família constituída pelo casamento indissolúvel, mas ampliou a preocupação com relação aos filhos naturais, facilitando-lhes o reconhecimento e equiparando-os aos legítimos.

Neste interregno, a filiação passou a ser regulada por legislações ordinárias, as quais foram objeto de tímida ampliação dos direitos dos filhos ilegítimos.

Em 1942, o Decreto-Lei nº 4.737 tratou do reconhecimento dos filhos ilegítimos, dispondo que o filho havido fora do matrimônio podia, depois do desquite, ser reconhecido ou demandar que se declarasse sua filiação, não se referindo, entretanto, às outras causas de terminação da sociedade conjugal, como a morte, por exemplo. O decreto vigorou até 1949,[12] quando foi revogado pela Lei nº 883, que permitiu a qualquer dos cônjuges, dissolvida a sociedade conjugal, reconhecer filho havido fora do matrimônio (art. 1º).

Em 1962, a Lei nº 4.121 estabeleceu a situação jurídica da mulher casada, instituindo o Estatuto da Mulher Casada; em 1977, a Lei nº 6.515, além de possibilitar a dissolubilidade do casamento, por meio da

---

[10] RODRIGUES PEREIRA, Lafayette. *Direitos de Família*. 4. ed. São Paulo: Livraria Editora Freitas Bastos, 1945.
[11] NOGUEIRA, Jacqueline Filgueras. *A filiação que se constrói:* o reconhecimento do afeto como valor jurídico. São Paulo: Memória Jurídica, 2001.
[12] NOGUEIRA, Jacqueline Filgueras. *A filiação que se constrói:* o reconhecimento do afeto como valor jurídico. São Paulo: Memória Jurídica, 2001.

separação judicial e do divórcio, também permitiu, ainda na constância do matrimônio, o reconhecimento de filho havido fora do matrimônio desde que por testamento cerrado. Ainda, igualou o direito sucessório dos filhos legítimos e ilegítimos (art. 51).

Em 1984, a Lei nº 7.250, alterando a Lei nº 6.515/77, autorizou o reconhecimento de filho pelo cônjuge separado de fato há mais de cinco anos contínuos.

E finalmente, uma nova ordem constitucional foi estabelecida com a Constituição de 1988 (CF/88), que configurou um paradigma para o Direito das Famílias, promovendo um novo direito da filiação e pondo fim à discriminação existente entre os filhos, proibindo a utilização por quem quer que seja das designações de filhos legítimos, adotivos, ilegítimos, legitimados, espúrios, adulterinos e incestuosos.

Em seu art. 227, *caput*, foi adotado o princípio da igualdade entre todos os filhos dispondo que:

> É dever da família, da sociedade e do Estado assegurar à criança, ao adolescente e ao jovem, com absoluta prioridade, o direito à vida, à saúde, à alimentação, à educação, ao lazer, à profissionalização, à cultura, à dignidade, ao respeito, à liberdade e à convivência familiar e comunitária, além de colocá-los a salvo de toda forma de negligência, discriminação, exploração, violência, crueldade e opressão.

Após a Constituição Federal de 1988, diante de uma nova ordem de valores, novas perspectivas proporcionaram uma concepção inovadora da família e equiparação dos filhos, migrando da legitimidade para a afetividade. Surgem novas leis para disciplinar a matéria, conforme a ordem constitucional, a exemplo da Lei nº 8.069/90, que instituiu o Estatuto da Criança e do Adolescente (ECA), e da Lei nº 8.560/92, que introduziu a averiguação oficiosa da paternidade.[13]

A família, ao se transformar, valoriza um aspecto anteriormente reputado secundário, o vínculo afetivo, partindo dos princípios constitucionais da dignidade da pessoa humana, igualdade, liberdade e solidariedade, mantendo, entretanto, os vínculos jurídico e biológico, como será observado.

---

[13] Art. 2º Em registro de nascimento de menor apenas com a maternidade estabelecida, o oficial remeterá ao juiz certidão integral do registro e o nome e prenome, profissão, identidade e residência do suposto pai, a fim de ser averiguada oficiosamente a procedência da alegação.

2.1.2 Espécies da filiação e os contornos para a filiação socioafetiva

Como mencionado no item anterior, o estudo do estabelecimento da filiação antes e durante a vigência do Código Civil de 1916 se deu pela presunção *pater is est*.

O eixo do estabelecimento da paternidade se dava na figura da mãe: "se esta for casada, opera a presunção *pater is est*; se a mãe não for casada, a filiação paternal pode ser estabelecida pelo reconhecimento voluntário ou por investigação".[14]

A natural incerteza vulnerava o sistema, que cuidava de uma família coesa e inviolável. O legislador de 1916, mais que a família, impunha-se preservar o casamento como uma instituição jurídica, não obstante o Código Civil considere, em diversas passagens, a época da concepção, subjugou o fato natural às presunções de paternidade, gerando a "paternidade jurídica" em detrimento da biológica.[15]

Neste sentido, Fachin leciona que "a paternidade jurídica distancia-se da sua base biológica para atender a outros interesses em defesa da própria família, colocados pelo legislador num plano superior ao do conhecimento da verdade biológica",[16] isto porque, em matéria de filiação, o direito sempre se valeu de presunções, que têm por finalidade fixar o momento da concepção para definir a filiação e certificar a paternidade com os direitos e deveres dela decorrentes.[17]

Lôbo explica que a mudança do Direito de Família – da legitimidade para a afetividade – redireciona a função tradicional da presunção *pater is est*, que "deixa de ser a de presumir a legitimidade do filho em razão da origem do matrimônio, para a de presumir a paternidade em razão do estado de filiação, independentemente de sua origem ou concepção". A presunção passa a se relacionar com o nascimento.

O sistema clássico não se manteve incólume diante das inovações pelas quais passou a família. O ordenamento também define suas bases

---

[14] FACHIN, Luiz Edson. *Estabelecimento da filiação e paternidade presumida*. Porto Alegre: Fabris, 1992, p. 21.
[15] BARBOZA, Heloísa Helena. Novas relações de filiação e paternidade. *In:* CUNHA PEREIRA, Rodrigo (Coord.). Repensando o Direito de Família. *Anais do I Congresso Brasileiro de Direito de Família*. Belo Horizonte: Del Rey, 1999.
[16] FACHIN, Luiz Edson. *Estabelecimento da filiação e paternidade presumida*. Porto Alegre: Fabris, 1992, p. 22.
[17] LÔBO, Paulo. *Código Civil*. São Paulo: Atlas, 2003. v. XVI.

sobre a verdade biológica. E paralelamente, o fato social-biológico se impôs.

Com as inovações tecnológicas, a presunção de paternidade foi reduzindo seu papel no estabelecimento da filiação, cedendo lugar a uma nova verdade – a biológica –, quando foi possível estabelecer com certeza a origem genética de uma pessoa por meio da realização do exame de DNA. Pai e mãe deixaram de ser somente estabelecidos juridicamente para serem revelados pelo laudo.[18]

Nesta quadra, Lôbo afirma que:

> o modelo científico é inadequado, pois a certeza absoluta da origem genética não é suficiente para fundamentar a filiação, uma vez que outros são os valores que passaram a dominar esse campo das relações humanas. Os desenvolvimentos científicos, que tendem a um grau elevadíssimo de certeza da origem genética, pouco contribuem para clarear a relação entre pais e filhos, pois a imputação da paternidade biológica não substitui a convivência, a construção permanente dos laços afetivos.[19]

No momento em que se conseguiu um meio científico de determinação da paternidade, foi admitida a paternidade biológica. Assim, ao lado da paternidade jurídica, impôs-se a paternidade biológica.

O estabelecimento jurídico da relação paterno-filial, mesmo fundado no critério biológico, não é suficiente, existindo o critério socioafetivo que serve, especialmente, para equilibrar os outros dois.[20]

O elemento afetivo passa a tomar corpo diante da evolução da família, ou seja, da passagem da família tradicional (grande família) à família moderna (família nuclear), em razão das modificações sociais, econômicas e políticas na sociedade e, consequentemente, na família.

O modelo de família constitucional foi gradativamente sendo construído e apreendido pelo sistema jurídico, cujo modelo patriarcal e hierarquizado de família dá guarida a um novo modelo igualitário fundado no afeto. Sua relevância jurídica consistia em ser presumido

---

[18] CARBONERA, Silvana Maria. O papel jurídico do afeto nas relações de família. *In:* FACHIN, Luiz Edson (Org.). *Repensando fundamentos do Direito Civil brasileiro contemporâneo*. Rio de Janeiro: Renovar, 1998.

[19] LÔBO, Paulo. Princípio jurídico da afetividade na filiação. *Jus Navigandi*. Disponível em: http://www1.jus.com.br/doutrina/texto.asp?id=527. Acesso em: 15 jan. 2018.

[20] VENCELAU, Rose Melo. *O elo perdido da filiação*: entre a verdade jurídica, biológica e afetiva no estabelecimento do vínculo paterno-filial. Rio de Janeiro: Renovar, 2004.

nas relações familiares. Com as transformações sociais e jurídicas, sua presença se tornou essencial para dar visibilidade jurídica à família, passando a ocupar maior espaço no Direito de Família,[21] como será explanado no item a seguir.

2.2 O afeto como vetor das relações familiares contemporâneas

No ordenamento brasileiro do século XIX, o Código Civil assumia a feição constitucional, tornando-se a "Constituição das relações privadas"; a própria Constituição assumia um papel eminentemente político.

Aos poucos, em nível internacional, devido às barbáries promovidas pelos regimes autoritários do nazismo e do fascismo, além das decorrentes da Segunda Guerra Mundial, perpetradas sob o império da lei, houve a necessidade da incorporação de uma nova concepção constitucionalista fundada nos direitos humanos/fundamentais que gravitam em torno da pessoa humana.

Deu-se então a consagração da dignidade da pessoa humana, que no âmbito nacional foi elevada a fundamento da República, inserto no art. 1º, III, da Constituição Federal de 1988, revelando-se uma conquista decisiva, que revolucionou a ordem jurídica privada.[22]

O novo constitucionalismo, baseado na dignidade humana, consolida-se na nova ordem constitucional em detrimento da superação do positivismo, ensejando um movimento jurídico-social de repersonalização do direito civil, a sustentar que a pessoa concreta devia ser o centro das suas preocupações, afastando o patrimônio como o centro das relações tuteladas pelo Código Civil de 1916.

Emerge a doutrina do Direito Civil-Constitucional,[23] que influenciou fortemente a cultura jurídica das últimas décadas, no sentido de que

---

[21] CARBONERA, Silvana Maria. O papel jurídico do afeto nas relações de família. In: FACHIN, Luiz Edson (Org.). *Repensando fundamentos do Direito Civil brasileiro contemporâneo*. Rio de Janeiro: Renovar, 1998.

[22] BARROSO, Luís Roberto *apud* MORAES, Maria Celina Bodin de. A nova família, de novo: estruturas e função das famílias contemporâneas. In: TEIXEIRA, Ana Carolina Brochado; RIBEIRO, Gustavo Pereira Leite. *Manual de Direito das Famílias e das Sucessões*. 3. ed. Rio de Janeiro: Processo, 2017.

[23] Este movimento surgiu na Itália a partir da doutrina de Pietro Perlingieri. No Brasil, foram expoentes Gustavo Tepedino, Maria Celina Bodin de Moraes, Heloísa Helena Barboza, Luiz Edson Fachin, Paulo Lôbo, Giselda Hironaka, segundo TARTUCE, Flávio. *Direito Civil*. Rio de Janeiro: Forense, 2018.

os institutos de Direito Civil deveriam ser vistos sempre sob o prisma da Constituição, que se acha no vértice do ordenamento.

A promulgação da Constituição foi importante porque o sistema já convivia com muitas normas esparsas, além do fato de que os códigos e a Constituição anterior já tinham se tornado colchas de retalhos sem harmonia sistemática. A Carta teve o mérito de reunificar o sistema, além de ter elegido um rol de novos valores, aplicáveis diretamente às relações privadas, inclusive as familiares.[24]

Com esta constitucionalização, surge uma nova compreensão do Direito Civil, e especificamente, um novo Direito das Famílias, delineando-se uma nova função social: realizar plenamente seus membros, com respaldo na dignidade da pessoa, haja vista, nessa nova perspectiva, ser um fim em si mesma, e não um meio para a consecução de um fim. Assume, desse modo, um papel de protagonista no ordenamento jurídico e dentro da família. Portanto, a família deve existir em função dos seus membros.

A família passa a ser compreendida não como instituição, mas como

> formação social, lugar-comunidade tendente à formação e ao desenvolvimento da personalidade de seus participantes; de maneira que exprime uma função instrumental para a melhor realização dos interesses afetivos e existenciais dos seus componentes.[25]

Eis a função social da família sob o matiz constitucional.

Para Vencelau, "entende-se que a família é um instrumental, tanto no sistema codificado quanto sob o prisma civil-constitucional, a mudança está no fim pretendido; antes, a continuidade do patrimônio; hoje, a preservação da dignidade de cada um dos seus membros".[26]

Fachin sustenta que, "sob a concepção eudemonista de família, não é o indivíduo que existe para a família e para o casamento, mas a

---

[24] HIRONAKA, Giselda Maria Fernandes Novaes. Do Código Civil de 1916 ao de 2002 e além. *In*: HIRONAKA, Giselda Maria Fernandes Novaes; SANTOS, Romualdo Baptista dos (Coord.). *Direito Civil*: Estudos. Coletânea do XV Encontro dos Grupos de Pesquisa – IBDCIVIL. São Paulo: Blucher, 2018.

[25] PERLINGIERI, Pietro. *Perfis do Direito Civil*. 2. ed. Rio de Janeiro: Renovar, 2002, p. 178.

[26] VENCELAU, Rose Melo. *O elo perdido da filiação*: entre a verdade jurídica, biológica e afetiva no estabelecimento do vínculo paterno-filial. Rio de Janeiro: Renovar, 2004, p. 43.

família e o casamento existem para seu desenvolvimento pessoal, em busca de sua aspiração à felicidade".[27]

Mudando-se a concepção de família, modifica-se, igualmente, a forma de proteção dos filhos e o exercício da parentalidade, que se desvincula de uma estrutura rígida e preconcebida, ordenada pelo vínculo biológico ou concebida pelo emprego das presunções legais, partindo-se para a identificação dos vínculos afetivos.

Para Barboza, diante da nova ordem constitucional, foram lançados dois princípios estruturais. O primeiro, da plena igualdade entre os filhos, cujo significado se estende para além da igualdade, se feito o confronto com o sistema até então vigente. Para a autora, os filhos nada têm a ver com a situação jurídica dos pais. O estado de filho independe do estado civil dos pais, já que decorre do fato da procriação, não importando se os pais eram, ou não, casados, companheiros, conviventes ou mesmo parentes em grau que impede o casamento. O filho, biologicamente considerado, tem direito ao reconhecimento do respectivo estado jurídico de filho.[28]

O segundo consiste na adoção da doutrina da proteção integral da criança e do adolescente, o que orienta qualquer leitura relativa à filiação com o objetivo de atender ao melhor interesse e à admissão da "paternidade afetiva", que emerge da relação socioafetiva entre pais e filhos.

Assim, o esteio da nova filiação se edifica sobre três pilares constitucionalmente fixados: plena igualdade entre os filhos, desvinculação do estado de filho do estado civil dos pais e a doutrina da proteção integral.[29]

Tepedino, por sua vez, defende três laços característicos em matéria de filiação nessa visão oriunda do Direito Civil-Constitucional: a funcionalização das entidades familiares à realização da personalidade dos seus membros, em particular dos filhos; a despatrimonialização das

---

[27] FACHIN, Luiz Edson. *Estabelecimento da filiação e paternidade presumida*. Porto Alegre: Fabris, 1992, p. 25.
[28] BARBOZA, Heloísa Helena. Novas relações de filiação e paternidade. *In:* CUNHA PEREIRA, Rodrigo (Coord.). Repensando o Direito de Família. *Anais do I Congresso Brasileiro de Direito de Família*. Belo Horizonte: Del Rey, 1999.
[29] BARBOZA, Heloísa Helena. Novas relações de filiação e paternidade. *In:* CUNHA PEREIRA, Rodrigo (Coord.). Repensando o Direito de Família. *Anais do I Congresso Brasileiro de Direito de Família*. Belo Horizonte: Del Rey, 1999.

relações entre pais e filhos e a desvinculação entre a proteção conferida aos filhos e a espécie de relação dos genitores.[30]

Neste novo estatuto de filiação, parte-se da Constituição Federal de 1988 como marco definitivo. O vínculo jurídico cede seu espaço para a verdade socioafetiva. Assim, não se pode ignorar que as verdades jurídica e biológica ligaram-se ao modelo codificado no século XVIII, apto a manter o estatuto da legitimidade existente. Já a verdade socioafetiva, por seu turno, aproxima-se da família eudemonista, pautada pelo afeto, construído cotidianamente, revelando a valorização dos sujeitos.

A essência da filiação ganhou espaço na doutrina, que consolidou o afeto como elemento de maior importância no estabelecimento da paternidade, configurando a verdade socioafetiva como não menos importante que a verdade biológica.

Hironaka esclarece que o afeto está na base da constituição da relação familiar, seja esta uma relação de conjugalidade ou de parentalidade:

> O afeto está também, certamente, na origem e na causa dos descaminhos desses relacionamentos. Bem por isso, o afeto deve permanecer presente, no trato dos conflitos, dos desenlaces, dos desamores, justamente porque ele perpassa e transpassa a serenidade e o conflito, os laços tem um quê de respeito ancestral, tem um quê de pacificador temporal, tem um quê de dignidade essencial. Este é o afeto de que se fala. O afeto-ternura; o afeto-dignidade, Positivo ou negativo. O imorredouro do afeto.[31]

Dá-se por meio de um conjunto de atos de afeição que explicitam uma relação entre pais e filhos, configurando a filiação socioafetiva. Adotando a teoria desenvolvida por Pontes de Miranda, Paulino leciona que o afeto é o elemento componente do suporte fático da filiação socioafetiva "quando o estado fático trazido à apreciação conjuga afeto, convivência, tratamento recíproco paterno-filial e razoável duração". Assim,

---

[30] TEPEDINO, Gustavo citado por VENCELAU, Rose Melo. *O elo perdido da filiação*: entre a verdade jurídica, biológica e afetiva no estabelecimento do vínculo paterno-filial. Rio de Janeiro: Renovar, 2004.

[31] HIRONAKA, Giselda Maria Fernandes Novaes. Sobre peixes e afetos: um devaneio acerca da ética no direito. In: CUNHA PEREIRA, Rodrigo (Org.). *Anais do V Congresso Brasileiro de Direito de Família*. São Paulo: IOB Thompson, 2006, p. 436.

quando ocorre a concretização, no mundo dos fatos, dos elementos integrativos do suporte fático da paternidade socioafetiva, gerada está a relação complexa de filiação, com a vinculação do filho aos pais, a instalação dos respectivos poderes-deveres inerentes à autoridade parental e todos os demais efeitos típicos da parentalidade.[32]

Para Farias e Rosenvald, "não é qualquer dedicação afetiva que se torna capaz de estabelecer um vínculo paterno-filial, alterando o estado filiatório de alguém"; é preciso que o afeto sobrepuje a relação, ou seja, seja marcante, decisivo, "representado, rotineiramente, por dividir conversas e projetos de vida, repartir carinho, conquistas, esperanças e preocupações, mostrar caminhos, ensinar e aprender, concomitantemente".[33]

Desta forma, o laço socioafetivo depende da comprovação da convivência firmemente estabelecida, sendo importante provar que o afeto esteve presente durante a convivência e que foi o elo que entrelaçou pais e filhos, consubstanciando a *verdade sociológica da filiação* diante da relevância da afetividade na questão filial.

Nesta senda, convém analisar a natureza jurídica do afeto e a afetividade nas relações filiais como princípio com fundamento constitucional.

2.2.1 Natureza jurídica do afeto e o princípio jurídico da afetividade

A partir da Constituição Federal, a família atual está matizada em paradigma que explica sua função atual: a *afetividade*.

Calderón sustenta que

a família contemporânea vivencia um processo de transição paradigmática, pelo qual se percebe um paulatino decréscimo de influências externas (da religião, do Estado, dos interesses do grupo social) e um crescente espaço destinado à realização existencial afetiva dos seus integrantes. No decorrer da modernidade, o espaço conferido à subjetividade e à afetividade alargou-se e verticalizou-se a tal ponto que, no último

---

[32] ALBUQUERQUE JUNIOR, Roberto Paulino de. *A filiação socioafetiva no direito brasileiro e a impossibilidade de sua desconstituição posterior*, set. 2017. Disponível em: https://jus.com.br/artigos/10456/a-filiacao-socioafetiva-no-direito-brasileiro-e-a-impossibilidade-de-sua-desconstituicao-posterior. Acesso em: 12 abr. 2019.

[33] FARIAS, Cristiano Chaves; ROSENVALD, Nelson. *Curso de Direito Civil*. 11. ed. Salvador: JusPodivm, 2019. v. 6, p. 634.

quarto do século XX, já era possível sustentar a afetividade como vetor das relações pessoais.[34]

Para Lôbo,[35] a função básica da família é a realização pessoal da afetividade, no ambiente de convivência e solidariedade, cujas funções antigas feneceram com a secularização crescente do Direito de Família e a primazia atribuída ao afeto.

Com isto, "houve uma perceptível aproximação do Direito com os dados da realidade, o que o levou ao encontro da afetividade quando do trato das relações interpessoais".[36]

Na família atual, o afeto é a razão de sua própria existência, caracterizando-se como o elemento responsável e indispensável para a sua formação e continuidade.

Assim, a Constituição de 1988 iniciou o reconhecimento legal da afetividade. De início, quem atentou para a importância da afetividade foi João Baptista Villela, cujo estudo publicado em 1979, denominado *Desbiologização da Paternidade*, afirmava que a paternidade em si mesma não é um fato da natureza, mas um fato cultural.

O autor prenunciou a relevância da afetividade diante das transformações mais recentes por que passou a família, deixando de ser uma unidade de caráter econômico, social e religioso para se afirmar fundamentalmente como um grupo de afetividade e companheirismo, imprimindo considerável reforço ao esvaziamento biológico da paternidade, desvinculando o exercício das funções paterna e materna do critério biológico e valorizando o afeto como valor jurídico e vetor das relações familiares.[37]

Esta premissa é confirmada pelo ditado popular de que pai é aquele que cria. Na doutrina nacional, o tema encontra diversas contribuições e se acha bem sedimentado.[38]

---

[34] CALDERÓN, Ricardo Lucas. *Princípio da afetividade no Direito de Família*. Rio de Janeiro: Renovar, 2013, p. 1.

[35] LÔBO, Paulo. *Direito Civil. Famílias*. 6. ed. São Paulo: Saraiva, 2015.

[36] CALDERÓN, Ricardo Lucas. *Princípio da afetividade no Direito de Família*. Rio de Janeiro: Renovar, 2013, p. 2.

[37] VILLELA, João Baptista. Desbiologização da paternidade. Separata da *Revista da Faculdade de Direito da Universidade Federal de Minas Gerais*, Belo Horizonte, ano XXVII, n. 21 (nova fase), maio 1979.

[38] Por Luiz Edson Fachin (*Estabelecimento da filiação e paternidade presumida*. Porto Alegre: Fabris, 1992; *Da paternidade*: relação biológica e afetiva. Belo Horizonte: Del Rey, 1996); Paulo Luiz Netto Lôbo (A repersonalização das relações de família. In: BITTAR, Carlos Alberto (Coord.). *O Direito de Família e a Constituição de 1988*. São Paulo: Saraiva, 1989; Paternidade

Portanto, o fenômeno da desbiologização da paternidade encontra no arcabouço jurídico inaugurado pela Constituição Federal de 1988 o suporte propício e necessário para estabelecer a paternidade e a maternidade como um fato cultural, a partir de outra forma que não seja, necessariamente, a ascendência genética.

Cunha Pereira[39] ressalta que a referida obra lançou as bases para a compreensão da paternidade socioafetiva. Após a Constituição de 1988, surgiram modernos doutrinadores que alargaram a trilha aberta por Villela.

O primeiro deles, que contribuiu para a construção de uma doutrina que acolhesse a afetividade no Direito de Família brasileiro foi Luiz Edson Fachin, que sustentou o fim do ciclo biologista tradicional diante do debate do fundamento socioafetivo da filiação: "é tempo de encontrar, na tese (conceito biologista) e na suposta antítese (conceito socioafetivo), espaço de convivência e também de dissociação".[40] Conclui o doutrinador que "a paternidade *construída* se espelha na posse de estado de filho, apta a representar o afeto".[41]

Para Calderón,[42] a partir dos estudos de João Baptista Villela, seguiram-se Guilherme de Oliveira,[43] no continente europeu ocidental,

---

socioafetiva e o retrocesso da Súmula 301 do STJ. *Revista Jurídica*, Porto Alegre, n. 339, p. 45-56, jan. 2006; Socioafetividade: o estado da arte no Direito de Família Brasileiro. *Revista IBDFAM – Famílias e Sucessões*, Belo Horizonte, n. 5, set./out. 2014; Princípio jurídico da afetividade na filiação. *Revista dos Tribunais. Família e Sucessões*, São Paulo, v. I, 2001; *Direito Civil.* Famílias. 8. ed. São Paulo: Saraiva, 2018); Maria Berenice Dias (*Filhos do afeto*: questões jurídicas. São Paulo: Revista dos Tribunais, 2016; *Manual de Direito das Famílias*. 11. ed. São Paulo: Revista dos Tribunais, 2016); Rodrigo da Cunha Pereira (*Princípios fundamentais norteadores do Direito de Família*. 2. ed. São Paulo: Saraiva, 2012; Parentalidade socioafetiva: o ato fato que se torna relação jurídica *Revista IBDFAM – Famílias e Sucessões*, Belo Horizonte, n. 9, maio/jun. 2015); Pablo Stolze Gagliano e Rodolfo Pamplona Filho (*Novo Curso de Direito Civil.* Direito de Família. 7. ed. São Paulo: Saraiva, 2017); Cristiano Chaves de Farias e Nelson Rosenvald (*Curso de Direito Civil:* Famílias. São Paulo: Atlas, 2017); Ricardo Calderón (*Princípio da afetividade no Direito de Família*. Rio de Janeiro: Renovar, 2013; A socioafetividade nas relações de parentalidade: estado da arte nos tribunais superiores. Disponível em: www.magisteronline.com.br. Acesso em: 14 dez. 2016) e Flávio Tartuce (*Direito Civil*. 13. ed. Rio de Janeiro: Forense, 2018).

[39] CUNHA PEREIRA, Rodrigo da. *Princípios fundamentais norteadores do Direito de Família*. 2. ed. São Paulo: Saraiva, 2012, p. 31-32.

[40] FACHIN, Luiz Edson (Coord.). *Repensando fundamentos do Direito Civil brasileiro contemporâneo.* Rio de Janeiro: Renovar, 2000, p. 172.

[41] FACHIN, Luiz Edson (Coord.). *Repensando fundamentos do Direito Civil brasileiro contemporâneo.* Rio de Janeiro: Renovar, 2000, p. 165.

[42] CALDERÓN, Ricardo Lucas. *Princípio da afetividade no Direito de Família*. 2. ed. Rio de Janeiro: Forense, 2017.

[43] Estudo publicado na década de 1980: OLIVEIRA, Guilherme de. *Critério jurídico da paternidade*. Coimbra: Almedina, 2003.

que percebeu a importância da afetividade na questão filial, por ele denominada como *verdade sociológica da filiação*, chegando à conclusão de que o critério biológico era apenas um dos possíveis.

Outros autores[44] passaram a acolher a afetividade no Direito das Famílias, além de Fachin, Zeno Veloso[45] e Paulo Lôbo, que em 1989 promoveu sua primeira contribuição com o trabalho intitulado *Repersonalização das Relações Familiares*, salientando o papel determinante da socioafetividade na configuração do contemporâneo direito de família e, posteriormente, sustentando a afetividade como princípio jurídico[46] em 1999, pela primeira vez.

Calderón[47] afirma que o diferencial conferido pela análise da afetividade sob o prisma de Paulo Lôbo é a sua classificação como princípio, a refletir a centralidade que o tema assumiu na família. "Nessa leitura principiológica, a afetividade perpassa todos os temas do Direito de Família com relevância ímpar, refletindo a alteração paradigmática processada na família, no Direito".

Para Lôbo:

> é o *Princípio da Afetividade* que fundamenta o direito de família na estabilidade das relações socioafetivas e na comunhão de vida e especializa os princípios constitucionais fundamentais da dignidade da pessoa humana e da solidariedade, entrelaçando-se com os princípios da convivência familiar e da igualdade entre cônjuges, companheiros e filhos, que ressaltam a natureza cultural e não exclusivamente biológica da família.[48]

Para o autor, o princípio da afetividade está implícito na Constituição. Seus fundamentos essenciais implicam que: a) todos os

---

[44] Cunha Pereira asseverou que, na mesma trilha e de igual importância, também ajudaram a construir e consolidar o afeto como um valor jurídico Giselda Hironaka, Maria Berenice Dias, Sérgio Resende de Barros, entre outros. Mas foi Paulo Lôbo quem deu ao afeto *status* de princípio jurídico, ao utilizar essa expressão pela primeira vez em seu texto sobre filiação em 1999, na Conferência durante o II Congresso Brasileiro de Direito de Família, promovido pelo IBDFAM (CUNHA PEREIRA, Rodrigo da. *Princípios fundamentais norteadores do Direito de Família*. 2. ed. São Paulo: Saraiva, 2012, p. 32).

[45] Na obra: *Direito brasileiro da filiação e paternidade*. São Paulo: Malheiros, 1997.

[46] LÔBO, Paulo. Quais os limites e a extensão da tese de repercussão geral do STF sobre socioafetividade e multiparentalidade? *Revista IBDFAM – Famílias e Sucessões*, Belo Horizonte, v. 22, p. 11-27, jul./ago. 2017, ISSN 2358-1670. A obra foi publicada em: BITTAR, Carlos Alberto (Coord.). *O direito de família na Constituição de 1988*. São Paulo: Saraiva, 1989, p. 53-82.

[47] CALDERÓN, Ricardo Lucas. *Princípio da afetividade no Direito de Família*. 2. ed. Rio de Janeiro: Forense, 2017, p. 77.

[48] LÔBO, Paulo. *Direito Civil. Famílias*. 6. ed. São Paulo: Saraiva, 2015. v. 5, p. 65.

filhos são iguais, independentemente de sua origem (art. 226, §6º); b) a adoção, como escolha afetiva (art. 227, §§5º e 6º); c) a comunidade formada por qualquer dos pais e seus descendentes, incluindo-se os adotivos, que têm a mesma dignidade de família constitucionalmente protegida (art. 226, §4º); d) a convivência familiar (e não a origem biológica) é prioridade absoluta assegurada à criança e ao adolescente (art. 227).[49]

O princípio da afetividade faz despontar a igualdade entre irmãos biológicos e adotivos e o respeito aos seus direitos fundamentais, além da solidariedade recíproca, que não pode ser perturbada pela prevalência de interesses patrimoniais.[50]

Calderón[51] constata que, recentemente, é possível perceber um número crescente de doutrinadores que adotam a perspectiva principiológica da afetividade,[52] iniciada por Lôbo, ao passo que a outra corrente doutrinária, que acolhe a afetividade, mas sem classificá-la como princípio, sustenta-a como valor jurídico.[53]

Nesta discussão, ainda há uma corrente[54] que advoga não dever ser a afetividade tratada pelo Direito das Famílias como princípio jurídico, por defender o fato de o afeto ser um sentimento, o que impediria sua apreensão pelo Direito, e a ausência de um conceito jurídico de afeto. Entretanto, a afetividade que se sustenta como princípio implícito na Constituição Federal de 1988 externa-se por meio de condutas objetivamente aferíveis e tem respaldo doutrinário, jurisprudencial e legislativo, com valoração no sistema jurídico brasileiro.

---

[49] LÔBO, Paulo. *Direito Civil*. Famílias. 6. ed. São Paulo: Saraiva, 2015, v. 5.
[50] LÔBO, Paulo. Princípio jurídico da afetividade na filiação. *Jus Navigandi*. Disponível em: http://www1.jus.com.br/doutrina/texto.asp?id=527. Acesso em: 15 jan. 2018.
[51] CALDERÓN, Ricardo Lucas. *Princípio da afetividade no Direito de Família*. 2. ed. Rio de Janeiro: Forense, 2017, p. 77-78.
[52] Como Heloísa Helena Barboza, Maria Helena Diniz, Rolf Madaleno, Maria Berenice Dias, Flávio Tartuce e José Fernando Simão, Carlos Roberto Gonçalves, Caio Mário da Silva Pereira, Giselle Groeninga, Adriana Caldas do Rego Freitas Dabus Maluf, Conrado Paulino da Rosa, Dimas Messias de Carvalho, Pablo Stolze e Rodolfo Pamplona, Guilherme Calmon Nogueira da Gama, Rodrigo da Cunha Pereira e Gustavo Tepedino. *Vide*: CALDERÓN, Ricardo Lucas. *Princípio da afetividade no Direito de Família*. 2. ed. Rio de Janeiro: Forense, 2017, p. 103-108.
[53] A exemplo de Fábio Ulhoa Coelho, Cristiano Chaves e Nelson Rosenvald, Paulo Nader, Arnald Wald e Eduardo de Oliveira Leite, Gustavo Tepedino. *Vide*: CALDERÓN, Ricardo Lucas. *Princípio da afetividade no Direito de Família*. 2. ed. Rio de Janeiro: Forense, 2017, p. 109-110.
[54] Sustentada por Regina Beatriz Tavares da Silva, Marco Túlio de Carvalho Rocha e Roberto Senise Lisboa. *Vide*: CALDERÓN, Ricardo Lucas. *Princípio da afetividade no Direito de Família*. 2. ed. Rio de Janeiro: Forense, 2017, p. 110-111.

Neste sentido, o estudo promovido por Calderón[55] faz remissão à *afetividade jurídica*, diante de uma leitura jurídica do instituto por conduto de critérios objetivos, tomando como base a proposta de Paulo Lôbo, que parte da distinção da afetividade como fenômeno social.

Para Lôbo,[56] a afetividade, como princípio jurídico, não se confunde com o afeto, como fato psicológico ou anímico, porque:

> A afetividade é dever imposto aos pais em relação aos filhos e destes em relação àqueles, ainda que haja desamor ou desafeição entre eles. O princípio jurídico da afetividade entre pais e filhos apenas deixa de incidir com o falecimento de um dos sujeitos ou se houver perda autoridade parental.

A afetividade jurídica reconhecida como um dever jurídico afasta qualquer confusão com o afeto, sentimento anímico, e é oponível a pais e filhos, em caráter permanente, independentemente dos sentimentos que nutram entre si.[57]

Teixeira e Rodrigues[58] entendem que o princípio da afetividade funciona como um vetor que reestrutura a tutela jurídica do Direito de Família e que o afeto só é aferível juridicamente quando externado pelos membros das entidades familiares por meio de condutas objetivas voluntárias que marcam a convivência familiar.

Calderón, por outro lado, sustenta a *dupla face do princípio da afetividade*. A primeira é voltada para os que já possuem vínculo familiar estabelecido pela parentalidade ou conjugalidade, refletindo *a face do dever jurídico*; a segunda é voltada para pessoas que não possuam vínculo familiar já reconhecido pelo Direito, mas que refletem *a face geradora de vínculo familiar*, englobando a noção de posse de estado (seja de estado de casados/companheiros, seja de estado de filho), e, por consequência, configurando, posteriormente, a face do dever jurídico da afetividade.[59]

---

[55] CALDERÓN, Ricardo Lucas. *Princípio da afetividade no Direito de Família*. 2. ed. Rio de Janeiro: Forense, 2017.

[56] LÔBO, Paulo. *Direito Civil*. Famílias. 7. ed. São Paulo: Saraiva, 2017. v. 5, p. 69.

[57] LÔBO, Paulo. A socioafetividade no Direito de Família: a persistente trajetória de um conceito fundamental. *In*: DIAS, Maria Berenice et al. (Coord.). *Afeto e estruturas familiares*. Belo Horizonte: Del Rey, 2010.

[58] TEIXEIRA, Ana Carolina Brochado; RODRIGUES, Renata de Lima. *O Direito das Famílias entre a norma e a realidade*. São Paulo: Atlas, 2010.

[59] CALDERÓN, Ricardo Lucas. *Princípio da afetividade no Direito de Família*. 2. ed. Rio de Janeiro: Forense, 2017.

Para o autor, a afetividade jurídica deve ser entendida como condutas de cuidado que englobam manifestações de afeto de forma objetiva inerentes a uma relação familiar, o que traduz a dimensão objetiva da afetividade, a envolver fatos jurídicos representativos de uma relação de afetividade, não valorando o sentimento em si.[60]

Analisando o princípio da afetividade por sua face geradora de vínculos familiares, a posse de estado de filho, como elemento estruturante da filiação socioafetiva, conforme será explanado no item seguinte, consubstancia-se em atos de cuidado exteriorizados por comportamentos concretos, em seu aspecto objetivo, caracterizados, na visão de Calderón,[61] por manifestações de entreajuda, afeição explícita, comunhão de vida, convivência mútua, mantença alheia, coabitação, projeto de vida em conjunto, existência ou planejamento de prole comum, proteção recíproca, acumulação patrimonial compartilhada, entre outros.

E arremata: "a análise do cuidado para fins jurídicos se dá de forma objetiva, com base em elementos concretos apurados faticamente, de modo a se tornar esta realidade apreensível pelo Direito".[62]

No mesmo sentido, Barboza[63] é categórica ao afirmar que é no exercício do dever de cuidado que a afetividade pode manifestar-se objetivamente.

Este cuidado como dever é consagrado na Constituição Federal de 1988, ao preconizar no art. 229 que: "Os pais têm o dever de assistir, criar e educar os filhos menores, e os filhos maiores têm o dever de ajudar e amparar os pais na velhice, carência ou enfermidade". Apresenta, portanto, caráter de reciprocidade.

No Recurso Especial (REsp) nº 1.159.242/SP,[64] a ministra relatora Nancy Andrighi conceituou o dever de cuidado nas relações familiares

---

[60] CALDERÓN, Ricardo Lucas. *Princípio da afetividade no Direito de Família*. 2. ed. Rio de Janeiro: Forense, 2017.
[61] CALDERÓN, Ricardo Lucas. *Princípio da afetividade no Direito de Família*. 2. ed. Rio de Janeiro: Forense, 2017.
[62] CALDERÓN, Ricardo Lucas. Afetividade e cuidado sob as lentes do Direito. *In*: PEREIRA, Tânia da Silva; OLIVEIRA, Guilherme de; COLTRO, Antônio Carlos Mathias. *Cuidado e afetividade*. São Paulo: Atlas, 2017, p. 520.
[63] BARBOZA, Heloísa Helena. Perfil Jurídico do Cuidado e da Afetividade nas Relações Familiares. *In*: PEREIRA, Tânia da Silva; OLIVEIRA, Guilherme de; COLTRO, Antônio Carlos Mathias. *Cuidado e afetividade*. São Paulo: Atlas, 2017.
[64] BRASIL. Superior Tribunal de Justiça (Terceira Turma). *Recurso Especial* nº 1.159.242/SP, Relatora Ministra Nancy Andrighi, j. 24 abr. 2012: "O amor diz respeito à motivação, questão que refoge aos lindes legais, situando-se, pela sua subjetividade e impossibilidade de precisa materialização, no universo metajurídico da filosofia, da psicologia ou da religião. O cuidado, distintamente, é tisnado por elementos objetivos, distinguindo-se do amar pela

como o conjunto de atos que devem ser praticados pelos integrantes da família para a proteção daqueles que são suscetíveis de vulneração em razão de suas circunstâncias individuais. A ministra salientou que não se discute o amar, que é uma faculdade, mas a imposição constitucional de cuidar, que é dever jurídico, corolário da liberdade das pessoas de gerar ou adotar filhos.

Oliveira,[65] ratificando o entendimento aqui esposado, entende que o afeto deve ser apresentado por meio de condutas tipicamente familiares, de maneira objetiva, pelo convívio, assistência material, psicológica, proteção, interesse, comprometimento, fazendo presumir a presença do afeto.

Portanto, a dimensão objetiva do princípio envolve fatos da realidade concreta que permitem a constatação de uma manifestação de afetividade, cujo sentimento (dimensão subjetiva não apreensível pelo Direito) em si restaria presumido pelo Direito. O princípio da afetividade, por seu viés jurídico, deve ser apreensível pelo Direito por meio do seu substrato objetivo aferido por fatos sociais que exteriorizem o afeto.

2.2.2 O estado de filho (posse de estado de filho) e a filiação socioafetiva

Como visto nos itens anteriores, o sistema clássico de filiação era assentado em duas vertentes: a jurídica e a biológica, na proteção da família. A superação desse sistema se deu com a busca da verdade da filiação em uma concreta relação paterno-filial, pai e filho que se tratam como tais, donde emerge a verdade socioafetiva, aqui defendida e delimitada pela noção de posse de estado de filho.

Esta última verdade pode estar configurada por meio da adoção, da inseminação artificial heteróloga e pela posse de estado de filho, mas a pesquisa, em um corte, abordará tão somente a filiação socioafetiva,

---

possibilidade de verificação e comprovação de seu cumprimento, que exsurge da avaliação de ações concretas: presença; contatos, mesmo que não presenciais; ações voluntárias em favor da prole; comparações entre o tratamento dado aos demais filhos – quando existirem –, entre outras fórmulas possíveis que serão trazidas à apreciação do julgador, pelas partes. Em suma, amar é faculdade, cuidar é dever".

[65] OLIVEIRA, Catarina Almeida de. Refletindo o afeto nas relações de família. Pode o Direito impor o amor? *In:* ALBUQUERQUE, Fabíola Santos; EHRHARDT JR., Marcos; OLIVEIRA, Catarina Almeida de (Coord.). *Famílias no Direito Contemporâneo.* Estudos em Homenagem a Paulo Luiz Netto Lôbo. Salvador: JusPodivm, 2010.

tendo por base a noção de posse de estado de filho para a configuração da multiparentalidade.

Para Fachin, a verdade socioafetiva da filiação se revela na posse de estado de filho, que oferece os parâmetros necessários ao reconhecimento da relação de filiação. Tal possibilidade denota assento jurídico possível na hermenêutica construtiva da codificação de 2002.[66]

A posse de estado de filho constitui a base sociológica da filiação, consubstanciando a noção fundada nos laços de afeto entre pais e filhos assim considerados, cuja parentalidade é construída por meio da convivência, do afeto e no tratamento diário de cuidado.

Para Paulino, a posse de estado é a filiação tipicamente socioafetiva, construída por meio de uma "contínua relação de convivência e afeto, desempenhando-se no plano fático os papéis de pai e filho".[67]

O conceito de posse de estado de filho, no estabelecimento da filiação, é decisivo para perseguir a verdadeira filiação e suplantar um sistema baseado na presunção da paternidade, presente nas rígidas regras jurídicas, e o tão só vínculo biológico, que na nova ordem constitucional não explicam o verdadeiro sentido das relações paterno-filiais.

Nogueira conceitua posse de estado de filho como a relação afetiva íntima e duradoura, que decorre de circunstância de fato, situação em que uma criança usa o patronímico do pai, por este é tratado como filho, exercitando todos os direitos e deveres inerentes a uma filiação, criando, amando, educando e protegendo-o.[68]

Segundo Fachin,[69] a posse de estado de filho valoriza o elemento afetivo e sociológico da filiação. Ela tem a finalidade de trazer para o mundo jurídico uma verdade social, aproximando a regra jurídica da realidade.

Lôbo, por sua vez, conceitua posse de estado de filho como sendo "situação fática na qual uma pessoa desfruta do *status* de filho em relação a outra pessoa, independentemente de essa situação corresponder

---

[66] FACHIN, Luiz Edson. *Comentários ao Novo Código Civil*. Rio de Janeiro: Forense, 2003. v. 18.
[67] ALBUQUERQUE JUNIOR, Roberto Paulino de. *A filiação socioafetiva no direito brasileiro e a impossibilidade de sua desconstituição posterior*, set. 2017. Disponível em: https://jus.com.br/artigos/10456/a-filiacao-socioafetiva-no-direito-brasileiro-e-a-impossibilidade-de-sua-desconstituicao-posterior. Acesso em: 12 abr. 2019.
[68] NOGUEIRA, Jacqueline Filgueras. *A filiação que se constrói:* o reconhecimento do afeto como valor jurídico. São Paulo: Memória Jurídica, 2001.
[69] FACHIN, Luiz Edson. *Estabelecimento da filiação e paternidade presumida*. Porto Alegre: Fabris, 1992, p. 23.

à realidade legal".⁷⁰ E arremata: "a aparência do estado de filiação revela-se pela convivência familiar, pelo efetivo cumprimento pelos pais dos deveres de guarda, educação e sustento do filho, pelo relacionamento afetivo, enfim, pelo comportamento que adotam outros pais e filhos na comunidade em que vivem".⁷¹

Madaleno entende que não há como aceitar uma relação de filiação apenas biológica sem ser afetiva, esta externada quando o filho é acolhido pelos pais, que assumem plenamente suas funções do poder familiar, previstas pelos artigos 1.634 e 1.690 do Código Civil de 2002 (CC/02).⁷²

Sustentam Teixeira e Rodrigues que:

> na hipótese de uma relação de parentesco socioafetivo, que se consubstancia na relação de filiação, a essência desse novo tipo de parentesco, e que deve ser investigada pela posse de estado de filho, é o próprio exercício da autoridade parental, externado sob a roupagem de condutas objetivas como criar, educar e assistir a prole, que acaba por gerar o vínculo jurídico da parentalidade.⁷³

Para as autoras, os pais socioafetivos são verdadeiros pais funcionais, ou seja, o exercício efetivo das funções parentais é que os revela para os filhos como seus referenciais paternos, e não os laços consanguíneos.⁷⁴

Seus elementos constitutivos em uma trilogia clássica são o *nomen*, o *tractatus* e a *fama*.

A doutrina identifica o estado de filiação quando há o *tractatus*, consubstanciando o comportamento dos parentes aparentes: a pessoa é tratada pelos pais ostensivamente como filho, e este trata aqueles como pais, a indicar a presença do cuidado que cada um destina ao outro; o *nomen*, quando a pessoa porta o nome de família dos pais; e a *fama*, diante da imagem social ou reputação: a pessoa é reconhecida como filha pela família e pela comunidade, ou as autoridades assim

---

⁷⁰ LÔBO, Paulo. *Direito Civil*. Famílias. 6. ed. São Paulo: Saraiva, 2015, p. 217.
⁷¹ LÔBO, Paulo. *Direito Civil*. Famílias. 6. ed. São Paulo: Saraiva, 2015, p. 217.
⁷² MADALENO, Rolf. *Filiação sucessória*. Disponível em: http://www.ibdfam.org.br/_img/congressos/anais/102.pdf. Acesso em: 15 maio 2017.
⁷³ TEIXEIRA, Ana Carolina Brochado; RODRIGUES, Renata de Lima. *O Direito das Famílias entre a norma e a realidade*. São Paulo: Atlas, 2010, p. 181.
⁷⁴ TEIXEIRA, Ana Carolina Brochado; RODRIGUES, Renata de Lima. *O Direito das Famílias entre a norma e a realidade*. São Paulo: Atlas, 2010, p. 181.

a consideram.[75] Assim, é por meio da posse de estado de filho que a socioafetividade é objetivamente cognoscível.

Vargas[76] ainda trata de um quarto elemento para o reconhecimento do estado de filiação, valorado pelo Direito francês e português: a duração ou continuidade da posse de estado de filho ao longo do tempo.

Sob esse parâmetro é que a doutrina defende a posse de estado de filiação enquanto situação fática, na qual uma pessoa desfruta da condição de filho em relação a outra, independentemente de essa situação corresponder à realidade legal.

Com guarida também na jurisprudência, os vínculos advindos da filiação têm sido reconhecidos como resultantes da posse do estado de filho, reputando-se secundária a verdade biológica, a fim de preservar o elo da afetividade.[77] A vontade de ser genitor e as ações que concretizam esse desejo, desde que calcadas na boa-fé do agente, passam a deter relevância jurídica e *status* similar à ascendência genética, mormente quando o vínculo biológico se reduz à concepção, não tendo havido o estabelecimento de nenhum tipo de vínculo entre pais biológicos e sua prole.[78]

Tratando-se, portanto, de atributo advindo das relações, a filiação pode ser reconhecida como fenômeno socioafetivo, resultante da convivência familiar e da afetividade. Ou, em outras palavras, o estado de filiação constitui-se em razão da posse de estado, por força da convivência familiar (a *fortiori*, social), consolidada na afetividade.[79]

Nesse sentido, a filiação jurídica é sempre de natureza cultural e não necessariamente natural, já que a origem biológica é apenas uma das possibilidades da filiação, admitindo o direito brasileiro, de forma inconteste, as modalidades advindas de outras origens, desde que abalizadas na afetividade e na convivência familiar.

Não há mais que se falar em uma hierarquia entre a paternidade biológica e a decorrente da socioafetividade.

---

[75] LÔBO, Paulo. *Direito Civil*. Famílias. 7. ed. São Paulo: Saraiva, 2017.
[76] VARGAS, Hilda Ledoux. *Parentalidade nas famílias neoconfiguradas*: as famílias com padrastos, madrastas e enteados. Curitiba: Juruá, 2017.
[77] Nesse sentido, citem-se os seguintes julgados do Superior Tribunal de Justiça: REsp nº 1.244.957/SC, Rel. Ministra Nancy Andrighi; REsp nº 922.462/SP, Rel. Ministro Ricardo Villas Bôas Cueva.
[78] BRASIL. Superior Tribunal de Justiça (Terceira Turma). *Recurso Especial* nº 1.087.163/RJ. Relatora Ministra Nancy Andrighi, 18 ago. 2011.
[79] LÔBO, Paulo. Direito ao estado de filiação e direito à origem genética: uma distinção necessária. *Revista Jus Navigandi*, Teresina, ano 9, n. 194, 16 jan. 2004. ISSN 1518-4862. Disponível em: https://jus.com.br/artigos/4752. Acesso em: 18 maio 2017.

Para Cunha Pereira:

> A paternidade socioafetiva está alicerçada na *posse de estado de filho*, que nos remete à clássica tríade *nomen, tractus* e *fama*. Afinal quem cria um filho que não traz consigo laços biológicos pressupõe-se que o desejo permeou esta relação. E é claro que a consequência direta do desejo, neste caso, é a construção do afeto.[80]

Fachin entende que no fundamento da posse de estado de filho é possível encontrar a verdadeira filiação. Esta, nas palavras de Villela, "reside antes no serviço e no amor que na procriação". Para a sua caracterização deve existir a notoriedade do estado de filho, ou seja, a posse de estado deve ser objetivamente visível no ambiente social e ser contínua, apresentando certa duração que revele estabilidade, não gerando equívocos.[81]

No Enunciado nº 256 do Conselho da Justiça Federal (CJF): "A posse de estado de filho (parentalidade socioafetiva) constitui modalidade de parentesco civil".[82]

Lira[83] assim conceitua a posse de estado de filho:

> o exercício de fato da filiação socioafetiva, baseada tão somente nos sentimentos altruístas entre os ocupantes das funções de pai ou mãe e filhos independente da origem genética. É o agir verdadeiramente como pai ou mãe, ainda que não tenha contribuído com o material genético. É o aceitar pelo filho como pai ou mãe aquele que age como tal. É viver essa correspondência de filiação e parentalidade no cotidiano de dois seres unidos pelo afeto, o filho e o pai/mãe, ainda que não haja liame biológico ou civil envolvido nessa relação.

Neste sentido, Delinski,[84] também se baseando nos Direitos francês e português, entende que a noção de posse de estado de filho não tem como se desvincular do elemento "tempo", pois não se resume a um

---

[80] CUNHA PEREIRA, Rodrigo da. *Princípios fundamentais norteadores do Direito de Família*. 2. ed. São Paulo: Saraiva, 2012, p. 216.

[81] FACHIN, Luiz Edson. *Estabelecimento da filiação e paternidade presumida*. Porto Alegre: Fabris, 1992.

[82] CONSELHO DA JUSTIÇA FEDERAL. III Jornada de Direito Civil. Disponível em: https://www.cjf.jus.br/enunciados/enunciado/501. Acesso em: 12 abr. 2019.

[83] LIRA, Wlademir Paes. Análise da Multiparentalidade num caso concreto por meio de sentença. *Revista IBDFAM – Famílias e Sucessões*, Belo Horizonte, v. 19, p. 157-175, jan./fev. 2017, ISSN 2358-1670.

[84] DELINSKI, Julie Cristine. *O novo Direito da Filiação*. São Paulo: Dialética, 1997.

fato pontual: ela vem dia após dia, construindo-se e se intensificando com o passar do tempo. Ressalva que este elemento não é considerado na inseminação artificial heteróloga e na adoção.

Para a autora,[85] "a noção de posse de estado de filho é formada por laços afetivos que se traduzem externamente através da tríade clássica: *tractatus, nomen* e *fama* (cada qual com seu peso), acrescidos de certa duração".

No Código Civil francês, a Lei de 3 de janeiro de 1972 promoveu uma reforma no direito de filiação, prevendo a valoração da verdade biológica, mas também atentando para a verdade socioafetiva sob as seguintes diretrizes:[86]

> a) Estabelecimento da igualdade da filiação, independente da sua origem;
> b) Atenua a presunção *pater is est*, possibilitando sua contestação através de livre meio probatório da não paternidade;
> c) Amplia o rol de legitimados para a ação negatória da paternidade, pondo fim no monopólio do marido da mãe;
> d) Abriga a verdade biológica no estabelecimento da filiação, concedendo também grande espaço para a verdade sociológica ou afetiva;
> e) Traz um grande marco ao estabelecer que, em havendo conflito de filiação entre as paternidade legítima, decorrente da presunção *pater is est* e a filiação natural, há de se valorar a verdade afetiva, utilizando-se do conceito de *"posse de estado de filho"*.[87]

Verifica-se no sistema francês a adoção expressa da posse de estado de filho como meio de prova ou elemento constitutivo da filiação.

---

[85] DELINSKI, Julie Cristine. *O novo Direito da Filiação*. São Paulo: Dialética, 1997, p. 48.

[86] "Artículo 311-1 (Ley nº 72-3 de 3 de enero de 1972 art. 1 Diario Oficial de 5 de enero de 1972 en vigor el 1 de agosto de 1972) (Orden nº 2005-759 de 4 de julio de 2005 art. 2, art. 5 II Diario Oficial de 6 de julio de 2005 en vigor el 1 de julio de 2006) La posesión de estado se establece por una reunión suficiente de hechos que revelen el vínculo de filiación y de parentesco entre un persona y la familia a la que se le dice pertenecer. Los principales de estos hechos serán:
1º Que esta persona haya sido tratada por la o las personas de la familia a la que se considera pertenecer como
por sus propios padres;
2º Que con esta cualidad, las mismas hayan contribuido a su educación, a su manutención y a su establecimiento;
3º Que esta persona sea reconocida como su hijo por la sociedad y la familia;
4º Que esta persona sea reconocida como tal por la autoridad pública;
5º Que esta persona siempre haya llevado el apellido de los que se le dice nacido".

[87] NOGUEIRA, Jacqueline Filgueras. *A filiação que se constrói:* o reconhecimento do afeto como valor jurídico. São Paulo: Memória Jurídica, 2001, p. 128.

Para Nogueira, o código francês, ao estabelecer a existência de um laço de filiação, não considera apenas a verdade biológica, mas também a verdade afetiva e sociológica, "que decorre da presunção da posse de estado de filho, que se constitui quando verificada a presença dos elementos constitutivos: *nomem, tractatus e fama*".[88]

Por outro lado, a reforma portuguesa no direito de filiação, em 1977, por conduto da Lei nº 496, assentou algumas mudanças para estabelecer a filiação biológica, em que pese tenha adotado a noção de posse de estado de filho, tendo poder de criação da filiação socioafetiva, prevista no art. 1.871 do Código Civil, no sentido de presumir a paternidade "quando o filho houver sido reputado e tratado como tal pelo pretenso pai e reputado como filho pelo público".[89]

Retornando ao sistema jurídico brasileiro, no caso da filiação socioafetiva, a posse de estado de filho constitui prova suficiente para culminar na declaração da filiação, originando o parentesco por outra origem, conforme o art. 1.593 do Código Civil de 2002, corroborado pelos Enunciados nºs 103[90] e 108[91] do Conselho da Justiça Federal/Superior Tribunal de Justiça (STJ), que reconhecem a parentalidade socioafetiva – nomenclatura que amplia a noção de filiação e engloba a paternidade e a maternidade socioafetiva.

No mesmo sentido, os Enunciados nºs 256 e 519[92] do Conselho da Justiça Federal/STJ e o Enunciado nº 7[93] do Instituto Brasileiro de Direito de Família (IBDFAM).

---

[88] NOGUEIRA, Jacqueline Filgueras. *A filiação que se constrói*: o reconhecimento do afeto como valor jurídico. São Paulo: Memória Jurídica, 2001, p. 134.

[89] NOGUEIRA, Jacqueline Filgueras. *A filiação que se constrói*: o reconhecimento do afeto como valor jurídico. São Paulo: Memória Jurídica, 2001, p. 136.

[90] O Código Civil reconhece, no art. 1593, outras espécies de parentesco civil além daquele decorrente da adoção, acolhendo, assim, a noção de que há também parentesco civil no vínculo parental proveniente quer das técnicas de reprodução assistida heteróloga relativamente ao pai (ou mãe) que não contribuiu com seu material fecundante, quer da paternidade socioafetiva, fundada na posse de estado de filho.

[91] No fato jurídico do nascimento, mencionado no art. 1.603, compreende-se, à luz do disposto no art. 1.593, a filiação consanguínea e também a socioafetiva.

[92] Art. 1.593. O reconhecimento judicial do vínculo de parentesco em virtude de socioafetividade deve ocorrer a partir da relação entre pai (s) e filho (s), com base na posse de estado de filho, para que produza efeitos pessoais e patrimoniais. CONSELHO DA JUSTIÇA FEDERAL. V Jornada de Direito Civil. Disponível em: https://www.cjf.jus.br/enunciados/enunciado/588. Acesso em: 12 abr. 2019.

[93] IBDFAM. Enunciado nº 7: "A posse de estado de filho pode constituir paternidade e maternidade". Disponível em: http://www.ibdfam.org.br/noticias/5194/Enunciados+do+IBDFAM. Acesso em: 12 abr. 2019.

Teixeira e Rodrigues[94] se posicionam no sentido de que a posse de estado de filho que gera o parentesco socioafetivo se exterioriza na forma de comportamentos típicos de uma legítima convivência familiar, na qual o afeto é apreciado por manifestações exteriores que traduzam sua existência em determinadas relações.

Fachin conclui que:

> pai também é aquele que se revela o comportamento cotidiano, de forma sólida e duradoura, capaz de estreitar os laços de paternidade numa relação psicoafetiva, aquele, enfim, que além de poder lhe emprestar seu nome de família, o trata como sendo verdadeiramente seu filho perante o ambiente social.[95]

Logo, a posse de estado serve para revelar a face socioafetiva da filiação.[96] Para Bunazar,[97] a posse irá gerar inúmeras consequências, entre elas, a pluriparentalidade, diante da possibilidade da coexistência entre as parentalidades biológica e socioafetiva.

2.3 Da parentalidade socioafetiva

Retomando o item anterior, a construção da parentalidade inaugura-se com o nascimento da condição de pai (do tornar-se pai), mãe (do tornar-se mãe) e filho (do tornar-se filho). Estes assumem seus respectivos papéis dentro de uma estrutura familiar, parentalizando-se mutuamente a partir do investimento afetivo e das vivências familiares, segundo Amarilla.[98]

As expressões "paternidade socioafetiva", e depois "parentalidade socioafetiva", são uma criação da doutrina brasileira, já absorvidas

---

[94] TEIXEIRA, Ana Carolina Brochado; RODRIGUES, Renata de Lima. *O Direito das Famílias entre a norma e a realidade*. São Paulo: Atlas, 2010.

[95] FACHIN, Luiz Edson. *Estabelecimento da filiação e paternidade presumida*. Porto Alegre: Fabris, 1992, p. 169.

[96] FACHIN, Luiz Edson. *Estabelecimento da filiação e paternidade presumida*. Porto Alegre: Fabris, 1992.

[97] BUNAZAR, Maurício. Pelas portas de Villela: Um ensaio sobre a pluriparentalidade como realidade sociojurídica. *Revista Direito UNIFACS*, n. 151, 2013, ISSN 1808-4435. Disponível em: http://www.revistas.unifacs.br/index.php/redu/article/view/2458/1802. Acesso em: 31 out. 2016.

[98] AMARILLA, Silmara Domingues Araújo. *O afeto como paradigma da parentalidade*. Curitiba: Juruá, 2014.

pela jurisprudência. Está aí a origem próxima e a base de sustentação da socioafetividade e da multiparentalidade.

Para Cunha Pereira,[99] "uma das mais relevantes consequências do princípio da afetividade encontra-se na juridicização da paternidade socioafetiva, que abrange os filhos de criação". Para o autor, essa é a atual verdade da filiação, sendo mais relevante do que os vínculos biológicos, pois é capaz de contribuir de forma efetiva para a estruturação do sujeito.

Nesta esteira, Lôbo[100] leciona que a socioafetividade tem sistematização recente no Brasil e que

> o termo *socioafetividade* conquistou as mentes dos juristas brasileiros, justamente porque propicia enlaçar o fenômeno social com o fenômeno normativo. De um lado, há o fato social e de outro o fato jurídico, no qual o primeiro se converteu após a incidência da norma jurídica. A norma é o princípio jurídico da afetividade. As relações familiares e de parentesco são socioafetivas, porque congrega o fato social (*socio*) e a incidência do princípio normativo (*afetividade*).

Neste sentido, a socioafetividade passou a significar as relações de parentesco não biológico, de parentalidade e filiação em nosso ordenamento, comportando no termo o fato social (socio) e a incidência do princípio normativo (afetividade). Segundo Lôbo,[101] não é o afeto enquanto sentimento anímico que interessa ao direito, mas "as relações sociais de natureza afetiva que engendram condutas suscetíveis de merecer a incidência de normas jurídicas e, consequentemente, deveres jurídicos".[102]

Arremata Lôbo: "toda paternidade é necessariamente socioafetiva, podendo ter origem biológica ou não biológica; em outras palavras, a paternidade socioafetiva é gênero do qual são espécies a paternidade biológica e a paternidade não biológica".[103]

---

[99] CUNHA PEREIRA, Rodrigo da. *Princípios fundamentais norteadores do Direito de Família*. 2. ed. São Paulo: Saraiva, 2012, p. 215.

[100] LÔBO, Paulo. *Direito Civil. Famílias*. 8. ed. São Paulo: Saraiva, 2018. v. 5, p. 26.

[101] LÔBO, Paulo. Quais os limites e a extensão da tese de repercussão geral do STF sobre socioafetividade e multiparentalidade? *Revista IBDFAM – Famílias e Sucessões*, Belo Horizonte, v. 22, p. 11-27, jul./ago. 2017, ISSN 2358-1670.

[102] LÔBO, Paulo. Quais os limites e a extensão da tese de repercussão geral do STF sobre socioafetividade e multiparentalidade? *Revista IBDFAM – Famílias e Sucessões*, Belo Horizonte, v. 22, p. 11-27, jul./ago. 2017, ISSN 2358-1670.

[103] LÔBO, Paulo. *Direito Civil. Famílias*. 8. ed. São Paulo: Saraiva, 2018. v. 5, p. 26.

A filiação, como dito, na pós-modernidade, vem fundada no afeto e na vontade, acima dos vínculos biológicos ou legais, e a socialidade serve de fundamento para o parentesco civil decorrente da paternidade socioafetiva.

A paternidade socioafetiva, portanto, é definida por Portanova como:

> a relação paterno-filial que se forma a partir do afeto, do cuidado, do carinho, da atenção e do amor que, ao longo dos anos, se constitui em convivência familiar, em assistência moral e compromisso patrimonial. O sólido relacionamento afetivo paterno-filial vai formando responsabilidades e referenciais, inculcando, pelo exercício da paternagem, elementos fundamentais e preponderantes na formação, construção e definição da identidade e da personalidade da pessoa. E assim, a relação paterno-filial vai sendo reconhecida não só entre os parentes do grupo familiar, mas também entre terceiros (padrinhos, vizinhos e colegas).[104]

Na esteira da legislação civil (Código Civil/02), seus dispositivos trazem referências claras que exprimem a opção do legislador pela escolha da parentalidade socioafetiva, sejam eles o art. 1.593,[105] que abre a possibilidade *de outra origem de paternidade*, e o art. 1.596,[106] que determina igualdade entre os filhos, sejam eles havidos ou não no casamento, ou seja, biológicos ou não, além dos dispositivos inerentes à filiação derivada da técnica de inseminação artificial heteróloga, prevista no art. 1.597,[107] V, e no art. 1.605,[108] que consagra a posse do estado de filiação.

Tem-se que o vínculo da filiação, desta forma, abandonou o modelo tradicional, passando a se constituir a partir da ascendência biológica, da adoção, das presunções jurídicas de filiação e da posse

---

[104] PORTANOVA, Rui. *Ações de filiação e paternidade socioafetiva*. Porto Alegre: Livraria do Advogado, 2016, p. 19.

[105] "O parentesco é natural ou civil, conforme resulte de consanguinidade ou outra origem."

[106] Art. 1.596. Os filhos havidos ou não da relação de casamento, ou por adoção, terão os mesmos direitos e qualificações, proibidas quaisquer designações discriminatórias relativas à filiação.

[107] Art. 1.597. Presumem-se concebidos na constância do casamento os filhos: V – havidos por inseminação artificial heteróloga, desde que tenha prévia autorização do marido.

[108] Art. 1.605. Na falta, ou defeito, do termo de nascimento, poderá provar-se a filiação por qualquer modo admissível em direito: I – quando houver começo de prova por escrito, proveniente dos pais, conjunta ou separadamente; II – quando existirem veementes presunções resultantes de fatos já certos.

do estado de filiação, que se sedimenta nos laços afetivos constituídos pelo cotidiano na convivência, consubstanciando a filiação socioafetiva.

2.3.1 A parentalidade socioafetiva sob a ótica do STJ e a necessária distinção entre direito à origem genética e direito ao estado de filiação

Assentada a parentalidade socioafetiva, ao lado da biológica e registral em nosso ordenamento jurídico, qual parentalidade deve prevalecer em eventual conflito?[109]

Questão pontual é entender que o Superior Tribunal de Justiça,[110] antes do julgamento do Recurso Extraordinário (RE) nº 898.060, firmava entendimento no sentido de que a paternidade socioafetiva registral deveria prevalecer quando em confronto com a verdade biológica, e ainda que contrária a ela, quando tal questão é discutida em ações de reconhecimento ou negatória de paternidade propostas pelos pais registrais ou interessados, que pretendiam desconstituir os vínculos de filiação, sob o argumento da existência de vício de consentimento.

---

[109] Em um estudo realizado por Matos e Hapner, citado por Santos, as doutrinadoras sintetizam a evolução do posicionamento do STJ em relação à multiparentalidade identificando três momentos: "No primeiro momento, julgou-se pela impossibilidade jurídica do pedido, não se admitindo a existência de mais de dois vínculos parentais concomitantes. [...] As autoras pontuam que os principais fundamentos utilizados pelos magistrados para reconhecer a impossibilidade jurídica do pedido seriam: a ausência de previsão legal (numa interpretação forma do princípio da legalidade e da tipicidade), a necessidade de se conferir segurança à publicidade dos registros públicos e a compreensão de que a parentalidade biológica ainda deveria sobrepor-se à afetiva. Em um segundo momento, as decisões tendiam a compreender que a parentalidade socioafetiva se sobrepunha à biológica, quando confrontadas, não sendo possível sua cumulação. Com o tempo, passou-se a compreender que o intuito primordial da prevalência da socioafetividade sobre a verdade biológica é a preservação do interesse do filho, evitando-se, com isso, que, valendo-se da inexistência do liame biológico, seus pais pretendam eximir-se dos deveres outrora assumidos de maneira livre. [...] Por fim, existiria um terceiro momento, de igualdade entre as parentalidades biológica e socioafetiva. No bojo dessa última compreensão é que se edifica, inicialmente pela doutrina e, após, na jurisprudência, a ideia de multiparentalidade". MATOS, Ana Carla Harmatiuk; HAPNER, Paula Aranha. Multiparentalidade: uma abordagem a partir das decisões nacionais. *Civilistica.com*, Rio de Janeiro, ano 5, n. 2, 2016. Disponível em: http://www.civilistica.com/multiparentalidade-uma-abordagem-a-partir-das-decisoes-nacionais/. Acesso em: 20 fev. 2017; SANTOS, Gabriel Percegona. *Precedentes judiciais e o Direito de Família*: reflexões a partir da multiparentalidade. Curitiba: Appris, 2022, p. 97-101.

[110] BRASIL. Superior Tribunal de Justiça. *Recurso Especial* nº 1.059.214/RS (Quarta Turma), Relator Min. Luis Felipe Salomão, j. 16 fev. 2012; BRASIL. Superior Tribunal de Justiça. *Recurso Especial* nº 1.352.529/SP (Quarta Turma), Relator Min. Luis Felipe Salomão, j. 24 fev. 2015; *Recurso Especial* nº 1.244.957/SC (Terceira Turma), Relatora Min. Nancy Andrighi, j. 7 ago. 2012.

O fundamento, nesses casos, era a necessidade de assegurar os direitos de filiação que tiveram por origem a relação socioafetiva. Entendia-se que, ainda que tenha sido omitida a verdade biológica ao pai registral, isso não bastava para a desconstituição da paternidade, se essa estivesse constituída na forma de outros vínculos, como o socioafetivo.

Entretanto, os precedentes do tribunal superior modificavam-se, inteiramente, quando se tratava de situações em que o filho é quem busca a desconstituição da paternidade registral e socioafetiva em favor do reconhecimento da paternidade com base na origem genética.

Em julgamento,[111] a ministra Maria Isabel Gallotti, na condição de relatora, pontuou que existem dois caminhos distintos para os precedentes do STJ quando se trata de ações de reconhecimento ou negatória de paternidade.

Um deles é no sentido de que a paternidade socioafetiva deve prevalecer em detrimento da biológica, para assegurar os direitos de filiação que tiveram por origem a relação socioafetiva, mas que terceiros ou o pai registral pretendam desconstituir, sob o argumento da existência de vício de consentimento.

O outro caminho é traçado quando se trata de hipótese em que o filho é quem busca o reconhecimento da paternidade com base em vínculo genético. Considera que, não tendo o filho tido participação alguma no ato praticado pelos seus pais socioafetivos, normalmente em hipóteses de "adoção à brasileira", não pode sofrer as consequências dele advindas, nem ficar privado de ver reconhecida sua paternidade biológica, com os legítimos direitos patrimoniais decorrentes.

A Relatora fixou, ainda, que:

> A paternidade é direito derivado da filiação e o seu reconhecimento, quando buscado pelo filho, não depende de considerações de ordem moral e subjetiva, como o vínculo afetivo entre o investigante e seus pais registrais ou a convivência pregressa e sentimentos em relação ao pai biológico.[112]

No mesmo julgado, o Ministro Marco Buzzi, em voto-vista, ponderou que a socioafetividade terá relevância diametralmente oposta, a

---

[111] BRASIL. Superior Tribunal de Justiça (Quarta Turma). *AgRg no Recurso Especial* nº 1.201.311/RJ. Relatora Ministra Maria Isabel Gallotti, 16 ago. 2016.

[112] BRASIL. Superior Tribunal de Justiça (Quarta Turma). *AgRg no Recurso Especial* nº 1.201.311/RJ. Relatora Ministra Maria Isabel Gallotti, 16 ago. 2016.

depender da hipótese analisada. Nas demandas que buscam a efetivação do direito à origem genética e o reconhecimento de paternidade, quando movidas pelos filhos, os vínculos socioafetivos não serão relevantes para impedir o exercício desses direitos.

Nesses termos, no julgado comentado, a quarta turma do STJ, por unanimidade de votos, manteve a decisão que, reconhecendo o vínculo biológico entre a autora e o seu padrinho, já falecido, determinou a alteração do registro da demandante.

Nesse mesmo sentido, em outra demanda que tinha como autor da ação anulatória de paternidade registral o filho já maior de idade, e sendo o próprio filho quem buscou a anulação, sob a alegação da ausência de afetividade com o pai registral, pleiteando o reconhecimento do vínculo biológico com outrem, o STJ entendeu não ser razoável que lhe seja imposta a prevalência de uma paternidade registral, tampouco a coexistência de ambas.[113]

Em outro julgado,[114] também da quarta turma do STJ, por unanimidade, os Ministros acolheram a tese de que a paternidade socioafetiva não pode ser invocada, em ação de investigação de paternidade proposta pelo filho, como óbice ao reconhecimento, tendo em vista que o filho tem o direito personalíssimo de esclarecer sua paternidade biológica.

O Relator, Ministro Antonio Carlos Ferreira, ponderou que

> A prevalência da paternidade socioafetiva só é admitida quando essa situação for benéfica ao próprio filho. Caso contrário, deve-se dar primazia ao interesse personalíssimo de reconhecimento da ancestralidade biológica, consectário do princípio da dignidade humana como direito da personalidade.[115]

Em outro caso, ao STJ foi dado manifestar-se, em sede de recurso especial, quanto ao acórdão exarado pelo Tribunal de Justiça do Ceará. O referido tribunal reformou a sentença de primeiro grau para manter o reconhecimento da paternidade biológica pleiteada, mas não alterou o assento registral do autor, haja vista a inconteste filiação socioafetiva constituída ao longo de mais de 40 anos.

---

[113] BRASIL. Superior Tribunal de Justiça. Agravo no Recurso Especial nº 1.348.666, Relator Ministro Moura Ribeiro, DJ 11 set. 2018.

[114] BRASIL. Superior Tribunal de Justiça (Quarta Turma). *AgRg no Recurso Especial* nº 1.319.721 /RJ. Relator Ministro Antonio Carlos Ferreira, 7 abr. 2016.

[115] BRASIL. Superior Tribunal de Justiça (Quarta Turma). *AgRg no Recurso Especial* nº 1.319.721 /RJ. Relator Ministro Antonio Carlos Ferreira, 7 abr. 2016.

Eis o trecho do acórdão:

> No entanto, *pari passu* à paternidade biológica vige a socioafetiva que não pode ser levada ao oblívio, quando por mais de quarenta (40) anos sedimentaram-se os laços de afeto, proteção e reconhecimento social entre os investigandos e o progenitor que os registrou. Esta paternidade social e afetiva tem por esteio a eudemonia, de modo que os valores morais sejam aproveitados para, no campo ético, ser plena a humana felicidade.[116]

Ponderou o tribunal, ainda, que o pai socioafetivo, ao efetuar o registro, sabia que os filhos descendiam de outrem, de modo que é ausente o erro ou mesmo a fraude, sobretudo porque era casado com a mãe biológica. Nesse sentido, não poderia prosperar a pretensão de anulação dos registros, diante da vedação insculpida no art. 1.604 do vigente Código Civil.

A terceira turma do STJ, entretanto, por maioria de votos, deu provimento ao recurso especial para reformar o acórdão antes mencionado e fixar que o "[...] reconhecimento do estado biológico de filiação constitui direito personalíssimo, indisponível e imprescritível, consubstanciado no princípio constitucional da dignidade da pessoa humana". Destacou, outrossim, que "[...] a paternidade socioafetiva em face do pai registral não é óbice à pretensão dos autores, ora recorridos, de alteração do registro de nascimento para constar o nome do seu pai biológico".[117]

Ressalte-se que, no referido julgado, o voto vencido do ministro Marco Aurélio Bellizze fora no sentido de manter o acórdão do TJCE para, não obstante o reconhecimento do vínculo biológico de filiação, não se alterar o registro civil. Fixou que, evidenciada a paternidade socioafetiva, a boa-fé impõe a preservação da situação jurídica consolidada:

> [...] conhecendo os recorrentes seu ascendente biológico e permanecendo na convivência da família, formada pelos vínculos construídos com o

---

[116] BRASIL. Superior Tribunal de Justiça (Terceira Turma). *Recurso Especial* nº 1.417.598/CE. Relator Ministro Paulo de Tarso Sanseverino, 17 dez. 2015.

[117] BRASIL. Superior Tribunal de Justiça (Terceira Turma). *Recurso Especial* nº 1.417.598/CE. Relator Ministro Paulo de Tarso Sanseverino, 17 dez. 2015.

pai registral, não se me afigura compatível com o sistema jurídico atual permitir a alteração dos assentos registrais.[118]

Entende-se que nas demandas que visam à desconstituição da parentalidade registral, deve-se avaliar a presença de dois requisitos cumulativos, segundo Santos:[119] se o registro foi procedido mediante vício de manifestação de vontade e se inexistiria socioafetividade entre o pai ou mãe registral e o filho. Apenas na incidência dessas duas hipóteses, conjuntamente, é que se poderia afastar a parentalidade formalizada no assento de nascimento dos filhos. Em 2019, o Agravo no Recurso Especial nº 1.521.727[120] compreendeu desta forma.

A despeito do entendimento mencionado, o posicionamento majoritário do STJ, à época, firmou-se no sentido de que, em ações de investigação de paternidade movidas pelos filhos em face do pretenso genitor biológico, deverá ser reconhecido o vínculo de filiação e alterado o registro de nascimento, sempre que comprovada a filiação biológica, independentemente de a filiação registral ser, efetivamente, uma filiação socioafetiva ou não.

Os fundamentos têm sido o direito personalíssimo desses filhos de ter reconhecida a verdade biológica de suas origens, nos termos dos excertos seguintes, extraídos de outros julgados quanto à mesma matéria, também do STJ:

> A existência de relação socioafetiva com o pai registral não impede o reconhecimento dos vínculos biológicos quando a investigação de paternidade é demandada por iniciativa da própria filha, uma vez que a pretensão deduzida fundamenta-se no direito personalíssimo, indisponível e imprescritível de conhecimento do estado biológico de filiação, consubstanciado no princípio constitucional da dignidade da pessoa humana (CF, art. 1º, III).[121]

---

[118] BRASIL. Superior Tribunal de Justiça (Terceira Turma). *Recurso Especial* nº 1.417.598/CE. Relator Ministro Paulo de Tarso Sanseverino, 17 dez. 2015. Voto-Vista do Ministro Marco Aurélio Bellizze, Terceira Turma, 18 fev. 2016.

[119] SANTOS, Gabriel Percegona. *Precedentes judiciais e o Direito de Família*: reflexões a partir da multiparentalidade. Curitiba: Appris, 2022.

[120] BRASIL. Superior Tribunal de Justiça. Agravo no Recurso Especial nº 1.521.757, Relator Ministro Luis Felipe Salomão, DJ 20 set. 2019.

[121] BRASIL. Superior Tribunal de Justiça (Quarta Turma). *AgRg no AREsp* nº 347.160/GO. Relator Ministro Raul Araújo, 16 jun. 2015.

Dessa forma, conquanto tenha a investigante sido acolhida em lar 'adotivo' e usufruído de uma relação socioafetiva, nada lhe retira o direito, em havendo sua insurgência ao tomar conhecimento de sua real história, de ter acesso à sua verdade biológica que lhe foi usurpada, desde o nascimento até a idade madura. Presente o dissenso, portanto, prevalecerá o direito ao reconhecimento do vínculo biológico.[122]

Ocorre que o defendido "direito à origem genética" tem, em muitos casos, sido confundido com o "direito ao estado de filiação", aplicando-se àquele as consequências restritas a esse.

Nas situações já postas, os elementos fáticos dos julgados revelam estar-se diante de casos que envolvem o surgimento de filiação por origens distintas, com a presença simultânea de vínculos estabelecidos pela afetividade e oriundos da ascendência biológica.

A maior parte dos casos envolve o que se convencionou chamar de "adoção à brasileira", quando existe a declaração, por registro, de paternidade ou de maternidade dissonante da realidade biológica, feita de forma consciente, mas sem a observância das exigências legais para a adoção.

Como visto, o STJ tem firmado posicionamento no sentido de que, se é o filho quem reivindica o reconhecimento da paternidade biológica em detrimento da registral, dever-se-á alterar o registro se comprovada a verdade da ascendência biológica, ainda que a paternidade registral tenha se consolidado como paternidade socioafetiva.

Do disposto, tem-se claro que o fundamento dos julgadores e da doutrina que os ampara tem sido o "interesse personalíssimo de reconhecimento da ancestralidade biológica"; ou "o direito personalíssimo, indisponível e imprescritível de conhecimento do estado biológico de filiação"; ou, ainda, o direito dos filhos à "verdade biológica". Sob o fundamento de tais "direitos", tem-se determinado a desconstituição dos registros de filiação em favor da verdade biológica.

Em um caso noticiado pelo IBDFAM,[123] o STJ deu provimento ao recurso de um homem que pleiteou o reconhecimento judicial da inexistência de vínculo biológico e a correção do registro de nascimento

---

[122] BRASIL. Superior Tribunal de Justiça (Terceira Turma). *Recurso Especial* nº 833.712/RS. Relatora Ministra Nancy Andrighi, 17 maio 2007.

[123] STJ autoriza desconstituição de paternidade mesmo após cinco anos de convivência. *IBDFAM*, 03 mar. 2015. Disponível em: http://www.ibdfam.org.br/noticias/5557/STJ+aut oriza+desconstitui%C3%A7%C3o+de+paternidade+mesmo+apC3%B3s+cinco+anos+de+c onviv%C3%AAncia#. Acesso em: 17 jan. 2019.

de uma criança em que ele constava como pai. A desconstituição foi procedida sob o argumento de ter sido constituído vício de consentimento, mesmo diante da relação paterno-filial por cinco anos.

A mãe alegou que o companheiro tinha conhecimento de que não era o genitor, mas mesmo assim registrou a criança como seu filho, consolidando a "adoção à brasileira". A sentença concluiu que a paternidade socioafetiva estava consolidada e deveria prevalecer sobre a biológica. O Tribunal de Justiça do Rio Grande do Sul confirmou a sentença e julgou improcedente a ação negatória de paternidade, afirmando que a criança já formulou a ideia de que o pai registral é seu verdadeiro pai e que sua personalidade está baseada nesta crença; entretanto, os ministros consideraram o fato de o pai registral romper os laços de afetividade no mesmo momento em que soube da inexistência do vínculo biológico com a criança. Para o ministro Marco Aurélio Bellizze, a filiação socioafetiva pressupõe a voluntariedade do pai registral.

Em sentido contrário, Lôbo afirma que "a decisão do STJ assenta a constituição da filiação socioafetiva na vontade do pai, no consentimento voluntário e espontâneo deste".[124] Tal entendimento contradiz o que a doutrina brasileira especializada e o próprio STJ, em outros julgamentos, consolidaram nessa matéria, pois a filiação socioafetiva é objetivamente conferida na convivência real, de acordo com as circunstâncias que indicam a existência de relação paterno-filial.

Segundo o autor:

> O artigo 1.605[125] do Código Civil estabelece que a posse do estado de filiação tem natureza objetiva, pois ocorre quando houver começo de prova proveniente dos pais ou quando existirem veementes presunções resultantes de fatos já certos. O que determina a filiação ou não são esses fatos extraídos da convivência e não a vontade ou consentimento, ou, como foi o caso, o ressentimento ou reação contra a infidelidade do outro cônjuge.[126]

---

[124] STJ autoriza desconstituição de paternidade mesmo após cinco anos de convivência. *IBDFAM*, 03 mar. 2015. Disponível em: http://www.ibdfam.org.br/noticias/5557/STJ+aut oriza+desconstitui%C3%A7%C3o+de+paternidade+mesmo+apC3%B3s+cinco+anos+de+c onviv%C3%AAncia#. Acesso em: 17 jan. 2019.

[125] Art. 1.605. Na falta, ou defeito, do termo de nascimento, poderá provar-se a filiação por qualquer modo admissível em direito: I – quando houver começo de prova por escrito, proveniente dos pais, conjunta ou separadamente; II – quando existirem veementes presunções resultantes de fatos já certos.

[126] STJ autoriza desconstituição de paternidade mesmo após cinco anos de convivência. *IBDFAM*, 03 mar. 2015. Disponível em: http://www.ibdfam.org.br/noticias/5557/STJ+aut

Ainda exemplifica que o próprio STJ, em 2012 (no REsp nº 1.059.214), afirmou a sedimentação do entendimento de que a pretensão voltada à impugnação da paternidade não pode prosperar quando fundada apenas na origem genética, mas em aberto conflito com a paternidade socioafetiva. Conclui que "essas flutuações de orientações no mesmo Tribunal não contribuem para a afirmação de um dos mais importantes institutos do direito de família contemporâneo, pelo qual o Brasil está na vanguarda, em comparação com ouros países".[127]

Neste ponto, uma discussão perpassa pela distinção entre pai e genitor, onde o *status* de filho decorre do vínculo de parentesco e a origem biológica pode, ou não, servir de base à paternidade, "haja vista ser insuficiente uma paternidade apenas no dado genético, uma vez que sem o exercício da sua função mais se apresenta como um vínculo fictício, pois não encontra correspondência com o ato de ser pai, isto é, amar, cuidar, educar".[128]

Como a parentalidade é uma função exercida por qualquer pessoa, independentemente do vínculo biológico, nem sempre o ascendente biológico será o pai jurídico. Esta identificação já vinha sendo construída desde a década de 70 com João Baptista Villela.

O ministro Fachin, no seu voto no RE nº 898.060, lançou dois dissensos em relação ao voto do ministro relator. Um deles foi o seu entendimento de não existir conflito de paternidades no caso concreto, mas estar-se diante de uma paternidade socioafetiva estabelecida mediante a posse de estado de filho, existindo a pretensão da revelação de uma ascendência genética.

Segundo o ministro, "a realidade do parentesco não se confunde exclusivamente com o liame biológico. O vínculo biológico, com efeito, pode ser hábil a, por si só, determinar o parentesco jurídico, desde que na falta de uma dimensão relacional que a ele se sobreponha", mas, por exemplo, nas hipóteses de inseminação artificial heteróloga e adoção, não prevalece. E arremata: "não se nega ao filho socioafetivo o direito de conhecer seus vínculos biológicos, o que não cabe na expressão

---

oriza+desconstitui%C3%A7%C3o+de+paternidade+mesmo+apC3%B3s+cinco+anos+de+c onviv%C3%AAncia#. Acesso em: 17 jan. 2019.

[127] STJ autoriza desconstituição de paternidade mesmo após cinco anos de convivência. *IBDFAM*, 03 mar. 2015. Disponível em: http://www.ibdfam.org.br/noticias/5557/STJ+aut oriza+desconstitui%C3%A7%C3o+de+paternidade+mesmo+apC3%B3s+cinco+anos+de+c onviv%C3%AAncia#. Acesso em: 17 jan. 2019.

[128] VENCELAU, Rose Melo. *O elo perdido da filiação:* entre a verdade jurídica, biológica e afetiva no estabelecimento do vínculo paterno-filial. Rio de Janeiro: Renovar, 2004, p. 113.

constitucional da filiação é confundir aquilo que decorre do direito fundamental à identidade pessoal com o estabelecimento do vínculo parental".[129]

Fazer coincidir a filiação com a origem genética, nas palavras de Lôbo, é transformar aquela de fato cultural em determinismo biológico. O direito à filiação decorre da estabilidade dos laços afetivos, construídos no convívio ente pais e filhos, e constitui fundamento essencial da atribuição do predicado de paternidade ou maternidade. Já o direito ao conhecimento da origem genética tem natureza de direito da personalidade, na espécie, direito à vida, advinda da necessidade de conhecer a história de saúde de seus parentes biológicos próximos, para a prevenção da própria vida.[130]

Logo, o cumprimento da função paterna ou materna independe do laço biológico, porque o exercício desta função se manifesta nos atos de ensinar, cuidar e amar, consubstanciada na posse de estado de filho, cuja parentalidade é inerente ao cumprimento dessas funções, não recaindo, necessariamente, no genitor.

Esta distinção pode ser mais bem visualizada nos casos de adoção ou "doação" de sêmen:

> pois aquele que contribui apenas biologicamente para gerar uma pessoa direciona a sua vontade para a não paternidade. Uma vez não coincidindo o genitor na pessoa do pai, há de ser tutelado o interesse ao conhecimento da origem biológica, sem que isto implique em alteração do *status* de filho.[131]

No mesmo sentido, Lôbo leciona que não há necessidade de se atribuir a paternidade a alguém para se ter o direito da personalidade de conhecer, por exemplo, o doador anônimo de sêmen ou do que foi adotado, ou até do que foi concebido por inseminação artificial heteróloga, pois são hipóteses que demonstram o equívoco em que laboram

---

[129] BRASIL. Supremo Tribunal Federal (Tribunal Pleno). *Recurso Extraordinário* nº 898.060/SC, Relator Ministro Luiz Fux, j. 21 set. 2016.

[130] LÔBO, Paulo. Direito ao estado de filiação e direito à origem genética: uma distinção necessária. *Revista Jus Navigandi*, Teresina, ano 9, n. 194, 16 jan. 2004. ISSN 1518-4862. Disponível em: https://jus.com.br/artigos/4752. Acesso em: 18 maio 2017.

[131] VENCELAU, Rose Melo. *O elo perdido da filiação:* entre a verdade jurídica, biológica e afetiva no estabelecimento do vínculo paterno-filial. Rio de Janeiro: Renovar, 2004, p. 72.

decisões que confundem investigação de paternidade com direito à origem genética.[132]

Trata-se de direitos distintos, pois, com a evolução do direito, do conhecimento científico, cultural e dos valores sociais, a identidade genética não mais se confunde com a identidade de filiação.

O que se observa nas decisões do STJ identificadas é que ambos os direitos são tratados como sinônimos ou corolários de um mesmo direito, quando detêm conotações e consequências completamente distintas. Aquele que tem paternidade registral constituída, mas pretende conhecer a realidade da sua origem genética, não necessita opor-se à paternidade existente; cabe-lhe apenas exigir a tutela de um direito decorrente da sua personalidade.

Se os laços de filiação estão constituídos, seja pela adoção, pela inseminação artificial heteróloga ou pela posse de estado de filho, não carece de proteção o direito ao estado de filiação, dada a sua constituição. Apenas quando inexistem os laços constitutivos da filiação é que a origem biológica será o norte para a sua constituição. Não é admissível que a busca pela verdade biológica sirva para vindicar novo estado de filiação, contrariando o já existente.

A evolução do Direito conduziu à distinção entre pai e genitor ou procriador. Pai é aquele que cria, genitor é o que gera. Esses conceitos estiveram reunidos enquanto permaneceu a primazia da função biológica da família,[133] não mais tendo amparo em face da sua atual função social.

Diante disso, as decisões que determinam a alteração do registro de nascimento apenas com base na identidade biológica, reconhecida e reivindicada pelo filho em ação de investigação de paternidade, sem conhecer dos vínculos de socioafetividade, porventura existentes, aprisionam a identidade de filiação do indivíduo à sua identidade genética, indo de encontro ao preconizado pelos princípios norteadores da filiação e reduzindo esta apenas ao vínculo biológico.

A desconstituição, ou não, de uma paternidade exige muito mais do que a mera comprovação da ausência de descendência biológica;

---

[132] LÔBO, Paulo. Direito ao estado de filiação e direito à origem genética. *Revista Brasileira de Direito de Família*, Porto Alegre, n. 19, 2003.

[133] LÔBO, Paulo. Direito ao estado de filiação e direito à origem genética: uma distinção necessária. *Revista Jus Navigandi*, Teresina, ano 9, n. 194, 16 jan. 2004. ISSN 1518-4862. Disponível em: https://jus.com.br/artigos/4752. Acesso em: 18 maio 2017.

os elos socioafetivos e registrais, regularmente constituídos, são mais que suficientes para sustentar uma filiação.[134]

Como bem pontua Villela, a família não tem deveres de exatidão biológica perante a sociedade, pelo que, se a mulher dá à luz um filho que não foi gerado por seu marido, isso é matéria da economia interna; pode ser um grave problema para o casal ou não,[135] nada impedindo que os vínculos paterno-filiais sejam plenamente constituídos.

Preleciona Simão que as decisões que confundem ascendência genética e paternidade confundem também o ser pai (exercer uma função) e o ser ascendente genético (ter o mesmo DNA). Não pode o pai deixar de sê-lo por não ser ascendente genético do filho; como não pode o filho deixar de sê-lo por não ter o DNA de seu pai.

E prossegue:

> Não se trata de opção ou vontade, mas dado de realidade em razão de construção social. Apenas com essa leitura, o afeto é levado às últimas consequências e reconhecido definitivamente como valor jurídico. Assim como, na adoção, não há dois pais (o biológico e o adotivo), mas um só: o adotivo. O outro passa ser apenas ascendente genético.[136]

O reconhecimento do vínculo biológico como suficiente para a alteração do estado de filiação e anotação no registro somente ocorrerá quando inexistir vínculo de filiação socioafetiva estabelecido.

A certeza produzida por um exame de DNA não é suficiente para a produção de resultados satisfatórios no plano do Direito das Famílias. A interpretação desse ramo do Direito exige a compreensão do ser humano, a fim de que o amor e o afeto possam ser considerados como os fundamentos mais importantes para a realização do indivíduo.[137]

---

[134] CALDERÓN, Ricardo Lucas. Socioafetividade na filiação: análise da decisão proferida pelo STJ no RESP 1.613.641/MG. *Revista Brasileira de Direito Civil – RBDCivil*, Belo Horizonte, v. 13, p. 141-154, jul./set. 2017, ISSN 2594-4932.

[135] VILLELA, João Baptista. O modelo constitucional de filiação: verdade e superstições. *Revista Brasileira de Direito de Família*, Porto Alegre, v. 1, n. 2, jul./set. 1999.

[136] SIMÃO, José Fernando. Que 2016 venha com as decisões do STF necessárias ao Direito de Família. *Consultor Jurídico*, 13 dez. 2015. Disponível em: https://www.conjur.com.br/2015-dez-13/2016-venha-decisoes-necessarias-direito-familia#_ftnref1. Acesso em: 19 maio 2017.

[137] CAMBI, Eduardo. O paradoxo da verdade biológica e sócio-afetiva na ação negatória de paternidade, surgido com o exame de DNA, na hipótese de "adoção à brasileira". *Revista de Direito Privado – RDPriv*, São Paulo, 13/85, jan./mar. 2003.

2.3.2 Da parentalidade socioafetiva à possibilidade do reconhecimento da multiparentalidade

Consolidado o conceito de parentalidade socioafetiva, há de se indagar se existe a possibilidade de coexistência da filiação biológica e da filiação construída pelo afeto.

Neste sentido, Marianna Chaves[138] questiona: Mas será que, para efeitos de estabelecimento de filiação, os laços biológicos estão sempre a concorrer com os liames afetivos? Será que, em vez de vislumbrarmos concorrência, não podemos enxergar possibilidades de complementação? Não será possível que alguém tenha mais de duas pessoas que exerçam efetiva e afetivamente as funções parentais, não se enxergando a questão sempre sob uma ótica de substituição ou exclusão?

Tartuce também interroga: "por que não seria possível a hipótese de a pessoa ter dois pais ou duas mães no registro, para todos os fins jurídicos, inclusive familiares e sucessórios?". Assevera que a *escolha de Sofia* entre o vínculo biológico e o socioafetivo não pode mais prosperar.[139]

Cassetari,[140] na mesma esteira, indaga: "Se a paternidade biológica não se sobrepõe à socioafetiva por serem iguais, não deveriam elas coexistir?".

Como resposta, Dias[141] entende ser possível a coexistência da filiação biológica e afetiva, constituindo o melhor caminho para o reconhecimento da multiparentalidade.

Teixeira e Rodrigues[142] também defendem a possibilidade do reconhecimento da paternidade socioafetiva cumulada com a paternidade biológica de maneira simultânea, culminando no fenômeno da multiparentalidade simultânea, e a defendem como alternativa de tutela jurídica para um fenômeno já existente na sociedade.

Welter leciona que:

---

[138] CHAVES, Marianna. Famílias mosaico, socioafetividade e multiparentalidade: breve ensaio sobre as relações parentais na Pós-Modernidade. *In*: CUNHA PEREIRA, Rodrigo da; DIAS, Maria Berenice (Coord.). Famílias: pluralidade e felicidade. *Anais do IX Congresso Brasileiro de Direito de Família*. Belo Horizonte: IBDFAM, 2014.

[139] TARTUCE, Flávio. *Direito Civil*. Rio de Janeiro: Forense, 2018. v. 5, p. 459.

[140] CASSETARI, Christiano. *Multiparentalidade e parentalidade socioafetiva: efeitos jurídicos*. 2. ed. São Paulo: Atlas, 2015, p. 174.

[141] DIAS, Maria Berenice. *Manual de Direito das Famílias*. 11. ed. São Paulo: Revista dos Tribunais, 2016.

[142] TEIXEIRA, Ana Carolina Brochado; RODRIGUES, Renata de Lima. *O Direito das Famílias entre a norma e a realidade*. São Paulo: Atlas, 2010.

A paternidade genética não pode se sobrepor à paternidade socioafetiva e nem esta pode ser compreendida melhor do que a paternidade biológica, já que ambas são iguais, não havendo prevalência de nenhuma delas, porque fazem parte da condição humana tridimensional genética, afetiva e ontológica. Assim, não reconhecer as paternidades genética e socioafetiva, ao mesmo tempo, com a concessão de todos os efeitos jurídicos, é negar a existência tridimensional do ser humano, que é reflexo da condição e da dignidade humana, na medida em que a filiação socioafetiva é tão irrevogável quanto a biológica, pelo que se deve manter incólumes as duas paternidades, com o acréscimo de todos os direitos, já que ambas fazem parte da trajetória humana".[143]

O autor, ao elaborar a teoria tridimensional do Direito de Família, preconiza a possibilidade de cumulação de paternidades e maternidades em relação a um mesmo filho, fundamentando seu entendimento na complexa ontologia do ser humano, na medida em que a condição humana é tridimensional – genética, afetiva e ontológica.[144]

Almeida e Rodrigues Junior defendem que:

> não se pode falar em supremacia de um critério sobre outro. Ao revés, entende-se que, em princípio, eles não se excluem. A própria evolução histórica indica que o surgimento dos critérios se deu sempre voltada para a *complementação*. Nesse sentido, como complementar equivale a acrescer, talvez seja possível admitir a pluriparentalidade da paternidade e da maternidade.[145]

E concluem: "parece permissível a duplicidade de vínculos materno ou paterno-filiais, principalmente quando um deles for socioafetivo e surgir, ou em complementação ao elo biológico ou jurídico preestabelecido, ou antecipadamente ao reconhecimento da paternidade ou maternidade biológica".[146]

---

[143] WELTER, Belmiro Pedro *apud* TEIXEIRA, Ana Carolina Brochado; RODRIGUES, Renata de Lima. *O Direito das Famílias entre a Norma e a Realidade*. São Paulo: Atlas, 2010.

[144] WELTER, Belmiro Pedro *apud* TEIXEIRA, Ana Carolina Brochado; RODRIGUES, Renata de Lima. *O Direito das Famílias entre a norma e a realidade*. São Paulo: Atlas, 2010.

[145] ALMEIDA, Renata Barbosa de; RODRIGUES JUNIOR, Walsir Edson. *Direito Civil*: famílias. Rio de Janeiro: Lumen Juris, 2010, p. 381.

[146] ALMEIDA, Renata Barbosa de; RODRIGUES JUNIOR, Walsir Edson. *Direito Civil*: famílias. Rio de Janeiro: Lumen Juris, 2010, p. 383.

Apesar deste entendimento por alguns doutrinadores e em julgados,[147] há quem sustente[148] o conflito entre os critérios de determinação da filiação, ou seja, diante da existência de uma parentalidade biológica e outra afetiva, o julgador[149] deveria optar pelo reconhecimento de apenas uma delas para fins de registro civil e geração de efeitos jurídicos.

Para Lira,[150] apesar do reconhecimento pela doutrina e jurisprudência da prevalência da filiação socioafetiva sobre a biológica, quando em confronto, em várias situações a solução da substituição da paternidade não se apresenta como a mais adequada. Em um caso concreto, o autor verificou não exatamente o confronto entre a paternidade biológica e a socioafetiva, mas uma verdadeira duplicidade de paternidade: uma socioafetiva, que gerou a paternidade registral, e outra biológica, que não consta no registro, mas que de fato é exercida socioafetivamente.

Para essas hipóteses, a simples substituição de uma paternidade pela outra não resolve adequadamente o problema, surgindo na doutrina e sendo reconhecida em alguns julgados a multiparentalidade.

Desta forma, a paternidade socioafetiva, alicerçada na posse de estado de filho, é um dos temas de Direito das Famílias que mais evoluiu nos últimos anos. Sobre esse reconhecimento, no âmbito doutrinário, merece destaque a baliza da posse de estado de filiação enquanto situação fática na qual uma pessoa desfruta da condição de filho em relação ao outro, que exerce a função paterna e/ou materna, cuja exteriorização de estado se desvela na tríade clássica – *nome, trato e fama* –, independentemente de essa situação corresponder à realidade legal, o que caracterizará, na situação concreta, a possibilidade do reconhecimento da multiparentalidade, diante da coexistência das duas filiações – a biológica e a socioafetiva –, instituto novel que será abordado no próximo capítulo.

---

[147] Nesse sentido: SÃO PAULO. Tribunal de Justiça de São Paulo (Primeira Câmara de Direito Privado). *Apelação Cível* nº 0006422-26.2011.8.26.0286, Relator Des. Alcides Leopoldo e Silva Junior, j. 14 ago. 2012.

[148] FARIAS, Cristiano Chaves; ROSENVALD, Nelson. *Curso de Direito Civil*: Famílias. 7. ed. São Paulo: Atlas, 2015. v. 6, p. 599, defendem "que a filiação será determinada através de um, ou de outro, critério, a depender do caso concreto".

[149] Neste sentido: Decisão do RIO GRANDE DO SUL. Tribunal de Justiça (Oitava Câmara Cível). *Apelação Cível* nº 70033740325, 8ª Câmara Cível, Relator Des. Rui Portanova, j. 25 mar. 2010; na RIO GRANDE DO SUL. Tribunal de Justiça (Sétima Câmara Cível). *Apelação Cível* nº 70029502531, Relator Des. Rel. Ricardo Raupp, 13 jan. 2010.

[150] LIRA, Wademir Paes. Análise da Multiparentalidade num caso concreto por meio de sentença. *Revista IBDFAM – Famílias e Sucessões*, Belo Horizonte, v. 19, p. 157-175, jan./fev. 2017, ISSN 2358-1670.

O INSTITUTO DA MULTIPARENTALIDADE: ANÁLISE NA PERSPECTIVA CIVIL-CONSTITUCIONAL

3.1 A nova principiologia aplicável à multiparentalidade

Ingressando especificamente na investigação do instituto, importante iniciar o tema abordando os princípios constitucionais expressos e implícitos que permeiam as relações envolvendo a multiparentalidade, haja vista a Constituição Federal de 1988 ser uma verdadeira carta de princípios.[151]

Atualmente, o Direito gira em torno da pessoa, tendo em vista o movimento da constitucionalização do Direito abordado no primeiro capítulo, a partir da segunda metade do século XX, tornando-se os princípios fonte primária de normatividade.

Neste sentido, Bonavides sustenta, dentro da teoria contemporânea dos princípios, que estes detêm a superioridade e a hegemonia na pirâmide normativa, não sendo unicamente formais, mas, sobretudo, materiais, bem diferente de quando exerciam apenas função supletiva ou subsidiária, alojados nos códigos, e migram para as constituições, convertendo-se em fundamento de toda ordem jurídica – "em *norma normarum*, ou seja, norma das normas".[152]

---

[151] DIAS, Maria Berenice. *Manual de Direito das Famílias*. 11. ed. São Paulo: Revista dos Tribunais, 2016.

[152] BONAVIDES, Paulo. *Curso de Direito Constitucional*. 31. ed. São Paulo: Malheiros, 2016, p. 296.

Neste sentido, Lôbo reafirma que

> Os princípios estão no vértice da hierarquia normativa. Significa dizer que a interpretação de todas as demais normas jurídicas deve ser feita em conformidade com eles, nunca em colisão. Para os princípios implícitos não constitucionais, eu sugiro a aplicação de uma tese simpática: a da supralegalidade, que não apenas se aplica aos tratados anteriores a 2004 que afetem direitos humanos. Os princípios implícitos infraconstitucionais são igualmente supralegais para manter coerência com a sua posição hierarquicamente superior. Não faz sentido que os princípios sejam subordinados a outra norma; ou ele é princípio ou ele não é princípio. E, se é princípio, ele é norma jurídica superior e não pode ser desafiado por outra norma. Por isso, a outra norma há de ser interpretada em conformidade com ele.[153]

Assim, os princípios foram alçados ao ápice no sistema de fontes, rendendo-se à construção de uma condição hermenêutica comprometida com a realidade social, segundo Santos Albuquerque. Neste processo, exigem-se as seguintes premissas: "reconhecer os princípios no sistema de fontes e na posição hierárquica, dado seu caráter de fundamentalidade", e "compreender os princípios e as regras como espécies normativas determinantes de toda a ordem jurídica".[154]

Não há que se falar em multiparentalidade sem abordar os princípios que norteiam as situações envolvendo a busca deste vínculo parental. Neste sentido, expressou-se Lôbo ao exemplificar dois julgamentos paradigmáticos do STF com fundamentos em princípios constitucionais para a solução de casos difíceis, entre eles, o do reconhecimento da parentalidade socioafetiva e multiparentalidade, que utilizou o princípio da dignidade da pessoa humana, da pluralidade ou tipicidade constitucional do conceito de entidades familiares, da vedação à discriminação e hierarquização entre as espécies de filiação, da paternidade responsável e o princípio constitucional implícito do direito à busca da felicidade.[155]

---

[153] LÔBO, Paulo. Novas razões para a força normativa dos princípios nas relações privadas. *Revista Fórum de Direito Civil – RFDC*, Belo Horizonte, ano 7, n. 19, p. 271-282, set./dez. 2018.

[154] SANTOS ALBUQUERQUE, Fabíola. Os princípios constitucionais e sua aplicação nas relações jurídicas de família. In: SANTOS ALBUQUERQUE, Fabíola; EHRHARDT JR., Marcos; OLIVEIRA, Catarina Almeida de (Coord.). *Famílias no Direito Contemporâneo*. Estudos em homenagem a Paulo Luiz Netto Lôbo. Salvador: JusPodivm, 2010.

[155] LÔBO, Paulo. Novas razões para a força normativa dos princípios nas relações privadas. *Revista Fórum de Direito Civil – RFDC*, Belo Horizonte, ano 7, n. 19, p. 271-282, set./dez. 2018.

Assim, quer sejam expressos, quer sejam implícitos[156] na Constituição Federal e no ordenamento jurídico, serão lançados os seguintes princípios, que conferem dinamicidade às relações familiares, ampliam a compreensão da multiparentalidade e funcionalizam o trabalho hermenêutico em torno do instituto, cuja carga axiológica legitima uma nova leitura do sistema jurídico: o da dignidade da pessoa humana, igualdade entre as filiações e filhos, afetividade, melhor interesse da criança e do adolescente e o da paternidade responsável.

A expressão "dignidade da pessoa humana", segundo Cunha Pereira, é de uso recente no mundo jurídico. Seu marco inaugural foi a Declaração Universal dos Direitos Humanos, em 1948.

O Estado Democrático de Direito, fundado na soberania e cidadania, tem seu marco na Constituição Federal de 1988, que erigiu como fundamento da República a dignidade da pessoa humana, "valor nuclear da ordem constitucional",[157] sagrando-se princípio fundamental, no século XX, no Pós-Guerra.

A Constituição de 1988 impôs o abandono da postura patrimonialista herdada do século XIX, migrando para uma concepção que privilegia o desenvolvimento humano e a dignidade da pessoa concretamente considerada, conforme Fachin.[158]

Lôbo, concordando com o professor espanhol Juan Luiz Manero, afirma que há princípios não ponderáveis ou imponderáveis, ou seja, que não podem ser objeto de ponderação, como o princípio da dignidade da pessoa humana, por ser fundamental e estruturante. E acrescenta:

> Com razão o professor Manero, pois a dignidade da pessoa humana é princípio fundamental (como estabelece a Constituição brasileira), não podendo nenhum outro com ele colidir, o que dispensa a ponderação ou qualquer outro pressuposto ou critério de interpretação, que resulte, eventualmente, em sua não incidência no caso concreto. O outro princípio

---

[156] Segundo Lôbo, os princípios implícitos podem derivar da interpretação do sistema constitucional adotado ou podem brotar da interpretação harmonizadora de normas constitucionais específicas (por exemplo, o princípio da afetividade). Para o autor, os princípios fundamentais são o da dignidade da pessoa humana e o da solidariedade familiar, e os princípios gerais são o da igualdade familiar, liberdade familiar, responsabilidade familiar, afetividade, convivência familiar e do melhor interesse da criança (LÔBO, Paulo. *Direito Civil. Famílias.* 9. ed. São Paulo: Saraiva, 2019. v. 5, p. 54).

[157] DIAS, Maria Berenice. *Manual de Direito das Famílias.* 11. ed. São Paulo: Revista dos Tribunais, 2016, p. 48.

[158] FACHIN, Luiz Edson. *Questões do Direito Civil Brasileiro Contemporâneo.* Rio de Janeiro: Renovar, 2008.

há de ser interpretado em conformidade com o princípio fundamental, mas não sobrepuja-lo, o que ocorreria com o uso da ponderação.[159]

A importância desse princípio, com a metodologia civil-constitucional, verifica-se em três momentos, como leciona Frota: "como finalidade assegurada no exercício da atividade econômica; *como princípio essencial da família*; e como direito fundamental da criança e do adolescente, do idoso e demais vulneráveis e hipervulneráveis"[160] (grifo nosso).

E como princípio essencial, com aplicação nas relações familiares, desempenhou um papel de destaque na *ratio decidendi* que o STF adotou no RE nº 898.060, envolvendo as relações parentais que configuram a multiparentalidade. O voto do relator destacou que: "A família, objeto do deslocamento do eixo central de seu regramento normativo para o plano constitucional, reclama a reformulação do tratamento jurídico dos vínculos parentais à luz do sobreprincípio da dignidade humana (art. 1º, III, CRFB) e da busca da felicidade".[161]

Inegável, também, a força da Constituição ao consagrar a igualdade entre homem e mulher, entre entidades familiares e entre os filhos, independentemente de sua origem, este último com previsão no art. 227, §6º, que estipula: "Os filhos, havidos ou não da relação do casamento, ou por adoção, terão os mesmos direitos e qualificações, proibidas quaisquer designações discriminatórias relativas à filiação", quebrando o sistema vinculado aos filhos considerados legítimos, assim nascidos na constância do matrimônio, e discriminando-os dos filhos ilegítimos, como já demonstrado. Igual comando está inserido no art. 1.596 do Código Civil. Na nova ordem, todos os filhos – biológicos, adotivos, socioafetivos – são iguais perante a lei.

Com o reconhecimento da igualdade dos filhos na Constituição Federal, também se revelou um novo suporte fático das relações familiares: a afetividade, que passou a ser o vetor nas relações conjugais e filiais, analisado no capítulo anterior.

---

[159] LÔBO, Paulo. Novas razões para a força normativa dos princípios nas relações privadas. *Revista Fórum de Direito Civil – RFDC*, Belo Horizonte, ano 7, n. 19, p. 271-282, set./dez. 2018.

[160] FROTA, Pablo Malheiros da Cunha. Princípio da dignidade da pessoa humana ressignificado a partir do direito civil constitucional prospectivo. *In*: EHRHARDT JR., Marcos; CORTIANO JR., Erouths (Coord.). *Transformações no Direito Privado nos 30 anos da Constituição*. Estudos em homenagem a Luiz Edson Fachin. Belo Horizonte: Fórum, 2019.

[161] BRASIL. Supremo Tribunal Federal (Tribunal Pleno). *Recurso Extraordinário* nº 898.060/SC, Relator Ministro Luiz Fux, j. 21 set. 2016.

Outro princípio norteador e fundamental na ordem jurídica, após as transformações definidoras em torno da pessoa e da família, é o do melhor interesse da criança e do adolescente,[162] com respaldo internacional, haja vista integrar a Declaração Universal dos Direitos da Criança, proclamada em 20.11.1959, e a Convenção Internacional dos Direitos da Criança em 1989,[163] que em seu preâmbulo reconhece "que a criança, para o pleno e harmonioso desenvolvimento de sua personalidade, deve crescer no seio da família, em um ambiente de felicidade, amor e compreensão", e proclama "o direito de a criança viver com seus pais, a não ser quando incompatível com os seus melhores interesses".[164]

Em âmbito nacional, o princípio está disposto no art. 227, *caput*, da Constituição Federal de 1988:

> É dever da família, da sociedade e do Estado assegurar à criança, ao adolescente e ao jovem, com absoluta prioridade, o direito à vida, à saúde, à alimentação, à educação, ao lazer, à profissionalização, à cultura, à dignidade, ao respeito, à liberdade e à convivência familiar e comunitária, além de colocá-los a salvo de toda forma de negligência, discriminação, exploração, violência, crueldade e opressão.

E está regulado no Estatuto da Criança e do Adolescente, aliado ao princípio da proteção integral, previsto nos arts. 3º[165] e 4º[166] do mesmo Estatuto.

---

[162] "Nos textos originais da Declaração Universal dos Diretos da Criança e do Adolescente, de 1959, bem como na Convenção Internacional dos Direitos da Criança, de 1989, utilizou-se a expressão *best interest of the child*, ou seja, o melhor interesse da criança" (CUNHA PEREIRA, Rodrigo da. *Princípios fundamentais norteadores do Direito de Família*. 2. ed. São Paulo: Saraiva, 2012, p. 150).

[163] CUNHA PEREIRA, Rodrigo da. *Princípios fundamentais norteadores do Direito de Família*. 2. ed. São Paulo: Saraiva, 2012, p. 150: "A Convenção foi ratificada pelo Brasil em 26/01/1990, por meio do Decreto Legislativo nº 28, de 14/09/1990, e promulgada pelo Decreto Presidencial nº 99.710, de 21/11/1990".

[164] CONVENÇÃO DOS DIREITOS DA CRIANÇA. Disponível em: https://www.unicef.org/brazil/pt/resources_10120.html. Acesso em: 13 fev. 2019.

[165] Art. 3º A criança e o adolescente gozam de todos os direitos fundamentais inerentes à pessoa humana, sem prejuízo da proteção integral de que trata esta Lei, assegurando-se-lhes, por lei ou por outros meios, todas as oportunidades e facilidades, a fim de lhes facultar o desenvolvimento físico, mental, moral, espiritual e social, em condições de liberdade e de dignidade.

[166] Art. 4º É dever da família, da comunidade, da sociedade em geral e do poder público assegurar, com absoluta prioridade, a efetivação dos direitos referentes à vida, à saúde, à alimentação, à educação, ao esporte, ao lazer, à profissionalização, à cultura, à dignidade, ao respeito, à liberdade e à convivência familiar e comunitária.

Crianças e adolescentes são pessoas em desenvolvimento, abandonando-se a concepção de serem tratados como meros objetos sujeitos à intervenção estatal quando se encontravam em uma situação irregular, justificando-se a tutela em consonância com a doutrina da proteção integral e como prioridade absoluta.

Para Lôbo, o melhor interesse da criança e do adolescente, segundo a Convenção Internacional dos Direitos da Criança,[167] significa

> ter seus interesses tratados com prioridade, pelo Estado, pela sociedade e pela família, tanto na elaboração quanto na aplicação dos direitos que lhe digam respeito, notadamente nas relações familiares, como pessoa em desenvolvimento e dotada de dignidade.[168]

O melhor interesse dos filhos menores, diante da doutrina da proteção integral, deve nortear as decisões que envolvem o reconhecimento da multiparentalidade. Neste sentido, manifesta-se Lôbo sobre as relações paterno-filiais diante de um caso julgado pelo STJ:

> O princípio do melhor interesse ilumina a investigação das paternidades e filiações socioafetivas. A criança é o protagonista principal, na atualidade. No passado recente, em havendo conflito, a aplicação do direito era mobilizada para os interesses dos pais, sendo a criança mero objeto da decisão. O juiz deve sempre, na colisão da verdade biológica com a verdade socioafetiva, apurar qual delas contempla o melhor interesse dos filhos, em cada caso, tendo em conta a pessoa em formação.[169]

Cunha Pereira questiona como averiguar o conteúdo deste princípio; entende que "a definição de mérito só pode ser feita no caso

---

[167] Segundo Lôbo, "A Convenção Internacional dos Direitos da Criança, que tem natureza supralegal (segundo o parâmetro utilizado pelo STF no RE 404.276) no Brasil desde 1990, estabelece em seu art. 3.1 que todas as ações relativas aos menores devem considerar, primordialmente, 'o interesse maior da criança'. Por determinação da Convenção, deve ser garantida uma ampla proteção ao menor, constituindo a conclusão de esforços, em escala mundial, no sentido de fortalecimento de sua situação jurídica, eliminando as diferenças entre filhos legítimos e ilegítimos (art. 18) e atribuindo aos pais, conjuntamente, a tarefa de cuidar da educação e do desenvolvimento. O princípio também está consagrado nos arts. 4º e 6º da Lei nº 8.069/90 (Estatuto da Criança e do Adolescente)" (LÔBO, Paulo. *Direito Civil*. Famílias. 9. ed. São Paulo: Saraiva, 2019. v. 5, p. 78).

[168] LÔBO, Paulo. *Direito Civil*. Famílias. 9. ed. São Paulo: Saraiva, 2019. v. 5, p. 77.

[169] STJ autoriza desconstituição de paternidade mesmo após cinco anos de convivência. *IBDFAM*, 03 mar. 2015. Disponível em: http://www.ibdfam.org.br/noticias/5557/STJ+aut oriza+desconstitui%C3%A7%C3o+de+paternidade+mesmo+apC3%B3s+cinco+anos+de+c onviv%C3%AAncia#. Acesso em: 17 jan. 2019.

concreto, ou seja, na situação real, com determinados contornos predefinidos, o que é o melhor para o menor". E lança a pergunta: "existe um entendimento preconcebido do que seja o melhor para a criança ou para o adolescente?".[170]

Para o autor, não, considerando que princípio, distintamente da regra, não traz conceitos predeterminados, cujo conteúdo deve ser preenchido em cada circunstância da vida; e os contornos que envolvem o caso determinado, ou seja, o conteúdo, são abertos e podem sofrer variações no tempo e espaço.

Assim, como diretriz determinante e não uma recomendação ética,[171] o melhor interesse deve nortear todas as relações parentais, inclusive as múltiplas, "com o objetivo de alcançar o bem-estar da criança e do adolescente, tendo o menor como o foco para a decisão, isto é, o que for considerado o melhor para a criança deverá ser assegurado pelo Estado".[172]

Desta forma, para Buarque e Franco, três são os paradigmas que deverão dirigir o melhor interesse da criança ou do adolescente: primeiro, que eles são detentores de todos os direitos fundamentais assegurados à pessoa humana; segundo, porque gozam da proteção integral previstas nas normas do Estatuto da Criança e do Adolescente; e terceiro, a eles são garantidos todos os meios necessários para um desenvolvimento pleno em situação de liberdade e dignidade.[173] O último princípio norteador da multiparentalidade, mas não menos importante, é o da paternidade responsável, cujo fundamento está no art. 226, §7º,[174] no art. 229[175] da Constituição Federal de 1988 e no Código

---

[170] CUNHA PEREIRA, Rodrigo da. *Princípios fundamentais norteadores do Direito de Família*. 2. ed. São Paulo: Saraiva, 2012, p. 150.

[171] LÔBO, Paulo. Direito ao estado de filiação e direito à origem genética: uma distinção necessária. *Revista Brasileira de Direito de Família*, Porto Alegre, n. 19, 2003.

[172] RABELO, Sofia Miranda. Por uma abordagem hermenêutica nas relações parentais. *Revista IBDFAM – Famílias e Sucessões*, Belo Horizonte, v. 30, nov./dez. 2018.

[173] CABRAL, Camila Buarque; FRANCO, Karina Barbosa. Vulnerabilidade da criança e do adolescente e a (inconstitucionalidade da Lei da Alienação Parental). In: EHRHARDT JR., Marcos; LOBO, Fabíola. (Org.). *Vulnerabilidade e sua compreensão no Direito Brasileiro*. Indaiatuba, SP: Foco, 2021.

[174] Art. 226, §7º Fundado nos princípios da dignidade da pessoa humana e da paternidade responsável, o planejamento familiar é de livre decisão do casal, competindo ao Estado propiciar recursos educacionais e científicos para o exercício desse direito, vedada qualquer forma coercitiva por parte de instituições oficiais ou privadas.

[175] Art. 229. Os pais têm o dever de assistir, criar e educar os filhos menores, e os filhos maiores têm o dever de ajudar e amparar os pais na velhice, carência ou enfermidade.

Civil, nos arts. 1.566, IV[176] e 1.634, II,[177] a consubstanciar a responsabilização dos pais pela criação, assistência e educação dos filhos, o que se denominou "dever de cuidado" pela ministra Nancy Andrighi no REsp nº 1.159.242/SP.

Inicialmente, cabe a ressalva que o mais adequado para definir este princípio é a expressão "parentalidade responsável", pois engloba todos os pais no exercício do projeto parental com deveres de cuidado para com os filhos.

Observa-se, ainda, que a paternidade responsável está intimamente ligada à responsabilidade, que engloba o direito de planejar a constituição de uma nova família e a responsabilidade no desenvolvimento material e moral dos filhos.

Na verdade, estão interligados os princípios da paternidade responsável, do melhor interesse da criança e do adolescente e da proteção integral com o exercício da autoridade parental, que devem nortear o interesse dos filhos, e não em proveito dos próprios genitores.

O princípio norteou o julgamento do RE nº 898.060, cujo voto do Ministro relator foi no sentido de que:

> A paternidade responsável enuncia expressamente no art. 226, §7º, da Constituição, na perspectiva da dignidade humana e da busca pela felicidade, impõe o acolhimento, no espectro legal, tanto dos vínculos de filiação construídos pela relação afetiva entre os envolvidos, quanto daqueles originados da ascendência biológica, sem que seja necessário decidir entre um ou outro quando o melhor interesse do descendente for o reconhecimento jurídico de ambos.[178]

No caso concreto, a solução necessária foi adotada por meio dos princípios da dignidade da pessoa humana, na dimensão da tutela do direito à felicidade, e do princípio da paternidade responsável, que enuncia os deveres de proteção, educação, guarda e assistência que os pais devem ter para com seus filhos.

---

[176] Art. 1.566. São deveres de ambos os cônjuges: [...] IV – sustento, guarda e educação dos filhos.
[177] Art. 1.634. Compete a ambos os pais, quanto à pessoa dos filhos menores: [...] II – tê-los em sua companhia e guarda.
[178] BRASIL. Supremo Tribunal Federal (Tribunal Pleno). *Recurso Extraordinário* nº 898.060/SC, Relator Ministro Luiz Fux, j. 21 set. 2016.

O Ministro Lewandowski entendeu que "o pai biológico não escapa das suas obrigações de manutenção do filho meramente pelo fato de que outros podem compartilhar com ele a responsabilidade".[179] Ocorre que este posicionamento adotado pelo STF, fundamentado no princípio em tela, enseja a equiparação entre genitor e pai. Esta questão já vem sendo discutida.

Amarilla, examinando os argumentos expendidos no RE nº 898.060, assevera que o STF, ao conferir concretude a princípios como o da dignidade da pessoa humana e parentalidade responsável, "nivelou dois conceitos que, embora não sejam forçosamente excludentes, tampouco são equivalentes, colocando lado a lado, ombro a ombro, num mesmo posto, pai e genitor". Seu equívoco "foi conferir equivalência à parentalidade e ancestralidade genética para fins de conformação de um vínculo parental múltiplo, olvidando que uma e outra refletem facetas distintas dos direitos fundamentais tutelados".[180]

Neste sentido, foi a construção dos votos dos desembargadores relatores nos Embargos Infringentes nº 2010.054045-7 e Apelação Cível nº 2011.027498-4.

Neste último julgamento, para Ghilardi, não foi o posicionamento mais correto, pois privilegia o pai biológico, cujos deveres foram assumidos pelo pai socioafetivo, retirando, por outro lado, da filha o direito previsto na lei de se beneficiar da condição financeira do pai genético. Argumenta que, apesar de o vínculo biológico não ser mais o critério isolado para a definição da parentalidade, o art. 1.634[181] do CC estabelece os deveres dos pais em relação aos filhos; dessa forma,

---

[179] BRASIL. Supremo Tribunal Federal (Tribunal Pleno). *Recurso Extraordinário* nº 898.060/SC, Relator Ministro Luiz Fux, j. 21 set. 2016.

[180] AMARILLA, Silmara Domingues Araújo. A multiparentalidade e a ânsia por pertencimento: desafios jurídicos na recognição dos vínculos parentais plúrimos. *Revista Nacional de Direito de Família e Sucessões*, Porto Alegre, v. 24, maio/jun. 2018, ISSN 2358-3.

[181] Art. 1.634. Compete a ambos os pais, qualquer que seja a sua situação conjugal, o pleno exercício do poder familiar, que consiste, em, quanto aos filhos: I – dirigir-lhes a criação e a educação; II – exercer a guarda unilateral ou compartilhada nos termos do art. 1.584; III – conceder-lhes ou negar-lhes consentimento para casarem; IV – conceder-lhes ou negar-lhes consentimento para viajarem ao exterior; V – conceder-lhes ou negar-lhes consentimento para mudarem sua residência permanente para outro Município; VI – nomear-lhes tutor por testamento ou documento autêntico, se o outro dos pais não lhe sobreviver, ou o sobrevivo não puder exercer o poder familiar; VII – representa-los judicial e extrajudicialmente até os 16 (dezesseis) anos, nos atos da vida civil, e assisti-los, após essa idade, nos atos em que forem partes, suprindo-lhes o consentimento; VIII – reclamá-los de quem ilegalmente os detenha; IX – exigir que lhes prestem obediência, respeito e os serviços próprios de sua idade e condição.

o pai biológico possui obrigações e deveres legais segundo o princípio da paternidade responsável e "retirar estas obrigações legais daquele que gerou um filho, mesmo que por um ato não desejado, é o mesmo que premiá-lo, em razão de terceira pessoa ter assumido o papel".[182]

Entende-se que, diante da ausência de uma paternidade biológica no assento de nascimento, esta filiação deve ser reconhecida sem ressalvas. Mas e se há paternidade socioafetiva e registral consolidada?

Trata-se de uma questão que será desenvolvida. Há limites para o reconhecimento da multiparentalidade, como estar-se diante de uma paternidade/maternidade já consolidada, reconhecendo-se o direito à origem biológica do indivíduo e distinguindo-se o estado de filiação efetivamente exercido diante do caso concreto do direito da personalidade ao conhecimento da origem genética. Ou prevaleceria a paternidade/maternidade responsável independentemente de as funções serem exercidas e diante da ausência de convívio e afetividade entre as pessoas, configurando-se a multiparentalidade?

3.2 Origem e sua conceituação

Diante das modificações vivenciadas nos parâmetros da filiação com o fenômeno da constitucionalização das relações privadas, sobretudo com o advento da Constituição hodierna, resta evidenciado que o instituto da multiparentalidade tem suas balizas fincadas, irremediavelmente, nas normas constitucionais, com relevância nos princípios constitucionais já elencados. Importam, também, os da isonomia, solidariedade e afetividade, conforme visto, e que delinearam a formação das novas relações filiais.

Segundo Chaves e Rospigliosi

> el aumento de la diversidad familiar hizo la existencia de la necesidad – dentro del sistema jurídico – de una reinvención y redesignación las funciones parentales. Es en este escenario que se plantea la idea de multiparentalidad legal.[183]

---

[182] GHILARDI, Dóris. A possibilidade de reconhecimento da multiparentalidade: vínculo biológico x vínculo socioafetivo, uma análise a partir do julgado da AC nº 2011.027498-4 do TJSC. *Revista Brasileira de Direito das Famílias e Sucessões*, n. 36, out./nov. 2013. Disponível em: http://www.magisteronline.com.br. Acesso em: 16 dez. 2018.

[183] CHAVES, Marianna; ROSPIGLIOSI, Enrique Varsi. La multiparentalidad. La pluralidad de padres sustentados en el afecto y en lo biológico. *Revista de Derecho y Genoma Humano = Law and the Human Genome Review*, 2018.

Como principal repercussão da igualdade na filiação destaca-se a impossibilidade de interpretarem-se as normas, atinentes à matéria, de modo a revelar qualquer resquício de tratamento discriminatório entre os filhos. Os regramentos aplicados à filiação deverão sempre ser lidos e aplicados com vistas a garantir a isonomia e a não discriminação dos filhos, independentemente de suas origens.

Assim, em um sentido civil-constitucional de filiação, apurado pelo Direito das Famílias contemporâneo, paralelamente à construção da socioafetividade, a doutrina e a jurisprudência pátrias comportaram a possibilidade de coexistência das parentalidades biológica e socioafetiva, numa quebra do paradigma da biparentalidade, dando guarida à multiparentalidade, apesar do entendimento contrário defendido por alguns doutrinadores, a exemplo de Regina Beatriz Tavares da Silva,[184] que sustenta a prevalência de uma ou outra espécie de parentalidade – biológica ou socioafetiva.

Neste último sentido, as Jornadas de Direito Civil do Conselho da Justiça Federal, realizadas em março de 2013, rejeitaram as propostas de enunciados que sugeriam o reconhecimento da multiparentalidade, pretendendo atribuir efeitos para os múltiplos pais.[185]

A partir da premissa de que família é uma estruturação psíquica em que a parentalidade se consubstancia no exercício das funções de paternidade e maternidade por pessoas que não sejam, necessariamente, os pais biológicos e que exercitem, faticamente, a autoridade parental por meio de condutas aferíveis objetivamente, correspondendo às funções de educar, assistir e criar os filhos, conforme o art. 229 da Constituição

---

[184] TAVARES DA SILVA, Regina Beatriz. Descabimento da multiparentalidade. *In:* MARTINS, Ives Gandra da Silva; CARVALHO, Paulo de Barros (Org.). *O Direito e a família*. São Paulo: Noeses, 2014.

[185] BRASIL. CONSELHO DA JUSTIÇA FEDERAL. VI Jornada de Direito Civil – *Enunciado rejeitado*: "Quando reconhecidas judicialmente, por ação própria ou de forma incidental, a paternidade e a maternidade socioafetivas precisam ser levadas ao registro civil para produzirem seus regulares efeitos, oponíveis erga omnes, ensejando, ou não, uma multiparentalidade, dependendo do que constar n mandado de averbação". *Enunciado rejeitado*: "Quando uma pessoa tiver mais de um pai e/ou mais de uma mãe, nos casos de multiparentalidade, todos eles deverão autorizar a emancipação voluntária, o casamento do menor em idade núbil, e os demais atos que dependam da autorização dos pais, enquanto for exercido o poder familiar conjunto, sob pena de ser necessária a propositura de ação judicial em caso de haver alguma discordância". *Enunciado rejeitado*: "Nos casos de multiparentalidade, onde uma pessoa tem mais de um pai ou mais de uma mãe, todos serão obrigados a prestar alimentos na medida da sua possibilidade, podendo a ação ser proposta contra qualquer um dos que tenham condições de arcar sozinho com o que é necessário por quem os pleiteia, ou contra todos, sendo o litisconsórcio facultativo."

Federal, a realidade evidencia que uma pessoa pode ter mais de dois pais e duas mães exercendo estas funções parentais.

Na presente pesquisa será feito um recorte para abordar, especificamente, a parentalidade socioafetiva exercida por meio da posse de estado de filho na configuração da multiparentalidade. É na formação das chamadas famílias recompostas que ocorrem "complicadas repercussões jurídicas, mormente no que diz respeito ao estabelecimento de papéis parentais e do exercício do poder familiar, indicando a corrosão de um último paradigma de nossa cultura jurídica: a biparentalidade".[186]

Dessa forma, há uma quebra do paradigma da biparentalidade para configurar um paradigma plural, tratando-se da multiplicidade de papéis que o nosso ordenamento abarcou nas relações filiais diante da realidade vivenciada por muitas famílias e que merece tutela jurídica de todos os efeitos que decorrem desta vinculação, com fundamento na isonomia entre as parentalidades biológica e socioafetiva, permitindo a sua coexistência em determinados casos concretos.

Diante do mais novo paradigma, a multiparentalidade configura um fato jurídico com fundamento nas concepções da socioafetividade, representando uma realidade jurídica impulsionada pela dinâmica das novas relações parentais, quando a mera substituição da parentalidade (que abarca a paternidade e a maternidade) não atende ao caso concreto "e às expectativas jurídicas de uma sociedade multifacetária",[187] porquanto é uma forma de garantir a promoção da pessoa humana, ao admitir que ela tenha uma família que retrate sua realidade.

O instituto legitima a maternidade e a paternidade daquele que exerce tais funções, seja por meio da socioafetividade, seja pelo vínculo biológico, sob a perspectiva do princípio da afetividade, calcado no afeto, na solidariedade, igualdade e liberdade. Não restam dúvidas de que os conceitos de parentesco e filiação passaram por grandes mutações, considerando o "surgimento das técnicas de reprodução assistida

---

[186] TEIXEIRA, Ana Carolina Brochado; RODRIGUES, Renata de Lima. Quais devem ser os parâmetros para o reconhecimento jurídico da multiparentalidade? In: MATOS, Ana Carla Harmatiuk; TEIXEIRA, Ana Carolina Brochado; TEPEDINO, Gustavo. Direito Civil, Constituição e Unidade do Sistema. *Anais do Congresso de Direito Civil Constitucional – V Congresso IBDCivil*. Belo Horizonte: Fórum, 2019, p. 248.

[187] VALADARES, Maria Goreth Macedo. *Multiparentalidade e as novas relações parentais*. Rio de Janeiro: Lumen Juris, 2016, p. 93-99.

e da parentalidade socioafetiva, reconhecidas como novas formas de parentesco civil".[188]

Para a conceituação de multiparentalidade, há doutrinadores que utilizam um conceito *lato* e outro mais restrito.

Segundo Teixeira e Rodrigues, o conceito *lato* abrangeria mais de um vínculo paterno ou materno, como, por exemplo, o filho que tem dois pais ou duas mães homoafetivos.[189]

Neste sentido, lecionam Matos e Hapner que a multiparentalidade iniciou-se como uma conquista implícita do casamento homoafetivo, rompendo a noção triangular de filiação (um único pai e uma única mãe em relação ao filho).[190]

Corroborando este entendimento, Teixeira e Rodrigues sustentam que o ponto de partida para a multiparentalidade deu-se a partir da dupla maternidade ou da dupla paternidade homoafetiva.[191]

Mas o conceito estrito abrange, no mínimo, a existência de três laços parentais, caracterizando-se pelo viés quantitativo e não tendo intrínseca relação com o gênero ou orientação sexual dos pais, pressupondo, apenas, a presença de mais de dois vínculos parentais.[192]

Quando existe uma filiação homoafetiva – dois pais ou duas mães –, é uma espécie de biparentalidade, e não de multiparentalidade. É neste sentido que a pesquisa se posiciona. Defende a conceituação estrita da multiparentalidade, que abarca mais de dois vínculos parentais,

---

[188] TARTUCE, Flávio. Anotações ao Provimento nº 63 do Conselho Nacional de Justiça. Parte II. *Migalhas*, maio 2018.

[189] TEIXEIRA, Ana Carolina Brochado; RODRIGUES, Renata de Lima. Quais devem ser os parâmetros para o reconhecimento jurídico da multiparentalidade? *In*: MATOS, Ana Carla Harmatiuk; TEIXEIRA, Ana Carolina Brochado; TEPEDINO, Gustavo. Direito Civil, Constituição e Unidade do Sistema. *Anais do Congresso de Direito Civil Constitucional – V Congresso IBDCivil*. Belo Horizonte: Fórum, 2019.

[190] MATOS, Ana Carla Harmatiuk; HAPNER, Paula Aranha. Multiparentalidade: uma abordagem a partir das decisões nacionais. *Civilistica.com*, Rio de Janeiro, ano 5, n. 2, 2016. Disponível em: http://www.civilistica.com/multiparentalidade-uma-abordagem-a-partir-das-decisoes-nacionais/. Acesso em: 20 fev. 2017.

[191] TEIXEIRA, Ana Carolina Brochado; RODRIGUES, Renata de Lima. Quais devem ser os parâmetros para o reconhecimento jurídico da multiparentalidade? *In*: MATOS, Ana Carla Harmatiuk; TEIXEIRA, Ana Carolina Brochado; TEPEDINO, Gustavo. Direito Civil, Constituição e Unidade do Sistema. *Anais do Congresso de Direito Civil Constitucional – V Congresso IBDCivil*. Belo Horizonte: Fórum, 2019.

[192] TEIXEIRA, Ana Carolina Brochado; RODRIGUES, Renata de Lima. Quais devem ser os parâmetros para o reconhecimento jurídico da multiparentalidade? *In*: MATOS, Ana Carla Harmatiuk; TEIXEIRA, Ana Carolina Brochado; TEPEDINO, Gustavo. Direito Civil, Constituição e Unidade do Sistema. *Anais do Congresso de Direito Civil Constitucional – V Congresso IBDCivil*. Belo Horizonte: Fórum, 2019.

independentemente do gênero ou orientação sexual, em cuja relação filial, efetivamente, exerçam as funções paterna e materna. Sob esse entendimento a pesquisa se desenvolverá.

Nesta linha de pensamento, Matos e Pereira adotam a compreensão estrita da multiparentalidade, não se perquirindo a existência de conjugalidade entre os pais ou mães,[193] se verificados os elementos da parentalidade socioafetiva.

Cunha Pereira conceitua família multiparental como aquela que tem múltiplos pais/mães, isto é, mais de um pai e/ou mais de uma mãe, coexistindo as filiações biológica e socioafetiva.[194]

Schreiber menciona a conceituação ampla no sentido de que "uma pessoa tenha mais de um vínculo parental paterno ou mais de um vínculo parental materno. Para a sua configuração, é suficiente que alguém tenha dois pais ou duas mães". Abarca também os casos de simples biparentalidade homoafetiva.

Já em relação à acepção restrita, esta seria definida "como o reconhecimento jurídico de mais de dois vínculos de parentalidade à mesma pessoa", ou seja, a expressão reserva às hipóteses em que alguém tenha "três ou mais laços parentais, não abrangendo, portanto, a mera dupla paternidade ou dupla maternidade".[195]

Valadares entende a multiparentalidade como a existência de, pelo menos, três pessoas no registro de nascimento de um filho, não existindo mais um critério exclusivo de definição da figura parental, podendo se configurar de forma simultânea ou sucessiva. E exemplifica: poderá ser simultânea no caso das famílias recompostas, em que a criança tem um padrasto (e pai socioafetivo) e um pai biológico presentes em sua vida, além da figura da mãe. Ou quando o filho fica órfão de um dos pais,[196] como se deu no caso da Apelação Cível nº 0006422-26.2011.8.26.0286,[197]

---

[193] MATOS, Ana Carla Harmatiuk; PEREIRA, Jacqueline Lopes. Filiação no direito brasileiro: da paternidade presumida à Repercussão Geral nº 622 do Supremo Tribunal Federal. In: EHRHARDT JUNIOR, Marcos; CORTIANO JUNIOR, Eroulths (Coord.). *Transformações no Direito Privado nos 30 anos da Constituição*. Estudos em homenagem a Luiz Edson Fachin. Belo Horizonte: Fórum, 2019.

[194] CUNHA PEREIRA, Rodrigo da. *Dicionário de Direito de Família e Sucessões*. São Paulo: Saraiva, 2015.

[195] SCHREIBER, Anderson. Efeitos jurídicos da multiparentalidade. *Revista Pensar*, v. 21, n. 3, p. 847-873, set./dez. 2016.

[196] VALADARES, Maria Goreth Macedo. *Multiparentalidade e as novas relações parentais*. Rio de Janeiro: Lumen Juris, 2016.

[197] SÃO PAULO. Tribunal de Justiça de São Paulo (Primeira Câmara de Direito Privado). *Apelação Cível* nº 0006422-26.2011.8.26.0286, Relator Des. Alcides Leopoldo e Silva Junior, j. 14 ago.

nos autos da ação declaratória de maternidade socioafetiva cumulada com pedido de retificação de assento de nascimento ajuizada pela madrasta da criança, que a criou desde quando tinha dois anos de idade e era órfã aos três dias depois do parto, pois sua mãe biológica faleceu em decorrência de um acidente vascular cerebral.[198]

Por entender que não constitui multiparentalidade a hipótese da pessoa ter duas mães ou dois pais no assento de nascimento, Cassetari propõe nomenclaturas para as várias hipóteses, a fim de evitar que ocorra confusão: multiparentalidade paterna (três ou mais pessoas como genitores, sendo dois ou mais pais do sexo masculino), multiparentalidade materna (três ou mais pessoas como genitores, com duas ou mais mães do sexo feminino), biparentalidade, que se constitui de um pai e uma mãe de sexos distintos, bipaternidade (ou biparentalidade paterna), dois pais do sexo masculino apenas), e bimaternidade (biparentalidade materna), sendo duas mães do sexo feminino apenas.[199]

Entendendo que paternidade e maternidade são atividades realizadas em prol do desenvolvimento dos filhos menores, essas funções podem ser exercidas por mais de um pai ou mais de uma mãe, simultaneamente, na concepção de Teixeira e Rodrigues, que defende a multiparentalidade como alternativa de tutela jurídica para um fenômeno já existente em nossa sociedade, fruto da liberdade de (des) constituição familiar.[200]

2012, cuja ementa é a seguinte: "Maternidade socioafetiva. Preservação da Maternidade Biológica. Respeito à memória da mãe biológica, falecida em decorrência do parto, e de sua família – Enteado criado como filho desde dois anos de idade. Filiação socioafetiva que tem amparo no art. 1.593 do Código Civil e decorre da posse do estado de filho, fruto de longa e estável convivência, forma a não deixar dúvida, a quem não conhece, de que se trata de parentes – A formação da família moderna não consanguínea tem sua base na afetividade e nos princípios da dignidade da pessoa humana e da solidariedade. Recurso provido".

[198] No mesmo sentido: RIO GRANDE DO SUL. Tribunal de Justiça. Processo nº 0003264-62.2012.8.21.0125, j. 7 ago. 2013: "Dois menores e sua madrasta ajuizaram Ação Declaratória de Maternidade Socioafetiva sem exclusão da maternidade biológica, aduzindo que, quando do falecimento da mãe biológica, as crianças possuíam 7 e 2 anos de idade, respectivamente, e que após algum tempo o pai dos menores iniciou o namoro com a autora, tendo os filhos espontaneamente manifestado o desejo de morar com ela, formando-se forte vínculo afetivo, razão do ajuizamento da presente demanda. Os autores almejam a declaração de maternidade socioafetiva da madrasta em relação aos seus dois enteados, sem exclusão da mãe biológica" (CASSETARI, Christiano. *Multiparentalidade e parentalidade socioafetiva:* efeitos jurídicos. 3. ed. São Paulo: Atlas, 2017, p. 215-216).

[199] CASSETARI, Christiano. *Multiparentalidade e parentalidade socioafetiva:* efeitos jurídicos. 3. ed. São Paulo: Atlas, 2017.

[200] TEIXEIRA, Ana Carolina Brochado; RODRIGUES, Renata de Lima. *O Direito das Famílias entre a norma e a realidade.* São Paulo: Atlas, 2010.

O requisito primordial, portanto, para Valadares, "é a presença de mais de um pai ou mãe em relação a um determinado filho. Considerando a existência de três formas de parentalidade, não há como menosprezar a possibilidade de uma múltipla maternidade/paternidade",[201] haja vista retratar a realidade social de muitas famílias.

Sintetizando, a multiparentalidade implica vinculação jurídica de um indivíduo com mais de um pai e/ou com mais de uma mãe, simultâneas ou não, mas que vivenciadas no decorrer da vida.

Cunha Pereira informa que os casos mais comuns de multiparentalidade são nas relações entre padrastos, madrastas e enteados, que se tornam pais/mães pelo exercício das funções paternas e maternas e nas reproduções medicamente assistidas, que contam com a participação de mais de duas pessoas no processo reprodutivo.[202]

Teixeira e Rodrigues também entendem que a multiparentalidade

é facilmente perceptível no âmbito de muitas famílias reconstituídas, nas quais tanto o pai/mãe biológico quanto o padrasto/madrasta – que acabam por funcionar como pais socioafetivos na vida dos enteados – exercem a autoridade parental, gerando a cumulação de papéis de pai/mãe, não de modo excludente, mas inclusivo e até mesmo complementar.[203]

Em contraponto, Lôbo entende que na relação de padrasto ou madrasta e enteado há dois vínculos de parentalidade que se entrecruzam em relação ao filho do cônjuge ou do companheiro: "um, do genitor originário separado, assegurado o direito de contato ou de visita com o filho; outro, do padrasto ou madrasta, de convivência com o enteado". Para o autor, por mais intensa e duradoura que seja esta relação, não há paternidade ou maternidade socioafetiva em desfavor do pai ou mãe legais ou registrais "porque não se caracteriza posse de estado de

---

[201] VALADARES, Maria Goreth Macedo. *Multiparentalidade e as novas relações parentais*. Rio de Janeiro: Lumen Juris, 2016, p. 105.
[202] CUNHA PEREIRA, Rodrigo da. *Dicionário de Direito de Família e Sucessões*. São Paulo: Saraiva, 2015 CUNHA PEREIRA, Rodrigo da. *Dicionário de Direito de Família e Sucessões*. São Paulo: Saraiva, 2015.
[203] TEIXEIRA, Ana Carolina Brochado; RODRIGUES, Renata de Lima. Quais devem ser os parâmetros para o reconhecimento jurídico da multiparentalidade? In: MATOS, Ana Carla Harmatiuk; TEIXEIRA, Ana Carolina Brochado; TEPEDINO, Gustavo. Direito Civil, Constituição e Unidade do Sistema. *Anais do Congresso de Direito Civil Constitucional – V Congresso IBDCivil*. Belo Horizonte: Fórum, 2019, p. 252.

filiação, o que igualmente afasta a multiparentalidade", a não ser que haja a perda do poder familiar dos pais.[204]

Mas a multiparentalidade não se configura apenas nas famílias reconstituídas. Entre as consequências da tese de repercussão geral, Teixeira e Rodrigues delimitam outras situações jurídicas que abarcam a multiparentalidade: a situação que envolve os filhos de criação, tratados como filhos, ou seja, "é o filho de um terceiro que é tratado como se filho fosse, exercendo todos os deveres da autoridade parental, se menor de idade"; nas relações poliafetivas, onde a "criança é fruto de um projeto parental da família, de modo que a instituição da multiparentalidade acaba sendo um reflexo desse arranjo familiar"; na "adoção à brasileira", podendo ser construída "uma vinculação socioafetiva entre pai registral e filho, de modo que é possível que o filho, no decorrer da vida, busque a constituição do parentesco biológico"; e, por fim, na reprodução humana assistida heteróloga, "cujo doador do material genético é conhecido e a doação acontece para, pelo menos, duas pessoas".[205]

Nesta última hipótese, exemplifica com um caso concreto a configuração da multiparentalidade diante deste procedimento realizado por um casal homoafetivo feminino e o doador do gameta, que era pessoa conhecida e pretendia o reconhecimento voluntário da paternidade do nascituro. A decisão foi no sentido de reconhecer a multiparentalidade entre os três pais que participaram do planejamento familiar, com registro no assento de nascimento para a produção dos efeitos jurídicos.[206]

---

[204] LÔBO, Paulo. Quais os limites e a extensão da tese de repercussão geral do STF sobre socioafetividade e multiparentalidade? *Revista IBDFAM – Famílias e Sucessões*, Belo Horizonte, v. 22, p. 11-27, jul./ago. 2017, ISSN 2358-1670.

[205] TEIXEIRA, Ana Carolina Brochado; RODRIGUES, Renata de Lima. Quais devem ser os parâmetros para o reconhecimento jurídico da multiparentalidade? *In*: MATOS, Ana Carla Harmatiuk; TEIXEIRA, Ana Carolina Brochado; TEPEDINO, Gustavo. Direito Civil, Constituição e Unidade do Sistema. *Anais do Congresso de Direito Civil Constitucional* – V Congresso IBDCivil. Belo Horizonte: Fórum, 2019, p. 256-257. Autos nº 1007915-90.2016.8.26.0562, 4ª vara cível de Santos/SP, j. 19.05.2016.

[206] TEIXEIRA, Ana Carolina Brochado; RODRIGUES, Renata de Lima. Quais devem ser os parâmetros para o reconhecimento jurídico da multiparentalidade? *In*: MATOS, Ana Carla Harmatiuk; TEIXEIRA, Ana Carolina Brochado; TEPEDINO, Gustavo. Direito Civil, Constituição e Unidade do Sistema. *Anais do Congresso de Direito Civil Constitucional* – V Congresso IBDCivil. Belo Horizonte: Fórum, 2019, p. 256-257. Autos nº 1007915-90.2016.8.26.0562, 4ª vara cível de Santos/SP, j. 19.05.2016.

Entre as hipóteses de configuração da multiparentalidade, Multedo discrimina a que envolve as "trisais"[207] – três pessoas que se relacionam, ou de casais amigos ou até grupos de amigos sem relacionamento entre si.[208] Neste ponto, há que se fazer uma breve distinção com a coparentalidade, conceituada por Farias e Rosenvald como a

> relação estabelecida entre duas, ou mais pessoas que deliberam pela efetivação de um projeto parental, dividindo as funções de pai e/ou mãe, atribuindo, aprioristicamente, as responsabilidades de cada um, sem uma necessária divisão equânime entre elas, mas com uma expressa declaração de vontade.[209]

O detalhe na relação que faz avultar a relevância concreta da coparentalidade é a realização de um contrato para o exercício da parentalidade comum com o objetivo, previamente ajustado, que envolve a procriação e criação dos filhos, ou seja, está-se diante de um "negócio jurídico coparental", cujas regras para o exercício da parentalidade são estabelecidas previamente.[210]

Para Matos e Pereira, o reconhecimento da multiparentalidade deságua nas chamadas famílias recompostas, famílias homoparentais e

---

[207] TRISAL de mulheres registra primeira união estável. Disponível em: http://www.plox.com.br/mulher/trisal-de-mulheres-registra-primeira-uniao-estavel-nos-tres-nos-amamos. *apud* MULTEDO, Renata Vilela. *Liberdade e família*. Rio de Janeiro: Processo, 2017, p. 192: "Elas vivem juntas em um apartamento no Rio de Janeiro há três anos. Mas a relação veio a público e gerou polêmica no mês passado, depois que elas registraram a primeira união estável de três mulheres no Brasil. [...] Elas fizeram o registro em um cartório no Rio, com base em uma decisão do Supremo Tribunal Federal que, em 2011, permitiu que esses locais registrassem uniões civis entre casais homossexuais. [...] As três resolveram que a empresária irá engravidar por meio de inseminação artificial, já que ela é quem tem mais desejo de ser mãe. [...] As outras duas acrescentam que pretendem fazer um tratamento para poder amamentar o bebê. Mas elas têm consciência de que a batalha mais importante será conseguir registrar o filho em nome das três. 'Elas já formaram uma família e querem ser reconhecidas', diz à BBC Mundo Fernanda de Freitas Leitão, tabeliã e advogada que registrou a união. Ela acrescenta que o documento se encaixa nos fundamentos do Supremo para aceitar uniões de casais homossexuais e permitirá o registro multiparental de um filho do trio".
[208] SANTA CATARINA. Comarca da Capital. Processo nº 0318249-86.2015.8.24.0023, 2ª Vara de Família, publicado em 7 ago. 2015: Trata-se da possibilidade de gestão compartilhada em união homoafetiva feminina, atualmente reconhecida pela Resolução nº 2.121/2015 do Conselho Federal de Medicina.
[209] FARIAS, Cristiano Chaves; ROSENVALD, Nelson. *Curso de Direito Civil*. 11. ed. Salvador: JusPodivm, 2019. v. 6, p. 644.
[210] FARIAS, Cristiano Chaves; ROSENVALD, Nelson. *Curso de Direito Civil*. 11. ed. Salvador: JusPodivm, 2019. v. 6, p. 644.

em casos de o projeto parental envolver técnicas heterólogas de reprodução humana assistida.²¹¹ ²¹²

Pianovski *et al.* reconhecem a possibilidade jurídica da pluralidade de vínculos em três hipóteses de concretização: quando há existência de pai biológico e registral que constrói vínculos de socioafetividade com a criança; nas famílias recompostas; e diante do planejamento familiar de casais homoafetivos cujos filhos poderão ter vínculo socioafetivo com o genitor ou genitora biológico, a depender do planejamento familiar erigido.²¹³

Para além da conceituação e formas de constituição da multiparentalidade, importante também delimitar seus requisitos fundamentais

---

[211] MATOS, Ana Carla Harmatiuk; PEREIRA, Jacqueline Lopes. Filiação no direito brasileiro: da paternidade presumida à Repercussão Geral nº 622 do Supremo Tribunal Federal. *In:* EHRHARDT JUNIOR, Marcos; CORTIANO JUNIOR, Eroulths (Coord.). *Transformações no Direito Privado nos 30 anos da Constituição.* Estudos em homenagem a Luiz Edson Fachin. Belo Horizonte: Fórum, 2019.

[212] Multiparentalidade reconhecida nos autos nº 201501585660, da 1ª Vara de Família e Sucessões da comarca de Goiânia/GO, que trata de ação declaratória de multiparentalidade com pedido de reconhecimento da maternidade socioafetiva sem exclusão da maternidade biológica em uma união homoafetiva feminina, na qual o pai biológico, além de ter fornecido o material genético, também participa ativamente da vida da filha. Da mesma forma: TJRS. AC 70062692876, Des. Rel. José Pedro de Oliveira Eckert, j. 12.02.15. As pessoas envolvidas no projeto parental (duas mulheres em união homoafetiva) e um homem (amigo das mulheres) obtiveram o reconhecimento da multiparentalidade com registro no assento de nascimento da criança.

[213] RUZYK PIANOVSKI, Carlos Eduardo; OLIVEIRA, Ligia Ziggiotti de; PEREIRA, Jacqueline Lopes. A multiparentalidade e seus efeitos segundo três princípios fundamentais do direito de família. *Revista Quaestio Iuris,* Rio de Janeiro, v. 11, n. 02, p. 1268-1286, 2018. DOI: 10.12957/rqi.2018.28886, ISSN 1516-0351, p. 1.280-1.281: Em relação à última hipótese, os autores exemplificam. "Em 2014, o Tribunal de Justiça do Rio de Janeiro julgou Agravo de Instrumento em Ação de Guarda Compartilhada ajuizada pelo pai biológico de uma criança concebida por inseminação artificial (TJRJ, 2014). A reprodução humana assistida foi fruto do planejamento familiar de duas mulheres que mantinham união estável entre si desde 2008. Um amigo das companheiras se propôs a doar o material genético para concretizar o plano e, quando a criança completou dois anos, pleiteou a guarda compartilhada. A mãe biológica e registral pediu a inclusão de sua companheira no polo passivo da demanda, sob o argumento da existência de vínculo de maternidade socioafetiva. Porém, o juízo de primeiro grau indeferiu o pedido, o que justificou a interposição do Agravo de Instrumento. Entendeu-se que a condição de mãe socioafetiva deveria ser tutelada, já que a gestação foi fruto do planejamento familiar das companheiras. O recurso foi provido e o voto da desembargadora relatora ressaltou inexistir hierarquia entre os vínculos socioafetivo e biológico, tanto da companheira, quanto do pai biológico que tanto queria construir vínculo socioafetivo com a criança, devendo a sua simultaneidade ser tutela com vistas à proteção do melhor interesse desta. A decisão reconheceu a existência fática da multiparentalidade por vínculo socioafetivo da criança com aquela que exerceu papel parental de cuidado e que, inclusive, foi quem participou do planejamento familiar do casal par aa concepção da criança. O principal efeito jurídico constatado é o direito de convivência da criança com os três adultos que compõem a parentalidade e a igual importância de sua participação na tomada de decisões sobre a vida do menor".

e, neste ponto, Lobo elenca a realização do melhor interesse do filho biológico ou socioafetivo e o consentimento ou vontade presumida da pessoa que passa a ter pais e mães plúrimos. Para tanto, é indispensável o consentimento do representante legal da criança ou adolescente de até dezesseis anos, ou o consentimento assistido do adolescente entre dezesseis e dezoito anos, conforme a Convenção Internacional sobre os Direitos da Criança, com força de lei interna, e o ECA, que exige que sejam ouvidos sobre a decisão que projetará futuramente sua vida.[214]

Os dois requisitos estão intrinsecamente vinculados e facilitarão a eficácia real do instituto.

Por fim, é importante estabelecer que o fundamento da multiparentalidade está na isonomia entre os filhos e, por decorrência, inexiste prevalência entre as parentalidades socioafetiva e biológica.

Para Aguirre, a socioafetividade, relevante para a consolidação das relações parentais, apresenta-se em consonância com a diretriz constitucional de tutela da pessoa humana e sua dignidade.[215]

Desta forma, ao longo da vida, uma pessoa pode estabelecer uma parentalidade socioafetiva, seja em razão do princípio do melhor interesse da criança e adolescente, seja em razão do princípio da dignidade da pessoa humana, podendo coexistir com a parentalidade biológica, retratando a realidade social brasileira que demonstra os múltiplos vínculos parentais, não sendo necessariamente excludentes, ressaltando que, uma vez reconhecida, é irrevogável.

3.3 As decisões iniciais que reconheceram a multiparentalidade, o RE nº 898.060/SC e a tese fixada em repercussão geral

Como visto, a multiparentalidade revela um novo paradigma no direito de filiação decorrente de uma interpretação expansiva e integrativa do fenômeno jurídico e social[216] e existem várias hipóteses que

---

[214] LOBO, Fabíola Albuquerque. *Multiparentalidade*: efeitos no Direito de Família. Indaiatuba, SP: Foco, 2021.
[215] AGUIRRE, João. Reflexos sobre a multiparentalidade e a Repercussão Geral nº 622 do STF. *Revista Eletrônica Direito e Sociedade*, Canoas, v. 5, n. 1, 2017. Disponível em: http://dx.doi.org/10.18316/REDES. Acesso em: 16 abr. 2017, ISSN 2318-8081.
[216] SANTOS, Gabriel Percegona. *Precedentes judiciais e o Direito de Família*: reflexões a partir da multiparentalidade. Curitiba: Appris, 2022.

podem abarcar a configuração da multiparentalidade, mas o aumento do número de famílias recompostas fomentou a sua possibilidade. Frota e Calderón exemplificam sobre a realidade que se delineia nas famílias recompostas. Um casal heteroafetivo jovem que tem um filho no início do relacionamento. Pouco tempo depois, o casal se divorcia e o filho continua residindo com a mãe, que estabelece uma nova relação com outro homem, seu novo companheiro; este passa a conviver diariamente com o filho dela de forma afetiva, pública e duradoura, por longo tempo, exercendo uma função paterna de fato e uma parentalidade socioafetiva por meio da posse de estado de filho, possuindo a criança duas referências paternas: o pai biológico e o pai socioafetivo[217] (o padrasto).

Várias situações fáticas iguais à exemplificada decorrem da pluralidade das relações familiares e filiais, que passaram a buscar uma resposta jurídica no ordenamento brasileiro, mesmo diante da ausência de regulamentação de lei expressa.

Embora no ordenamento jurídico brasileiro, as decisões de 1º e 2º graus que reconhecem o instituto datam de 2012, a multiparentalidade já era uma realidade reconhecida em outras jurisdições da América. Chaves e Rospigliosi[218] citam que alguns tribunais, há quase uma década, já adotaram a ideia de compartilhamento da parentalidade entre mais de dois pais e referem casos concretos julgados pela *Court of Appeal for Ontario*,[219] pela *Superior Court of Pennsylvania*,[220] entre outros.

---

[217] FROTA, Pablo Malheiros da Cunha; CALDERÓN, Ricardo Lucas. Multiparentalidade a partir da tese aprovada pelo Supremo Tribunal Federal. *In:* TEPEDINO, Gustavo; TEIXEIRA, Ana Carolina Brochado; ALMEIDA, Vitor (Coord.). Da dogmática à efetividade do Direito Civil. *Anais do Congresso Internacional de Direito Civil Constitucional* – IV Congresso do IBDCIVIL. Belo Horizonte: Fórum, 2017.

[218] CHAVES, Marianna; ROSPIGLIOSI, Enrique Varsi. La multiparentalidad. La pluralidad de padres sustentados en el afecto y en lo biológico. *Revista de Derecho y Genoma Humano* = Law and the Human Genome Review, 2018.

[219] "En enero de 2007, un tribunal de apelación de Ontario reconoció que un niño de cinco años de edad tenía tres padres (la madre y el padre biológicos y la compañera lesbiana de la madre) todos los cuales eran titulares y ejercitaban las responsabilidades parentales". Court of Appeal for Ontario – ONCA, Docket: C39998, A.A. v. B.B., j. 2/1/2007 *apud* CHAVES, Marianna; ROSPIGLIOSI, Enrique Varsi. La multiparentalidad. La pluralidad de padres sustentados en el afecto y en lo biológico. *Revista de Derecho y Genoma Humano* = Law and the Human Genome Review, 2018.

[220] "En abril de 2007, un tribunal de apelación de Pennsylvania concluyó que las madres lesbianas y el donante de esperma de su hijo eran los padres legales de un niño y todos tenían obligaciones legales relativas al cuidado parental. En este caso, Jodilynn Jacob (demandante) y Jennifer Shultz-Jacob (demandado) vivieron juntos como pareja por aproximadamente nueve años en el Condado de York, Pennsylvania. Durante la unión, Shultz-Jacob adoptó a su sobriños A. J. y L. J. y dio a luz a otros dos niños, Co.J. y Ca.J., a través de inseminación

A primeira decisão no Brasil foi prolatada nos autos da ação de investigação de paternidade ajuizada pela autora contra o pai biológico, cumulada com pedido de anulação de registro civil em desfavor do seu padrasto, sob nº 0012530-95.2010.8.22.0002 (RO).[221] Nesta, a juíza manteve a paternidade registral (e socioafetiva do padrasto) da autora, determinando a inclusão do pai biológico no assento do seu nascimento, reconhecendo, desta forma, a dupla paternidade registral da autora, sem prejuízo da manutenção do registro materno. Neste caso concreto, quando a autora nasceu, o companheiro de sua mãe registrou-a como se sua filha fosse e com ela estabeleceu forte vínculo afetivo, mesmo sabendo da inexistência de laços consanguíneos entre eles, considerando-se como pai dela. Trata-se de um caso típico do exercício da paternidade socioafetiva, pela posse de estado de filho e de estado de pai, baseada no afeto e na convivência familiar.

Em 2013, o juiz de direito da Vara da Infância e Juventude da comarca de Cascavel/PR proferiu sentença nos autos da Ação de Adoção nº 0038958-54.2012.8.16.0021,[222] proposta pelo padrasto com o consentimento do pai biológico, mas apresentou emenda à inicial para incluir o pedido de manutenção da paternidade biológica, concomitantemente ao pedido de adoção. Segundo o magistrado, os fatos demonstraram que ambos os pais, biológico e socioafetivo, exercem o papel de pai do adolescente, motivo por que excluir um deles da paternidade significaria privar o adolescente da convivência de um dos dois.

No contexto das famílias reconstituídas, no caso dos autos, os genitores estiveram casados por algum tempo, tiveram um filho, separaram-se e reconstituíram suas famílias. O novo companheiro da mãe do adotando passou a criá-lo como filho desde pequeno, ao tempo que este também convivia com seu pai biológico, restando estabelecidas duas filiações, a biológica e a socioafetiva.

---

artificial. El donante de esperma, Carl Frampton (demandado), era un amigo de la pareja y continuó siendo una parte de la vida de sus hijos después de su nacimiento. MURRAY, Melissa. The Networked Family: Reframing the Legal Understanding of Caregiving and Caregivers. Virginia Law Review, vol. 94, n. 2, p. 385-456, 2008, p. 442 *apud* CHAVES, Marianna; ROSPIGLIOSI, Enrique Varsi. La multiparentalidad. La pluralidad de padres sustentados en el afecto y en lo biológico. *Revista de Derecho y Genoma Humano* = Law and the Human Genome Review, 2018.

[221] RORAIMA. Comarca de Ariquemes. Processo nº 0012530-95.2010.8.22.0002, 1ª vara cível, juíza Deisy Cristhian Lorena de Oliveira Ferraz, j. 12 mar. 2012.

[222] PARANÁ. Comarca de Cascavel. Ação de Adoção nº 0038958-54.2012.8.16.0021, juiz Sérgio Luiz Kreuz da Vara da Infância e Juventude, j. 20 fev. 2013.

O magistrado reconheceu uma paternidade sedimentada entre o autor e o adolescente, ao longo de muitos anos, pela convivência saudável, pela solidariedade, pelo companheirismo, por laços de confiança, de respeito, afeto, lealdade e principalmente de amor, estabelecendo a filiação socioafetiva entre os dois e concedendo a adoção pleiteada, com a inscrição do nome do adotante como pai, para além do registro do pai e mãe biológicos.[223]

Na Ação Negatória e Investigatória de Paternidade sob o nº 2013.06.1.001874-5,[224] a juíza da 1ª Vara de Família, Órfãos e Sucessões de Sobradinho/DF reconheceu mais um caso de multiparentalidade diante de uma flagrante paternidade socioafetiva estabelecida entre o pai registral e a criança, bem como evidenciada a paternidade biológica. Este caso concreto retrata que há uma paternidade socioafetiva consolidada ao longo de dez anos de vida da infante diante de uma ascendência biológica, mas considerando os princípios do melhor interesse da criança e do adolescente, da isonomia dos filhos e da afetividade, a magistrada julgou procedente o pedido para declarar que o pai registral não é o pai biológico, senão afetivo, e indicar o pai biológico da autora, devendo constar no seu registro de nascimento a dupla paternidade.

Assim, o tema, apesar de incipiente, já desafiava os magistrados, cujo número de decisões acolhendo a multiparentalidade foi crescendo nos tribunais brasileiros de forma progressiva, até ter maior destaque com a decisão do Supremo Tribunal Federal nos autos do RE nº 898.060/SC, em 2016, com repercussão geral reconhecida (Tema 622).

Até a questão chegar ao Supremo, havia duas correntes jurisprudenciais: a primeira indicava a prevalência da relação parental afetiva, vivenciada pelas partes, sobre o vínculo biológico; e a segunda sustentava que, mesmo diante de uma relação socioafetiva consolidada, deveria predominar o vínculo parental biológico sobre o socioafetivo.

O panorama delineado pelo STJ[225] para a prevalência de uma ou outra paternidade (biológica e socioafetiva) dependia, no caso concreto, de quem ajuizava a respectiva ação.

---

[223] PARANÁ. Comarca de Cascavel. Ação de Adoção nº 0038958-54.2012.8.16.0021, juiz Sérgio Luiz Kreuz da Vara da Infância e Juventude, j. 20 fev. 2013.
[224] DISTRITO FEDERAL. Comarca de Sobradinho. Processo nº 2013.06.1.001874-5, 1ª vara de família, órfãos e sucessões, juíza Ana Maria Gonçalves Louzada, j. 6 jun. 2014.
[225] BRASIL. Superior Tribunal de Justiça (Terceira Turma). *Recurso Especial* nº 1.274.240/SC, Relatora Ministra Nancy Andrighi, j. 8 out. 13.

Frota e Calderón delimitam a solução proposta pelo STJ no seguinte sentido:

> se o filho manejasse uma ação de investigação de paternidade para ver reconhecida uma paternidade biológica, mesmo diante da existência de uma socioafetividade consolidada, essa filiação biológica deveria ser declarada, prevalecendo inclusive de modo a excluir a paternidade socioafetiva (visto ser esse o interesse do filho). Por outro lado, se o pai pretendesse rever uma paternidade socioafetiva por ausência de vínculo biológico, o pedido poderia ser negado, prevalecendo, nessa hipótese, a paternidade socioafetiva (visto ser a demanda proposta pelo pai).[226]

O STJ considerou a prevalência do vínculo biológico sobre o socioafetivo nos casos de pedido judicial de reconhecimento da paternidade formulado pelo filho, ao passo que se o pedido fosse apresentado pelo pai registral e socioafetivo para desconstituir a paternidade constituída por meio da "adoção à brasileira", com base na ausência do vínculo biológico, a prevalência seria do vínculo socioafetivo em atenção ao princípio do superior interesse da criança e do adolescente e do princípio da afetividade.

O STF, diante da temática em repercussão, quebrou a estrutura binária da filiação e adotou um posicionamento diferente do STJ, e em 21.09.16, nos autos do RE nº 898.060/SC,[227] com repercussão geral reconhecida (Tema 622), servindo este recurso como caso paradigma (ou *leading case*) escolhido, que envolvia uma discussão relativa sobre a prevalência da paternidade socioafetiva devidamente consolidada em detrimento da biológica não vivenciada, surpreendentemente avançou, provocando um verdadeiro giro de Copérnico, nas palavras de Lôbo,[228] no sentido de reconhecer a possibilidade jurídica da multiparentalidade, delineando e consolidando um cenário que avançava no campo da filiação, como visto no primeiro capítulo.

---

[226] FROTA, Pablo Malheiros da Cunha; CALDERÓN, Ricardo Lucas. Multiparentalidade a partir da tese aprovada pelo Supremo Tribunal Federal. *In*: TEPEDINO, Gustavo; TEIXEIRA, Ana Carolina Brochado; ALMEIDA, Vitor (Coord.). Da dogmática à efetividade do Direito Civil. *Anais do Congresso Internacional de Direito Civil Constitucional – IV Congresso do IBDCIVIL*. Belo Horizonte: Fórum, 2017, p. 229.

[227] No BRASIL. Supremo Tribunal Federal. *Recurso Extraordinário* nº 898.060/SC, Relator Ministro Luiz Fux, j. 21 set. 2016, publicado no Informativo nº 840.

[228] LÔBO, Paulo. Quais os limites e a extensão da tese de repercussão geral do STF sobre socioafetividade e multiparentalidade? *Revista IBDFAM – Famílias e Sucessões*, Belo Horizonte, v. 22, p. 11-27, jul./ago. 2017, ISSN 2358-1670.

O caso paradigma envolveu o pedido de uma filha ao reconhecimento jurídico de sua filiação biológica, com todos os seus efeitos decorrentes, ao descobrir que seu pai registral e socioafetivo consolidado não era seu ascendente genético, mas que dele recebeu, por mais de vinte anos, os cuidados de pai.

A autora ajuizou ação de reconhecimento de paternidade em face do seu "pai biológico", ao tempo que postulou a exclusão do pai socioafetivo do seu assento de nascimento.

O "pai biológico", por sua vez, refutou a pretensão, sustentando a prevalência da paternidade socioafetiva, que há muitos anos estava consolidada, inclusive com assento no registro de nascimento, de maneira que isso impediria a procedência do pedido.

Ao longo do processo, restou comprovado pelo resultado dos exames de DNA a ascendência biológica com o demandado.

Em primeira instância, o feito foi julgado procedente, em 2003, com a declaração de reconhecimento da paternidade biológica, com todos os seus efeitos em substituição à paternidade socioafetiva, inclusive com determinação de alteração do registro de nascimento, motivo pelo qual o "pai biológico" recorreu ao Tribunal de Justiça de Santa Catarina, cujo acórdão lavrado pela Quarta Câmara de Direito Civil, em um primeiro momento, deu provimento à apelação para reformar a decisão de primeiro grau, negando o pedido da autora sob a alegação da existência de uma paternidade socioafetiva consolidada, admitindo-se, apenas, o reconhecimento à ascendência genética, comprovada por meio do DNA, mas sem reconhecer a filiação com o "pai biológico".[229]

Ante a divergência, foram opostos embargos infringentes pela filha e em 2013 o Grupo de Câmaras de Direito Civil do TJSC os acolheu para reformar o acórdão anterior, mantendo a decisão de primeiro grau, que foi no sentido de privilegiar a paternidade biológica em detrimento da incontrastável paternidade socioafetiva.

Contra essa decisão, insurgiu-se o "pai biológico", por meio da interposição do recurso extraordinário ora em comento, sustentando a preponderância da paternidade socioafetiva em detrimento da biológica, com fundamento nos artigos 226, §§4º e 7º; 227, *caput*, e §6º; 229 e 230 da Constituição Federal, posto existir vínculo de parentalidade

---

[229] CALDERÓN, Ricardo Lucas. Multiparentalidade acolhida pelo STF: Análise da decisão proferida no RE 898060/SC. *Revista IBDFAM – Famílias e Sucessões*, Belo Horizonte, v. 22, p. 169-194, jul./ago. 2017, ISSN 2358-1670.

socioafetiva previamente reconhecido e descoberta posterior da paternidade biológica.

O IBDFAM, atuando como *amicus curiae*, delimitou que o caso concreto não se tratava da ausência de paternidade, mas de um pedido de desconstituição de uma paternidade socioafetiva já consolidada em prol de outra com base meramente no vínculo biológico, propondo a hierarquização abstrata das espécies de vínculo de filiação; o reconhecimento jurídico pelo STF acerca da distinção entre o direito ao reconhecimento da ascendência genética e o direito de filiação; e a impossibilidade de desconstituição da paternidade socioafetiva e registral duradoura apenas com a comprovação de ausência de descendência genética,[230] ao passo que a Associação de Direito de Família e das Sucessões (ADFAS), ao ingressar no RE nº 898.060, também como *amicus curiae*, defendeu que o tema de repercussão geral limitava-se à prevalência de uma ou outra espécie de paternidade e não envolvia a multiparentalidade – mesmo posicionamento acolhido por Tavares da Silva.[231]

O Procurador-Geral da República[232] se manifestou no sentido de não ser possível fixar a prevalência de uma paternidade em detrimento da outra aprioristicamente, sendo relevante analisar o caso concreto para verificar a configuração da multiparentalidade.

Em seu voto, o relator, ministro Luiz Fux, ressaltou a importância de não se reduzir o conceito de família a modelos padronizados, além de afirmar a ilicitude da hierarquização entre as diversas formas de filiação, acentuando a necessidade de se contemplar, sob o âmbito jurídico, as variadas formas pelas quais a parentalidade pode se manifestar: "(i) pela presunção decorrente do casamento ou outras hipóteses

---

[230] CAMPOS, Isabel Prates de Oliveira. A multiparentalidade no Supremo Tribunal Federal: considerações acerca dos votos ministeriais no julgamento do Tema 622. *Civilística.com*, Rio de Janeiro, ano 9, n. 1, 2020. Disponível em: http://civilistica.com/a-multiparentalidade-no-supremo/. Acesso em: 24 fev. 2021.

[231] TAVARES DA SILVA, Regina Beatriz. Multiparentalidade: muitos pais e muitas mães para uma única criança. *Regina Beatriz*, 7 jul. 2016. Disponível em: http://www.reginabeatriz.com.br. Acesso em: 18 jul. 2016.

[232] "La manifestación de la Procuraduría General de la Republica puso de relieve la posición de Instituto Brasileiro de Derecho de Familia – IBDFAM que, como Amicus Curiae, propuso: – el reconocimiento de la paternidad socio-afectiva y biológica en condiciones de igualdad material, sin jerarquías, cuando se presenten lazos sociales afectivo relevantes; – el STF proclame el reconocimiento legal de la paternidad socio-afectiva, consolidada en la vida familiar duradera, la cual no puede ser impugnada por razones exclusivas de origen biológica" (CHAVES, Marianna; ROSPIGLIOSI, Enrique Varsi. La multiparentalidad. La pluralidad de padres sustentados en el afecto y en lo biológico. *Revista de Derecho y Genoma Humano* = Law and the Human Genome Review, 2018).

legais (como a fecundação artificial homóloga ou a inseminação artificial heteróloga – art. 1.597, III a V, do Código Civil de 2002); (ii) pela descendência biológica; ou (iii) pela afetividade".

A partir dessa premissa, e afirmada a possibilidade de surgimento da filiação por origens distintas, fundamentou seu voto no princípio da dignidade humana, em "sua dimensão de tutela da felicidade e realização pessoal dos indivíduos a partir de suas próprias configurações existenciais", o que impõe o reconhecimento de modelos familiares diversos da concepção tradicional. Assentou que tanto os vínculos de filiação, construídos pela relação afetiva entre os envolvidos, como os originados da ascendência biológica devem ser acolhidos em nosso ordenamento, em razão da imposição decorrente do princípio da paternidade responsável, expresso no §7º do art. 226 da Constituição.

Assim sendo, conclui o ministro Luiz Fux em seu voto que:

> A omissão do legislador brasileiro quanto ao reconhecimento dos mais diversos arranjos familiares não pode servir de escusa para a negativa da proteção a situações de pluriparentalidade. É imperioso o reconhecimento, para todos os fins de direito, dos vínculos parentais de origem biológica e afetiva, a fim de prover a mais completa e adequada tutela aos sujeitos envolvidos.

De fato, a discussão girava em torno da prevalência da paternidade socioafetiva, no caso concreto, já devidamente consolidada na convivência e no afeto, em detrimento da paternidade biológica, mas, no parecer, o Ministério Público acolheu a multiparentalidade, sendo possível o reconhecimento jurídico da existência de mais de um vínculo parental em relação a um mesmo sujeito, haja vista a inexistência, na Constituição, de restrições injustificadas à proteção dos diversos modelos familiares, cabendo a análise de cada caso concreto.[233]

Acompanhando o posicionamento ministerial, a doutrina jusfamiliarista e as decisões de 1ª e 2ª instâncias, o voto do ministro Fux foi firme ao reconhecer que nos tempos atuais "descabe pretender decidir entre a filiação afetiva e a biológica quando o melhor interesse do descendente é o reconhecimento jurídico de ambos os vínculos".[234]

---

[233] CALDERÓN, Ricardo Lucas. Multiparentalidade acolhida pelo STF: Análise da decisão proferida no RE 898060/SC. *Revista IBDFAM – Famílias e Sucessões*, Belo Horizonte, v. 22, p. 169-194, jul./ago. 2017, ISSN 2358-1670.

[234] No BRASIL. Supremo Tribunal Federal. *Recurso Extraordinário* nº 898.060/SC, Relator Ministro Luiz Fux, j. 21 set. 2016, publicado no Informativo nº 840.

Declarou a possibilidade de manutenção de ambas as paternidades, ampliando os vínculos parentais e configurando a multiparentalidade; ademais, reconheceu que a proteção jurídica da dupla paternidade é uma realidade em alguns países, indicando o precedente julgado pela Suprema Corte do Estado de Luisiana em 1989.[235]

Desta forma, a decisão foi extraída a partir de uma hermenêutica civil-constitucional, fundamentada explicitamente no princípio constitucional da dignidade da pessoa humana, denominado pelo relator de "sobreprincípio", na tutela da busca à felicidade[236] e da realização

---

[235] O voto do ministro relator no RE nº 898.060/SC aborda o conceito de pluriparentalidade no Direito Comparado. Nos Estados Unidos, os estados têm competência para legislar sobre Direito de Família e a Suprema Corte de Louisiana tem jurisprudência firmada no sentido de reconhecer a "dupla paternidade" (*dual paternity*), como ocorreu no caso *Smith v. Cole*, 1989, (553 So.2d 847, 848), onde o Tribunal "aplicou o conceito para estabelecer que a criança nascida durante o casamento de sua mãe com um homem diverso do seu pai biológico pode ter a paternidade reconhecida com relação aos dois", contornando a regra "*pater is est quem nuptiae demonstrant*". Desta forma, o entendimento da Corte foi que a "aceitação do pai presumido, intencionalmente ou não, das responsabilidades paternas, não garante um benefício para o pai biológico", que não escapa de suas obrigações de manutenção do filho meramente pelo fato de que outros possam compartilhar com ele a responsabilidade. No mesmo sentido, no caso *T.D., wife of M.M.M. v. M.M.M*, 1999 (730 So. 2d. 873), o mesmo Tribunal assentou "o direito do pai biológico à declaração do vínculo de filiação em relação ao seu filho, ainda que resulte em uma dupla paternidade". Para o ministro Ricardo Lewandowski, "o pai biológico não escapa das suas obrigações de manutenção do filho meramente pelo fato de que outros podem compartilhar com ele a responsabilidade. E é esta questão fulcral que se discute neste julgamento. É que o pai biológico quer se eximir das responsabilidades de manutenção da filha biológica, Isso já foi resolvido em 1989 no Estado da Luisiana pela Suprema Corte local". Diante do precedente, houve alteração no direito positivo do Estado de Luisiana em 2005.

[236] O ministro relator Luiz Fux faz referência a este direito à busca da felicidade fundamentando no Direito Comparado ao trazer à baila a Declaração de Independência dos Estados Unidos da América, de 04.07.1776, Filadélfia, Pensilvânia, que em seu preâmbulo exibe a memorável frase elaborada por Thomas Jefferson, "segundo a qual seriam verdades autoevidentes certos direitos inalienáveis, dentre os quais os direitos à vida, à liberdade e à busca da felicidade". Toma-se, também, a declaração de direitos da Virgínia, que reconhecia a todos os homens "certos direitos inerentes, que jamais podem ser molestados na vida em sociedade, em especial o desfrute da vida e da liberdade, com os meios para a aquisição de propriedade, bem como a busca e obtenção de felicidade e segurança". Preceitos semelhantes foram adotados nas Constituições de Massachusetts e Wisconsin, o que denota, para o ministro, sua importância histórica e valor para a interpretação das demais cláusulas da carta fundamental. O primeiro caso em que a Suprema Corte dos Estados Unidos reconheceu a força normativa do direito à busca da felicidade foi no caso *Meyer v. Nebraska* (1923 (262 U.S. 390), no qual a Corte reconheceu este direito como norma constitucional implícita, decorrente do devido processo legal (*due process*), e "invalidou a lei que interferiu na vocação de professores, nas oportunidades dos alunos de adquirirem conhecimento e na prerrogativa dos pais de controlar a educação de seus descendentes". Trata-se do precedente utilizado na decisão. Transportando-se a racionalidade para o direito de família, o ministro relator entende que o direito à busca da felicidade "funciona como um escudo do ser humano em face de tentativas do Estado de enquadrar a sua realidade familiar em modelos preconcebidos pela lei". Neste sentido, o STF adota, mais uma vez, um precedente da Suprema Corte americana,

individual de cada membro da família, em uma concepção eudemonista, ao sustentar que "o direito à busca da felicidade funciona como um escudo do ser humano em face de tentativas do Estado de enquadrar a sua realidade familiar em modelos preconcebidos pela lei. É o direito que deve se curvar às vontades e necessidades das pessoas, não o contrário [...]".[237]

Ademais, baseou-se também no princípio da paternidade responsável,[238] como assentado pelo ministro Fux. A responsabilidade de ambos os pais (biológico e socioafetivo), sem qualquer distinção, está inserta no art. 229 da Constituição Federal, ou seja, o pai, qualquer que seja ele, tem de prestar a assistência inerente ao dever de cuidado, insculpido no dispositivo.

Não pairam dúvidas de que a decisão do STF deliberou no sentido da prevalência da paternidade responsável do "pai biológico", mesmo que este não tenha convivido com o filho e mesmo diante do pai socioafetivo que tenha assumido a criança em outro momento.[239]

Nesse aspecto, foi realizada a distinção entre o direito ao conhecimento à origem genética e o direito à filiação no capítulo anterior. Nesse ponto deu-se a discordância do ministro Luiz Edson Fachin, que reforça o posicionamento aqui defendido, ao lançar como sugestão a tese que poderia ter sido fixada no seguinte sentido:

---

que teve a oportunidade de aplicar o direito à busca da felicidade no contexto familiar. No caso *Loving v. Virgínia*, 1967 (388 U.S. 1), o Tribunal declarou a proibição inconstitucional do estatuto *Racial Integrity Act*, de 1924, que proibia casamentos considerados "inter-raciais" com base no direito à liberdade de o casamento ser reputado "um dos direitos individuais vitais e essenciais para a busca ordenada da felicidade por homens livres". No âmbito do STF, o direito à busca da felicidade foi invocado no julgamento do RE nº 477.554-AgR, e na ADPF nº 132, que reconheceu o direito à preferência sexual como direta manifestação do princípio da dignidade da pessoa humana, o direito à busca da felicidade no reconhecimento das uniões entre pessoas do mesmo sexo como entidades familiares, que em julgamento histórico declarou a "imperiosidade da interpretação não reducionista do conceito de família como instituição que também se forma por vias distintas do casamento civil", bem como a "inexistência de hierarquia ou diferença de qualidade jurídica entre as duas formas de constituição de um novo e autonomizado núcleo doméstico".

[237] No BRASIL. Supremo Tribunal Federal. *Recurso Extraordinário* nº 898.060/SC, Relator Ministro Luiz Fux, j. 21 set. 2016, publicado no Informativo nº 840.

[238] Art. 226, §7º Fundado nos princípios da dignidade da pessoa humana e da paternidade responsável, o planejamento familiar é livre decisão do casal, competindo ao Estado propiciar recursos educacionais e científicos para o exercício desse direito, vedada qualquer forma coercitiva por parte de instituições oficiais ou privadas.

[239] CALDERÓN, Ricardo Lucas. Multiparentalidade acolhida pelo STF: Análise da decisão proferida no RE 898060/SC. *Revista IBDFAM – Famílias e Sucessões*, Belo Horizonte, v. 22, p. 169-194, jul./ago. 2017, ISSN 2358-1670.

Diante da inexistência de comprovado vínculo socioafetivo com um pai, demonstrado pela posse de estado de filho reforçada por registro civil, e de um vínculo apenas biológico com outro genitor, ambos devidamente evidenciados, somente o vínculo socioafetivo impõe juridicamente efeitos materiais, gerando vínculo parental e direitos dele decorrentes, assegurado o direito personalíssimo à revelação da ascendência genética.[240]

No voto,[241] apesar de comungar das várias premissas contidas no voto lançado do ministro relator, entre elas o valor jurídico à socioafetividade e a ausência de hierarquia entre as diversas espécies de filiação, o ministro Fachin diverge da conclusão ao entender que inexiste conflito de paternidade no caso concreto, haja vista restar comprovado o vínculo socioafetivo com um pai (no caso, o pai registral), restando sobejamente presentes todos os requisitos da posse de estado de filho, ao passo que a prova técnica evidencia o ascendente genético da autora da demanda.

O ministro entende que a realidade do parentesco não se confunde exclusivamente com o liame biológico. De um lado, tem-se o parentesco socioafetivo, que se forma na conjugação dos elementos da posse de estado de filho, como um verdadeiro critério constitutivo da parentalidade, decorrente do direito constitucional à filiação e, por outro, não se confunde com o direito fundamental à identidade pessoal, previsto no art. 48 do ECA.[242]

Na visão de Fachin, no *leading case*, o parentesco socioafetivo estava delimitado, impondo-se diante de um vínculo biológico da autora com o genitor. Sustenta que a multiparentalidade só pode ser reconhecida quando se expressa na realidade da socioafetividade – o pai biológico quer ser pai, o pai socioafetivo não quer deixar de sê-lo e isso atende ao superior interesse da criança e do adolescente, não se devendo admitir a multiparentalidade para acomodar ao mesmo tempo um vínculo biológico – decorrente do direito da personalidade

---

[240] BRASIL. Supremo Tribunal Federal. *Recurso Extraordinário* nº 898.060/SC, Relator Ministro Luiz Fux, j. 21 set. 2016, publicado no Informativo nº 840.
[241] BRASIL. Supremo Tribunal Federal. *Recurso Extraordinário* nº 898.060/SC, Relator Ministro Luiz Fux, j. 21 set. 2016, publicado no Informativo nº 840.
[242] Art. 48. O adotado tem direito de conhecer sua origem biológica, bem como de obter acesso irrestrito ao processo no qual a medida foi aplicada e seus eventuais incidentes, após completar 18 (dezoito) anos.

ao conhecimento à origem genética – e um socioafetivo, decorrente do estado de filiação. Propôs, no voto divergente, o reconhecimento, de um lado, do direito subjetivo personalíssimo de identificar o ascendente genético e, de outro, a chancela dos efeitos jurídicos atinentes somente à paternidade socioafetiva. Esse o entendimento adotado no presente trabalho.

Portanto, não há que se confundir o direito de personalidade ao conhecimento à origem genética, a que todos têm direito, com o direito à filiação.

A pergunta nuclear a ser respondida no caso analisado era: "qual espécie de vínculo tem aptidão para determinar a relação parental?".[243] Para Fachin, o vínculo biológico não geraria automaticamente a relação de parentesco a exemplo do que acontece nas inseminações artificiais heterólogas e na adoção. A paternidade se fundaria em um vínculo relacional apto a gerar os desdobramentos do parentesco.

No caso que ensejou a fixação da tese, havia uma patente paternidade socioafetiva já solidificada na convivência e no afeto entre pai e filha. Apesar da realidade registral e social, o tribunal entendeu pelo reconhecimento de uma "paternidade biológica" não vivenciada, nem quista, quando se tratava do direito da autora ao conhecimento à sua origem genética, mantendo-se a filiação socioafetiva sedimentada.

Para o ministro Fachin, para que seja possível a configuração da multiparentalidade, é necessário que o liame biológico também seja vínculo relacional (socioafetivo), pois "o igual direito de ser filho não significa ser filho a vários títulos",[244] ou seja, a filiação não é direito potestativo, mas se constrói no plano dos fatos, na vida concreta.[245]

Defende-se que, diante de uma paternidade socioafetiva, o filho tem direito ao conhecimento à sua origem genética sem que isso implique, necessariamente, uma relação parental e direitos dela decorrentes.

A crítica, portanto, é no sentido de que a construção da tese do STF não exige que o filho tenha convivência com o seu ascendente biológico para que seja configurada a multiparentalidade, bastando apenas ser

---

[243] CAMPOS, Isabel Prates de Oliveira. A multiparentalidade no Supremo Tribunal Federal: considerações acerca dos votos ministeriais no julgamento do Tema 622. *Civilística.com*, Rio de Janeiro, ano 9, n. 1, 2020. Disponível em: http://civilistica.com/a-multiparentalidade-no-supremo/. Acesso em: 24 fev. 2021.

[244] BRASIL. Supremo Tribunal Federal. *Recurso Extraordinário* nº 898.060/SC, Relator Ministro Luiz Fux, j. 21 set. 2016, publicado no Informativo nº 840.

[245] SANTOS, Gabriel Percegona. *Precedentes judiciais e o Direito de Família*: reflexões a partir da multiparentalidade. Curitiba: Appris, 2022.

o "pai biológico", sem necessidade de estabelecimento de convivência, contato e afetividade entre eles ou da demonstração de que, no caso concreto, a impossibilidade de desenvolvimento de vínculo entre eles foi involuntária, *v.g.*, frustrada pela conduta de terceiros.

Neste ponto, reside uma preocupação no que tange ao surgimento de demandas com o intuito meramente patrimonial, possibilitando o recebimento de herança e alimentos, efeitos patrimoniais decorrentes do reconhecimento da multiparentalidade que serão analisados adiante.

Godoy também critica a multiparentalidade como consequência imediata e automática do reconhecimento pericial do vínculo genético que o filho mantenha com outrem, quando já possua pai ou mãe socioafetivos. Pondera que o reconhecimento deve se dar pelas circunstâncias que em concreto se verificam.[246]

Neste sentido, o Supremo, no *leading case*, deliberou pela responsabilidade do "pai biológico", mesmo nunca tendo exercido qualquer convivência familiar com a autora. Diante de uma paternidade não vivenciada e de uma solidificada paternidade socioafetiva, reconheceu a multiparentalidade de forma indistinta, declarando o vínculo biológico em coexistência com o vínculo socioafetivo consolidado.

Claramente houve duas correntes que se formaram ao longo do julgamento: a majoritária, que considerou que a comprovação de vínculo genético estabelecerá o vínculo de parentesco jurídico, constituindo, dessa forma, uma multiparentalidade; e a minoritária, sustentada pelos ministros Luís Edson Fachin e Teori Zavascki, que considerou que a ascendência genética não implicaria automaticamente o reconhecimento da paternidade.[247]

Segue a ementa:

RECURSO EXTRAORDINÁRIO. REPERCUSSÃO GERAL RECONHECIDA. DIREITO CIVIL E CONSTITUCIONAL. CONFLITO ENTRE PATERNIDADES SOCIOAFETIVA E BIOLÓGICA. PARADIGMA DO CASAMENTO. SUPERAÇÃO PELA CONSTITUIÇÃO DE 1988. EIXO CENTRAL DO DIREITO DE FAMÍLIA: DESLOCAMENTO PARA O

---

[246] GODOY, Cláudio Luiz Bueno de. Atualidades sobre a parentalidade socioafetiva e a multiparentalidade. *In*: SALOMÃO, Luis Felipe; TARTUCE, Flávio. *Direito Civil*: diálogos entre a doutrina e a jurisprudência. São Paulo: Atlas, 2018.

[247] CAMPOS, Isabel Prates de Oliveira. A multiparentalidade no Supremo Tribunal Federal: considerações acerca dos votos ministeriais no julgamento do Tema 622. *Civilística.com*, Rio de Janeiro, ano 9, n. 1, 2020. Disponível em: http://civilistica.com/a-multiparentalidade-no-supremo/. Acesso em: 24 fev. 2021.

PLANO CONSTITUCIONAL. SOBREPRINCÍPIO DA DIGNIDADE
HUMANA (ART. 1º, III, DA CRFB). SUPERAÇÃO DE ÓBICES LEGAIS
AO PLENO DESENVOLVIMENTO DAS FAMÍLIAS. DIREITO À BUSCA
DA FELICIDADE. PRINCÍPIO CONSTITUCIONAL IMPLÍCITO. INDI-
VÍDUO COMO CENTRO DO ORDENAMENTO JURÍDICO- POLÍTICO.
IMPOSSIBILIDADE DE REDUÇÃO DAS REALIDADES FAMILIARES
A MODELOS PRÉ-CONCEBIDOS. ATIPICIDADE CONSTITUCIONAL
DO CONCEITO DE ENTIDADES FAMILIARES. UNIÃO ESTÁVEL
(ART. 226, §3º, CRFB) E FAMÍLIA MONOPARENTAL (ART. 226, §4º,
CRFB). VEDAÇÃO À DISCRIMINAÇÃO E HIERARQUIZAÇÃO ENTRE
ESPÉCIES DE FILIAÇÃO (ART. 227, §6º, CRFB). PARENTALIDADE
PRESUNTIVA, BIOLÓGICA OU AFETIVA. NECESSIDADE DE TUTELA
JURÍDICA AMPLA. MULTIPLICIDADE DE VÍNCULOS PARENTAIS.
RECONHECIMENTO CONCOMITANTE. POSSIBILIDADE. PLURI-
PARENTALIDADE. PRINCÍPIO DA PATERNIDADE RESPONSÁVEL
(ART. 226, §7º, CRFB). RECURSO A QUE SE NEGA PROVIMENTO.
FIXAÇÃO DE TESE PARA APLICAÇÃO A CASOS SEMELHANTES.
1. A família, objeto do deslocamento do eixo central de seu regramento
normativo para o plano constitucional, reclama a reformulação do
tratamento jurídico dos vínculos parentais à luz do sobreprincípio da
dignidade humana (art. 1º, III, da CRFB) e da busca da felicidade.
2. A compreensão jurídica cosmopolita das famílias exige a ampliação
da tutela normativa a todas as formas pelas quais a parentalidade pode
se manifestar, a saber: (i) pela presunção decorrente do casamento ou
outras hipóteses legais, (ii) pela descendência biológica ou (iii) pela
afetividade.
3. A paternidade responsável, enunciada expressamente no art. 226,§7º,
da Constituição, na perspectiva da dignidade humana e da busca pela
felicidade, impõe o acolhimento, no espectro legal, tanto dos vínculos
de filiação construídos pela relação afetiva entre os envolvidos, quanto
daqueles originados da ascendência biológica, sem que seja necessário
decidir entre um ou outro vínculo quando o melhor interesse do
descendente for o reconhecimento jurídico de ambos.
4. Os arranjos familiares alheios à regulação estatal, por omissão, não
podem restar ao desabrigo da proteção a situações de pluriparentalidade,
por isso que merecem tutela jurídica concomitante, para todos os fins
de direito, os vínculos parentais de origem afetiva e biológica, a fim de
prover a mais completa e adequada tutela aos sujeitos envolvidos, ante
os princípios constitucionais da dignidade da pessoa humana (art. 1º,
III) e da paternidade responsável (art. 226, §7º).

Ao recurso extraordinário foi negado provimento, mas com a
declaração de que era possível a manutenção de ambas as paternidades

de forma concomitante em coexistência,[248] lançando a seguinte tese: "A paternidade socioafetiva, declarada ou não em registro público, não impede o reconhecimento do vínculo de filiação concomitante baseado na origem biológica, com os efeitos jurídicos próprios".[249]

A decisão proferida nos autos do recurso extraordinário, com tese de repercussão fixada, constitui, efetivamente, um precedente judicial e, portanto, possui eficácia vinculante a todos os tribunais pátrios.

Santos[250] sustenta, com maestria e pertinência, que a decisão se revela como um precedente judicial, pois enfrenta qualitativamente os argumentos ponderados pelas partes e porque emana do STF, reconhecida, portanto, sua autoridade. Esclarece que a decisão traz em sua moldura um retrato do atual estado da arte da temática, diante do amadurecimento dos debates acerca do conteúdo da filiação e da parentalidade, bem como dos direitos e deveres a eles relativos, haja vista a Suprema Corte:

> Refletindo a partir do percurso histórico e jurídico da parentalidade e da filiação, enfrenta qualitativamente as questões de direito colocadas pelo caso-paradigma (no recurso, se haveria predominância entre alguma forma de paternidade em relação à outra) e apresenta uma resposta inovadora para o sistema.[251]

A solução inovadora apresentada pelo STF para o problema colocado inaugura uma nova ordem de reflexões, que já não partem

---

[248] FROTA, Pablo Malheiros da Cunha; CALDERÓN, Ricardo Lucas. Multiparentalidade a partir da tese aprovada pelo Supremo Tribunal Federal. *In*: TEPEDINO, Gustavo; TEIXEIRA, Ana Carolina Brochado; ALMEIDA, Vitor (Coord.). Da dogmática à efetividade do Direito Civil. *Anais do Congresso Internacional de Direito Civil Constitucional – IV Congresso do IBDCIVIL.* Belo Horizonte: Fórum, 2017.

[249] Para Lôbo, "o Tribunal fundou-se explicitamente no princípio constitucional da dignidade da pessoa humana, que inclui a tutela da felicidade e da realização pessoal dos indivíduos, impondo-se o reconhecimento jurídico de modelos familiares diversos da concepção tradicional. Igualmente, no princípio constitucional da paternidade responsável, que não permite decidir entre a filiação socioafetiva e a biológica, devendo todos os pais assumir os encargos decorrentes do poder familiar e permitindo ao filho desfrutar dos direitos em relação a eles sem restrição" (LÔBO, Paulo. Quais os limites e a extensão da tese de repercussão geral do STF sobre socioafetividade e multiparentalidade? *Revista IBDFAM – Famílias e Sucessões*, Belo Horizonte, v. 22, p. 11-27, jul./ago. 2017, ISSN 2358-1670).

[250] SANTOS, Gabriel Percegona. *Precedentes judiciais e o Direito de Família*: reflexões a partir da multiparentalidade. Curitiba: Appris, 2022.

[251] SANTOS, Gabriel Percegona. *Precedentes judiciais e o Direito de Família*: reflexões a partir da multiparentalidade. Curitiba: Appris, 2022, p. 111.

das questões anteriores, mas dos novos contornos delineados pelo precedente.

A partir dessa tese, são extraídas ilações,[252] já aqui delineadas: a) o reconhecimento jurídico da afetividade e da parentalidade socioafetiva como suficiente vínculo parental; b) a isonomia jurídica entre as filiações biológica e socioafetiva, mudando o paradigma até então existente, a despeito da posição do Superior Tribunal de Justiça.

Esta equiparação denota que não deve haver uma solução aprioristicamente delimitada, mas cada caso concreto deve ser analisado para verificar se efetivamente se trata da prevalência de uma parentalidade em detrimento da outra ou de caso de coexistência entre elas, considerando a isonomia entre os filhos, nos termos do art. 227, §6º, da CF/88 e do art. 1.596 do Código Civil/02.

E o último destaque, não menos importante: c) a admissão da possibilidade de coexistência das filiações biológica e socioafetiva, para todos os fins de direito, ampliando os vínculos parentais e reconhecendo a configuração da multiparentalidade.

O precedente que se erige sobre o caso concreto, nos ensinamentos de Matos e Santos,[253] tem como razão de decidir dois pontos: o primeiro, que reside na inexistência, *a priori*, de uma parentalidade principal e outra "de segunda categoria"; e o segundo, que diz respeito à recepção da tese como possibilidade jurídica.

Com base nessa abertura hermenêutica, surgiram vários questionamentos, a exemplo dos formulados por Lôbo: se a tese cumpriu com sua função prestante ou continua dando margens a celeumas interpretativas? Se a multiparentalidade passou a ser regra no Direito de Família

---

[252] Silmara AMARILLA lança as seguintes constatações a partir do caso ora analisado: "(i) a investigação de paternidade foi proposta por pessoa que, ao longo de sua infância, adolescência e início da vida adulta, consolidou vínculo paterno-filial com pessoa distinta de seu ascendente biológico; (ii) a paternidade da investigante foi avocada de modo consciente e voluntário pelo marido de sua mãe, que externou sua vontade no respectivo assento de nascimento; (iii) seguiu-se ao registro a experiência, vivência e prática da parentalidade em todas as suas dimensões; (iv) o estado de filiação estabelecido entre a autora e seu pai socioafetivo foi atestado pelas próprias partes, as quais externaram o desejo de preservação do *status* vincular; (v) ficou assentada a inexistência de qualquer vínculo – afora o genético – entre a autora e seu ascendente biológico, deixando um e outro de demonstrar interesse em estabelece-lo" (AMARILLA, Silmara Domingues Araújo. A multiparentalidade e a ânsia por pertencimento: desafios jurídicos na recognição dos vínculos parentais plúrimos. *Revista Nacional de Direito de Família e Sucessões*, Porto Alegre, v. 24, maio/jun. 2018, ISSN 2358-3).

[253] MATOS, Ana Carla Harmatiuk; SANTOS, Gabriel Percegona. Efetividade dos alimentos na multiparentalidade. *Revista IBDFAM* – Famílias e Sucessões, Belo Horizonte, v. 32, mar./abr. 2019.

brasileiro? Se há limites quanto à sua aplicação? Nas hipóteses em que o direito ao anonimato (privacidade) se faz presente, como nas relações de parentalidade proveniente de adoção e da parentalidade proveniente da utilização das técnicas de reprodução assistida heteróloga, ambas as espécies de parentalidades socioafetivas podem ser desafiadas pela multiparentalidade?[254]

Alguns destes questionamentos a pesquisa também se propõe a discutir, dentre eles, a possibilidade do reconhecimento da multiparentalidade com base apenas no critério biológico, não estando presente a efetiva afetividade e convivência entre as pessoas que buscam o vínculo parental.

Em clara posição, o STF optou por esta hipótese, levando em consideração o princípio da paternidade responsável e responsabilizando o ascendente genético, apesar de não ter feito a distinção entre pai e genitor, como abordado em tópico anterior.

Sobre esta questão, Frota e Calderón entendem que a decisão foi acertada em face da responsabilização do ascendente genético, quando declara a filiação biológica, mesmo que ao lado de outra filiação. Isso retrata o princípio da paternidade responsável,[255] haja vista a responsabilidade dos pais sobre sua prole não poder ser escusada. Defende que o ascendente genético pode vir a possuir deveres para com aquele que gerou.[256]

O mesmo entendimento foi esposado pelo STJ nos autos do REsp 1.622.330/RS. Uma criança foi registrada e criada como filha e, ao saber quem seria seu pai biológico, a filha postulou o reconhecimento de ambos os pais. O Tribunal Superior assentou a igualdade entre as paternidades biológica e afetiva, ampliando a proteção dos interesses dos filhos, de maneira que todos os pais devem assumir as responsabilidades

---

[254] LOBO, Fabíola Albuquerque. Direito à privacidade e as limitações à multiparentalidade. *In*: EHRHARDT JUNIOR, Marcos; LOBO, Fabíola Albuquerque (Coord.). *Privacidade e sua compreensão no Direito brasileiro*. Belo Horizonte: Fórum, 2019, p. 225-246.

[255] FROTA, Pablo Malheiros da Cunha; CALDERÓN, Ricardo Lucas. Multiparentalidade a partir da tese aprovada pelo Supremo Tribunal Federal. *In*: TEPEDINO, Gustavo; TEIXEIRA, Ana Carolina Brochado; ALMEIDA, Vitor (Coord.). Da dogmática à efetividade do Direito Civil. *Anais do Congresso Internacional de Direito Civil Constitucional – IV Congresso do IBDCIVIL*. Belo Horizonte: Fórum, 2017.

[256] CALDERÓN, Ricardo Lucas. *Princípio da afetividade no Direito de Família*. 2. ed. Rio de Janeiro: Forense, 2017.

decorrentes da paternidade, não importando a sua origem, reconhecendo a multiparentalidade, à luz da tese fixada pelo STF.[257]

Em sentido contrário à decisão do STF, no REsp nº 1.674.879/RS,[258] o STJ não reconheceu a multiparentalidade, por não vislumbrar, no caso concreto, o melhor interesse da criança. A ação, embora tenha sido proposta pelo filho, representada pela mãe, foi no exclusivo interesse dela, porquanto pretendia reconhecer a paternidade biológica do filho diante da ausência de vínculo afetivo entre eles e da paternidade socioafetiva e registral consolidada, conforme constatado no estudo social realizado.

Trata-se de um caso em que não houve a configuração da multiparentalidade de forma indistinta e com "uma finalidade totalmente avessa ao ordenamento jurídico, sobrepondo o interesse da genitora ao interesse da menor".[259]

O julgado foi relatado pelo Ministro Marco Aurélio Bellizze no sentido de que:

> O reconhecimento de vínculos concomitantes de parentalidade é uma casuística, e não uma regra, pois, como bem salientado pelo STF naquele julgado (RE nº 898.060/SC), deve-se observar o princípio da paternidade responsável e primar pela busca do melhor interesse da criança, principalmente em um processo em que se discute, de um lado, o direito ao estabelecimento da verdade biológica e, de outro, o direito à manutenção dos vínculos que se estabeleceram, cotidianamente, a partir de uma relação de cuidado e afeto, representado pela posse de estado de filho [...]. Ressalve-se, contudo, o direito personalíssimo, indisponível e imprescritível, de a menor pleitear a inclusão do nome do pai biológico em seu registro civil ao atingir a maioridade, momento em que poderá avaliar, de forma independente e autônoma, a conveniência do ato.[260]

Com relação a este julgado, Carvalho asseverou que a decisão se fundamentou na realidade dos fatos, na demonstração de ausência

---

[257] BRASIL. Superior Tribunal de Justiça (Terceira Turma). *Recurso Especial* nº 1.622.330/RS, Relator Ministro Ricardo Villas Bôas Cueva, j. 12 dez. 17. No mesmo sentido: TJRJ, AC 0013384-47.2013.8.19.0203, Des. Fernando Cerqueira Chagas, j. 15.02.2017.

[258] BRASIL. Superior Tribunal de Justiça. *Recurso Especial* nº 1.674.879/RS, Relator Ministro Marco Aurélio Belizze, j. 17 abr. 2018.

[259] BRASIL. Superior Tribunal de Justiça. *Recurso Especial* nº 1.674.879/RS, Relator Ministro Marco Aurélio Belizze, j. 17 abr. 2018.

[260] BRASIL. Superior Tribunal de Justiça. *Recurso Especial* nº 1.674.879/RS, Relator Ministro Marco Aurélio Belizze, j. 17 abr. 2018.

de qualquer interesse de vínculo parental pelo pai biológico, restando demonstrada a paternidade socioafetiva exercida pelo pai afetivo da criança, inexistindo conflito ou prevalência, mas a indicação do vínculo parental que se aplica ao caso concreto, "pois o genitor biológico pode não ser o pai jurídico, se já estiver presente e consolidada a filiação socioafetiva e excluída na realidade vivenciada a biológica, como, aliás, ocorre na adoção e na reprodução heteróloga".[261]

Seguindo o mesmo posicionamento, o desembargador Jorge Luís Costa Beber, no voto da Apelação Cível nº 0300233-75.2017.8.24.0068,[262] registrou: "o exame de DNA positivo, não importa reconhecimento automático da multiparentalidade, havendo a necessidade imperiosa de análise do pedido à luz do melhor interesse da criança".

Duas decisões do TJRS, posteriormente, aduzem a importância da posse de estado de filho. Na primeira,[263] a autora sabia da existência do pai biológico desde os oito anos de idade, entretanto, apenas aos quarenta e cinco anos pleiteou, em ação de investigação de paternidade, a declaração de sua filiação biológica, após um ano da morte do seu pai registral, com quem mantinha uma relação pautada no afeto e no estado de filiação; na segunda,[264] o autor teve conhecimento acerca de sua filiação biológica aos seis anos de idade e após quarenta anos, quando soube desta paternidade, ingressou com ação investigatória de paternidade com a intenção de obter herança. O entendimento foi de que "tal pretensão mostra-se inviável, não só pela pura e real intenção do autor, como também pela existência de filiação socioafetiva entre o autor e seus pais registrais a impedir a quebra desse vínculo".

Em 2019, um caso inusitado e inédito envolveu uma "multiparentalidade genética" nos autos de uma ação de investigação de paternidade de uma criança em face de dois irmãos gêmeos idênticos (univitelinos) cumulada com pedido de alimentos.[265]

---

[261] CARVALHO, Dimas Messias de. Multiparentalidade: equiparação ou prevalência da filiação socioafetiva com relação à biológica? *In:* CUNHA PEREIRA, Rodrigo da; DIAS, Maria Berenice (Coord.). *Família e Sucessões*: polêmicas, tendências e inovações. Belo Horizonte: IBDFAM, 2018.

[262] SANTA CATARINA. Tribunal de Justiça (Segunda Câmara). Apelação Cível nº 0300233-75.2017.8.24.0068, Relator Des. Jorge Luis Costa Beber, j. 06 fev. 2020.

[263] RIO GRANDE DO SUL. Tribunal de Justiça (Oitava Câmara Cível). *Apelação Cível nº* 70071719827, Relator Des. Luiz Felipe Brasil Santos, j. 27 abr. 2017.

[264] RIO GRANDE DO SUL. Tribunal de Justiça (Oitava Câmara Cível). *Apelação Cível nº* 70074005844, Relator Des. Rui Portanova, j. 28 jun. 2018.

[265] DUPLA paternidade biológica: juiz determina que gêmeos idênticos paguem pensão à criança. *Tribunal de Justiça de Goiás*, 01 abr. 2019. Disponível em: https://www.tjgo.jus.br/

Na situação analisada, a criança, representada por sua genitora, ajuizou a referida ação, inicialmente, em face de um dos irmãos. O exame de DNA deu positivo, sem que houvesse o reconhecimento da paternidade, oportunidade em que houve o chamamento ao processo do irmão gêmeo para o polo passivo da demanda sob o argumento que nunca tinha mantido relações com a genitora da criança. O segundo exame de DNA foi realizado com resultado também positivo, embora ambos tenham se recusado a assumir a paternidade.[266]

Na sentença, o juiz considerou a má-fé de um dos irmãos em ocultar a paternidade, prestigiando a solução que melhor contemplasse os interesses da criança em detrimento da torpeza dos irmãos.

Considerando a situação em que a criança não teria a paternidade reconhecida pela impossibilidade de identificar qual dos irmãos seria o pai biológico, o magistrado reconheceu a "multiparentalidade biológica ou genética".[267]

Conforme já sustentado, toda decisão que envolve criança e adolescente tem que passar pela análise dos princípios do melhor interesse e da paternidade responsável para atender à sua proteção integral. Neste sentido, para Leal,

> a decisão possui uma grande qualidade: não deixou de garantir à criança o direito de ter reconhecido a paternidade e o sustento. Julgar improcedentes os pedidos seria negar ao infante o seu direito à filiação, corroborando a postura omissa e negligente dos irmãos e indo de encontro aos princípios constitucionais da proteção integral, do melhor interesse da criança e da paternidade responsável.[268]

Observa-se que ainda se faz necessário um balizamento dos parâmetros para o reconhecimento da multiparentalidade, apesar da decisão do STF em repercussão geral, cabendo este papel à doutrina,

---

index.php/institucional//centro-de-comunicacao-social/20-destaque/6716-dupla-paternidade-biologica-juiz-determina-que-gemeos-identicos-paguem-pensao-a-crianca.

[266] LEAL, Lívia Teixeira. Multiparentalidade genética? Análise da sentença proferida pelo Juiz Filipe Luis Peruca, de Cachoeira Alta – Goiás. *Revista Brasileira de Direito Civil – RBDCivil*, Belo Horizonte, v. 20, p. 139-154, abr./jun. 2019.

[267] LEAL, Lívia Teixeira. Multiparentalidade genética? Análise da sentença proferida pelo Juiz Filipe Luis Peruca, de Cachoeira Alta – Goiás. *Revista Brasileira de Direito Civil – RBDCivil*, Belo Horizonte, v. 20, p. 139-154, abr./jun. 2019.

[268] LEAL, Lívia Teixeira. Multiparentalidade genética? Análise da sentença proferida pelo Juiz Filipe Luis Peruca, de Cachoeira Alta – Goiás. *Revista Brasileira de Direito Civil – RBDCivil*, Belo Horizonte, v. 20, p. 139-154, abr./jun. 2019.

que não pode andar a reboque da jurisprudência, nas palavras de Paulo Lôbo. Isso será abordado com maior detalhamento no capítulo seguinte.

3.4 Posicionamento doutrinário acerca do reconhecimento da multiparentalidade pelo STF

Diante do posicionamento do STF na referida decisão, o tema repercutiu na doutrina.

Para Valadares, "a decisão da Corte Suprema se torna um marco para o Direito das Famílias, pois além de reconhecer a socioafetividade como um parentesco, impõe a igualdade entre a biologia e a afetividade, inovando ao definir que elas não são, necessariamente, excludentes uma da outra", consubstanciando assim a multiparentalidade.[269]

Paiano defende que, diante do celebrado julgamento, houve um avanço, uma vez que "o reconhecimento da tese da multiparentalidade soluciona situações jurídicas concretas que espelham esse duplo vínculo de filiação, evidenciando-se em um modo mais justo de solucionar o caso em concreto".[270]

Na opinião de Calderón, o STF, ao prever expressamente a possibilidade jurídica da pluralidade de vínculos familiares, consagrou um importante avanço: o reconhecimento da multiparentalidade – um dos novíssimos temas do Direito de Família. E o autor destaca três aspectos principais diante da tese estabelecida na repercussão geral: o reconhecimento jurídico da afetividade, o vínculo socioafetivo e biológico em igual grau de hierarquia jurídica e a possibilidade jurídica da multiparentalidade.[271]

Para Schreiber, a conclusão alcançada pela decisão do STF é corajosa e ousada, na medida em que exprimiu uma clara ruptura com o dogma antiquíssimo segundo o qual cada pessoa tem apenas um pai e uma mãe. O tribunal, de uma só tacada, a) reconheceu o instituto da paternidade socioafetiva mesmo à falta de registro – tema que ainda encontra resistência em parte da doutrina do Direito de Família; b) afirmou que

---

[269] VALADARES, Maria Goreth Macedo. *Multiparentalidade e as novas relações parentais*. Rio de Janeiro: Lumen Juris, 2016, p. 4.

[270] PAIANO, Daniela Braga. *A família atual e as espécies de filiação*: da possibilidade jurídica da multiparentalidade. Rio de Janeiro: Lumen Juris, 2017, p. 180.

[271] CALDERÓN, Ricardo Lucas. *Novidades no Direito de Família*: STF acolhe socioafetividade e multiparentalidade, 06 abr. 2017. Disponível em: http://www.lfg.com.br. Acesso em: 17 abr. 2017.

a paternidade socioafetiva não representa uma paternidade de segunda categoria diante da paternidade biológica; e c) abriu as portas do sistema jurídico brasileiro para a chamada "multiparentalidade".[272]

Mas, por outro lado, o autor demonstra preocupação com as possíveis lides mercenárias, baseadas em puro interesse patrimonial:

> Ao STF não compete redesenhar, em cada decisão, todo o sistema jurídico. O Direito de Família e seus 'vizinhos' deverão ser reinterpretados à luz da superação da biparentalidade, recordando-se que a multiparentalidade é via de mão dupla: gera deveres e responsabilidades para pais e filhos. Assim, se um filho, sabedor da existência de um pai biológico doente e necessitado, omite-se por longos anos para, só com a morte do genitor, pretender sua herança, o caso exigirá ponderação entre o reconhecimento da paternidade, que não tem caráter absoluto, e outros interesses jurídicos de igual hierarquia. Demandas mercenárias existirão, como já existem antes, e devem ser combatidas com abuso de direito, boa-fé objetiva e outros remédios.[273]

Diante de filhos que somente se interessam pelos pais biológicos no momento de necessidade ou ao se descobrirem como potenciais herdeiros de fortunas, competirá aos juízes e tribunais separar o joio do trigo, empregando mecanismos disponíveis na ordem jurídica brasileira para evitar o exercício de uma situação jurídica subjetiva em descompasso com seu fim axiológico-normativo.[274]

Tartuce também manifesta preocupação com as possíveis "demandas frívolas" com o claro intuito patrimonial ou financeiro.[275] Esta questão também suscita uma maior reflexão no que concerne ao exclusivo interesse patrimonial quando se postula a multiparentalidade, o que será abordado no último capítulo.

No escólio de Lôbo, resulta da referida decisão, de aplicação geral pelos tribunais:

> a) O reconhecimento jurídico da paternidade socioafetiva (abrangente tanto da paternidade quanto da maternidade);

---

[272] SCHREIBER, Anderson. Multiparentalidade e seus reflexos. *Revista IBDFAM – Famílias e Sucessões*, Belo Horizonte, n. 29, out./nov. 2016.
[273] SCHREIBER, Anderson. Multiparentalidade e seus reflexos. *Revista IBDFAM – Famílias e Sucessões*, Belo Horizonte, n. 29, out./nov. 2016.
[274] SCHREIBER, Anderson. Multiparentalidade e seus reflexos. *Revista IBDFAM – Famílias e Sucessões*, Belo Horizonte, n. 29, out./nov. 2016.
[275] TARTUCE, Flávio. *Direito Civil*. Rio de Janeiro: Forense, 2018. v. 5, p. 456.

b) A impossibilidade de impugnação da paternidade ou maternidade socioafetivas que tenha por fundamento a origem biológica de reconhecimento superveniente;
c) A possibilidade de conhecimento da origem biológica, tanto para fins de direito de personalidade quanto para os efeitos de parentesco biológico concorrente com o parentesco socioafetivo;
d) A possibilidade de multiparentalidade, máxime na situação paradigma que serviu de base para a fixação da tese (RE nº 898.060): a mãe, o pai socioafetivo e o pai biológico;
e) Aplicabilidade exclusiva à parentalidade socioafetiva em sentido estrito, ou seja, posse de estado de filiação.[276]

O autor entende que a admissão da multiparentalidade pelo STF foi surpreendente ante seu alcance alargado e não esperado pela doutrina da parentalidade socioafetiva – que objetivava o seu reconhecimento jurídico, não podendo ser desafiado por investigação de paternidade/maternidade cumulada com o cancelamento do registro civil com fundamento exclusivo na origem biológica, além da igualdade jurídica de ambas as parentalidades, sem prevalência de qualquer delas.[277]

Conforme Aguirre:

> o reconhecimento da multiparentalidade representa considerável avanço em nosso ordenamento jurídico, posto traduzir o fim da lógica binária e excludente representada pelo confronto entre a *parentalidade biológica x parentalidade socioafetiva* e alargar a acepção dos vínculos de parentesco em nosso sistema, permitindo-se o reconhecimento de novas estruturas familiares e parentais, desde que estejam assentadas no afeto e não na busca por benefícios patrimoniais ou, tão somente, na verdade dos códigos genéticos.[278]

Valadares[279] não defende a multiparentalidade como regra, assim como Simão;[280] em contrapartida, a autora afirma não vislumbrar a

---

[276] LÔBO, Paulo. *Direito Civil*. Famílias. 6. ed. São Paulo: Saraiva, 2017. v. 5. p. 29.
[277] LÔBO, Paulo. *Direito Civil*. Famílias. 6. ed. São Paulo: Saraiva, 2017. v. 5.
[278] AGUIRRE, João. Reflexos sobre a multiparentalidade e a Repercussão Geral nº 622 do STF. *Revista Eletrônica Direito e Sociedade*, Canoas, v. 5, n. 1, 2017. Disponível em: http://dx.doi.org/10.18316/REDES. Acesso em: 16 abr. 2017, ISSN 2318-8081.
[279] VALADARES, Maria Goreth Macedo. *Multiparentalidade e as novas relações parentais*. Rio de Janeiro: Lumen Juris, 2016.
[280] SIMÃO, José Fernando. Que 2016 venha com as decisões do STF necessárias ao Direito de Família. *Consultor Jurídico*, 13 dez. 2015. Disponível em: https://www.conjur.com.br/2015-dez-13/2016-venha-decisoes-necessarias-direito-familia#_ftnref1. Acesso em: 19 maio 2017.

minoria que vivencia essa situação como discriminada juridicamente pelo simples fato de não ser a realidade da maioria ou pela inexistência de uma legislação, tratando-se de mais uma possibilidade de promover e proteger a pessoa humana.

No mesmo sentido, Aguirre sustenta que a multiparentalidade não constitui regra em nossa ordem jurídica após a Repercussão Geral nº 622, não devendo a parentalidade socioafetiva coexistir em todos os casos com a biológica. Ressalta que as relações afetivas podem decorrer de situações em que a socioafetividade esteja presente nas relações com o genitor, mas também com outro sujeito que exerça o papel de pai. Exemplifica:

> Podemos citar a hipótese em que pai biológico mantém estreita relação afetiva com seu filho, o qual, por sua vez, também possui vínculo de afeto com o novo companheiro de sua mãe, externando uma relação de filiação-paternidade, ainda que não seja registral. Ou os casos em que o pai registral possui relação socioafetiva com seu filho, que agora vive com o pai biológico, novo companheiro de sua mãe, em uma convivência pautada pela afetividade.[281]

Mas, em sentido contrário, Tartuce defende a multiparentalidade como regra a partir da decisão do STF, configurando-se o "fim do caminho".[282]

A despeito dos entendimentos por alguns doutrinadores e em julgados,[283] há quem sustente[284] o conflito entre os critérios de determinação da filiação. Assim, diante da existência de uma parentalidade biológica e outra afetiva, o julgador[285] deveria optar pelo reconhecimento

---

[281] AGUIRRE, João. Reflexos sobre a multiparentalidade e a Repercussão Geral nº 622 do STF. *Revista Eletrônica Direito e Sociedade*, Canoas, v. 5, n. 1, 2017. Disponível em: http://dx.doi.org/10.18316/REDES. Acesso em: 16 abr. 2017, ISSN 2318-8081.

[282] TARTUCE, Flávio. *Direito Civil*. Rio de Janeiro: Forense, 2018. v. 5, p. 462.

[283] Nesse sentido: SÃO PAULO. Tribunal de Justiça de São Paulo (Primeira Câmara de Direito Privado). *Apelação Cível* nº 0006422-26.2011.8.26.0286, Relator Des. Alcides Leopoldo e Silva Junior, j. 14 ago. 2012; Vara de Família de Sobradinho/DF, Processo nº 2013.06.1.001874-5, j. 06.06.14; TJRS, AC 70062692876, Rel. Des. José Pedro de Oliveira Eckert, j. 12.02.15.

[284] Farias e Rosenvald defendem "que a filiação será determinada através de um, ou de outro, critério, a depender do caso concreto" (FARIAS, Cristiano Chaves de; ROSENVALD, Nelson. *Curso de Direito Civil*. Famílias. São Paulo: Atlas, 2015, p. 599).

[285] Neste sentido: TJRS na AC nº 70033740325, 8ª Câmara Cível, Des. Rel. Rui Portanova, DJERS 25 mar. 10; na RIO GRANDE DO SUL. Tribunal de Justiça (Sétima Câmara Cível). *Apelação Cível* nº 70029502531, Relator Des. Rel. Ricardo Raupp, 13 jan. 2010.

de apenas uma delas para fins de registro civil e geração de efeitos jurídicos.

Tavares da Silva defende que "não é possível determinar *a priori* a prevalência de uma das espécies de paternidade sobre a outra, devendo ser analisados os interesses envolvidos, para que se conclua sobre a prevalência ou não de uma sobre a outra" no caso concreto.

Embora defensora da elevação da socioafetividade ao patamar de parentesco civil, a autora é expressamente contrária ao reconhecimento da multiparentalidade:

> Somos contra a multiparentalidade. As pessoas se separam, se unem. Uma decisão a favor da multiparentalidade afeta questões de patrimônio, de ordem alimentar. Será mais trabalhoso para os juízes decidirem caso a caso? Sim. Mas a multiparentalidade vai trazer insegurança jurídica.[286]

Tavares da Silva sustenta que "a admissão da multiparentalidade em nosso ordenamento jurídico produzirá efeitos nefastos sobre a vida das crianças e adolescentes, assim como o aumento vertiginoso de conflitos entre todos aqueles que exercem o poder familiar". Tal decisão afetará questões de patrimônio e de ordem alimentar. Para tanto, levanta as seguintes dúvidas: uma criança deveria, ao mesmo tempo, ter vários pais e várias mães? A multiparentalidade seria benéfica para uma criança?[287]

No mesmo posicionamento, a ADFAS é absolutamente contrária à multiparentalidade e favorável a que em cada caso seja examinada a prevalência de uma das espécies de paternidade, haja vista as variantes de cada caso serem muitas. A eleição da paternidade biológica ou socioafetiva deve sempre depender da análise do caso concreto.[288]

Na mesma ordem de preocupação quanto aos efeitos subjacentes à multiparentalidade, Oliveira adverte sobre:

---

[286] TAVARES DA SILVA, Regina Beatriz. Multiparentalidade: muitos pais e muitas mães para uma única criança. *Regina Beatriz*, 7 jul. 2016. Disponível em: http://www.reginabeatriz.com.br. Acesso em: 18 jul. 2016.

[287] TAVARES DA SILVA, Regina Beatriz. Multiparentalidade: muitos pais e muitas mães para uma única criança. *Regina Beatriz*, 7 jul. 2016. Disponível em: http://www.reginabeatriz.com.br. Acesso em: 18 jul. 2016.

[288] TAVARES DA SILVA, Regina Beatriz. Multiparentalidade: muitos pais e muitas mães para uma única criança. *Regina Beatriz*, 7 jul. 2016. Disponível em: http://www.reginabeatriz.com.br. Acesso em: 18 jul. 2016.

a) a potencialização dos conflitos familiares na configuração tripartida do poder familiar;
b) a exigência de novos critérios para o direito sucessório, com as respectivas linhas de ascendência (paterna e materna, ou paternas e maternas);
c) a manipulação do *status filiae* pela vontade, com objetivo exclusivamente patrimonial, na medida em que a inclusão de terceira figura paterna ou materna por trazer maior vantagem financeira;
d) as soluções jurídicas para os conflitos familiares teriam que ser desmembradas e criadas pelo aplicador do direito em caráter subjetivo, e embora querendo gerar o sentido máximo da justiça na decisão, terminaria por comprometer a própria segurança jurídica das relações.[289]

Contrariamente, também, à multiparentalidade, Gramstrup e Queiroz sustentam que não há sentido algum em se admitir que uma pessoa possa ter dois pais ou duas mães, ou seja, não há como se acolher dois ou mais vínculos simultâneos paterno-filiais, devendo prevalecer uma parentalidade sobre a outra, a depender do exame de cada caso, com base nos princípios da dignidade da pessoa humana, do maior interesse da criança ou adolescente e da afetividade.[290]

Qual o fundamento para que não se configure a multiparentalidade quando uma pessoa convive, efetiva e afetivamente, com duas ou mais pessoas que exercem a paternidade e a maternidade? O princípio do melhor interesse da criança e do adolescente e o da proteção integral? Mas esses também são os fundamentos para o reconhecimento, em se tratando de filhos menores de idade, assim como o princípio da dignidade da pessoa humana, a afetividade e a isonomia entre os filhos em uma interpretação sistemática.

Nos autos da sentença de homologação de Transação Extrajudicial nº 0711965-73.2013.8.01.0001, o magistrado fundamenta a multiparentalidade com base no princípio do melhor interesse da criança e do adolescente, dentre outros:

---

[289] SILVA OLIVEIRA, Maria Rita de Holanda. Os limites jurídicos do projeto parental no Brasil: crítica estrutural à multiparentalidade. *Direito Civil*: Estudos - Coletânea do XV Encontro dos Grupos de Pesquisa – IBDCIVIL, 2018, p. 410-411. Disponível em: http://openaccess.blucher.com.br/article-details/18-21247.

[290] GRAMSTRUP, Erik Frederico; QUEIROZ, Odete Novais Carneiro. A socioafetividade e a multiparentalidade. *Revista Nacional de Direito de Família e Sucessões*, Porto Alegre, ano II, n. 11, p. 104-127, mar./abr. 2016, ISSN 2358-3223.

Os comandos normativos precitados ordenam categoricamente que todas as ações voltadas aos interesses de crianças e adolescentes devem pautar-se pela observância dos seus interesses. As normas precitadas, em conjugação com o disposto nos arts. 3º e 4º, do ECA – Estatuto da Criança e do Adolescente (Lei nº 8.069/90) – albergam os princípios da prioridade absoluta e proteção integral da criança e do adolescente. E assegurar que a criança e o adolescente possam ter assegurado o pleno desenvolvimento de sua personalidade, através de adequada assistência física, moral, social, médica, psicológica, material, emocional, afetiva, por meio da ação conjunta de seus pais biológico e socioafetivo, confere máxima primazia aos interesses do menor. Desse modo, a multiparentalidade se apresenta como medida adequada ao desenvolvimento físico, mental, moral, espiritual e social ao menor, preservando seus laços com os pais biológicos e socioafetivos. A inclusão de ambos os pais do menor em seu assento de nascimento viabilizará a formalização de todos os vínculos, dos quais resultarão efeitos materiais, tais como os direitos a alimentos e sucessórios, dentre outros próprios do elo familiar.[291]

O STF, ao reconhecer a parentalidade socioafetiva no mesmo patamar que a parentalidade biológica, não excluiu a possibilidade de coexistência entre as parentalidades. Para essa hipótese, a simples substituição de uma paternidade pela outra não resolve adequadamente o problema, surgindo na doutrina e sendo reconhecida em alguns julgados a multiparentalidade.

Paiano defende a multiparentalidade como um

> Fenômeno jurisprudencial e doutrinário, advindo de uma interpretação conforme, integrativa e expansiva, que permite o reconhecimento de mais de um pai ou mãe a uma mesma pessoa, de modo que constem em seu registro de nascimento as consequências desse reconhecimento – alteração de nome, inclusão de outro pai ou mãe, inclusão de outros avós. Já que não existe essa prevalência de uma paternidade ou parentalidade sobre a outra (biológica ou socioafetiva) e pensando em um melhor interesse da criança (ou do filho), bem como a igualdade jurídica que deve haver

---

[291] ACRE. Comarca de Rio Branco. Acordo de reconhecimento de paternidade c/c anulação de registro e fixação de alimentos nº 0711965-73.8.01.0001, juiz Fernando Nóbrega da Silva, j. 24.06.14. O caso retrata que a criança A, nascida em 06.09.96, foi registrada como filha de P. e F., em 07.11.96. Em quase 18 (dezoito) anos, P. esteve presente como pai registral e socioafetivo, criando-a, educando-a e assistindo-a afetiva e materialmente. Entretanto, o exame de DNA apontou A. como pai biológico da criança; este manifestou o desejo de ver reconhecido o vínculo sem desfazer o elo afetivo com P. Desta forma, o magistrado reconheceu a coexistência da paternidade biológica e socioafetiva de A., com todos os efeitos jurídicos decorrentes.

entre todos os filhos, fazendo uma interpretação do ordenamento em que se visa consagrar tais realidades fáticas e, não havendo nenhuma incompatibilidade ou impedimento para tais reconhecimentos é que os operadores do Direito têm se debruçado sobre o tema e admitido o fenômeno da multiparentalidade como consequência dessa nova ordem familiar – não discriminatória, inclusiva, formada por famílias recompostas e buscando a realização pessoal de seus membros.[292]

Para Pianovski *et al.*, "havendo dois ou mais vínculos efetivos, pautado na afetividade socialmente apreendida como paternidade ou maternidade, todos esses liames serão juridicamente reconhecidos".[293]

O reconhecimento da multiparentalidade, sem sombra de dúvidas, caracterizou um avanço no campo da filiação, tanto da perspectiva dos filhos quanto dos pais, em atenção aos princípios da proteção integral, do melhor interesse das crianças e adolescentes e da dignidade da pessoa humana. Por outro lado, suscitou diversos questionamentos que a doutrina tem balizado diante da decisão do STF acerca da temática.

Para Valadares, a decisão do STF não esclareceu quando a multiparentalidade pode ocorrer e quais os impedimentos para a sua configuração, como, p. ex., no caso da adoção, que dissolve todos os vínculos com a família biológica, ressalvando-se os impedimentos matrimoniais, ou na reprodução humana heteróloga, em face do anonimato do doador. Haverá nessas situações multiparentalidade?[294]

O objetivo é analisar se existem limites para a fixação da multiparentalidade, ou se ela se configura indistintamente, e perquirir alguns dos efeitos decorrentes do seu reconhecimento, delimitados na introdução e que constituem os pontos centrais da pesquisa.

Essas e outras questões serão discutidas no próximo capítulo, mas antes há que se abordar a possibilidade do reconhecimento da multiparentalidade de forma extrajudicial, que, apesar de ser um tema recente, vem suscitando dúvidas e posicionamentos divergentes na doutrina.

---

[292] PAIANO, Daniela Braga. *A família atual e as espécies de filiação:* da possibilidade jurídica da multiparentalidade. Rio de Janeiro: Lumen Juris, 2017, p. 155.

[293] RUZYK PIANOVSKI, Carlos Eduardo; OLIVEIRA, Ligia Ziggiotti de; PEREIRA, Jacqueline Lopes. A multiparentalidade e seus efeitos segundo três princípios fundamentais do direito de família. *Revista Quaestio Iuris*, Rio de Janeiro, v. 11, n. 02, p. 1268-1286, 2018. DOI: 10.12957/rqi.2018.28886, ISSN 1516-0351.

[294] VALADARES, Maria Goreth Macedo. *Multiparentalidade e as novas relações parentais*. Rio de Janeiro: Lumen Juris, 2016.

3.5 A multiparentalidade extrajudicial

Em 14 de novembro de 2017, o Conselho Nacional de Justiça – CNJ, instado pelo IBDFAM mediante o Pedido de Providências nº 0002653-77.2015.2.00.0000, editou o Provimento nº 63,[295] que entre outras providências dispôs sobre o reconhecimento voluntário e a averbação da paternidade/maternidade socioafetiva perante os oficiais de registro civil, em todo o território nacional, e estabeleceu a multiparentalidade.

O pedido foi fundamentado ante a inexistência de regramento legal sobre a matéria, embora haja reconhecimento jurídico da paternidade/maternidade socioafetiva na literatura e na jurisprudência pátrias, levando em consideração, também, a emissão de provimentos pelas Corregedorias de diversos estados[296] que regulamentaram a formalização extrajudicial da paternidade socioafetiva.

O provimento foi publicado, para satisfação de alguns doutrinadores, a exemplo de Tartuce,[297] que defende a extrajudicialização do Direito das Famílias, mormente a parentalidade socioafetiva e multiparentalidade, e de Ricardo Calderón.

Para formalizar uma relação socioafetiva, era imprescindível a demanda em juízo a fim de viabilizar o registro desse vínculo. A via extrajudicial não era uma opção permitida. Às partes não era dada a chance de se encaminharem diretamente ao cartório de registro de pessoas para solicitar que constasse do respectivo documento uma relação socioafetiva.[298]

---

[295] BRASIL. Conselho Nacional de Justiça. Corregedoria Nacional de Justiça. *Provimento nº 63*. Institui modelos únicos de certidão de nascimento, de casamento e de óbito, a serem adotadas pelos ofícios de registro civil das pessoas naturais, e dispõe sobre o reconhecimento voluntário e a averbação da paternidade e maternidade socioafetiva no Livro "A" e sobre o registro de nascimento e emissão da respectiva certidão dos filos havidos por reprodução assistida, 14 nov. 17. Disponível em: http://www.cnj.jus.br/files/atos_administrativos/provimento-n63-14-11-2017-corregedoria.pdf. Acesso em: 7 jan. 2019.

[296] Tribunal de Justiça do Amazonas – Provimento nº 234/21014; Tribunal de Justiça do Ceará – Provimento nº 15/2013; Tribunal de Justiça de Pernambuco, sendo Pernambuco o estado pioneiro na regulamentação do reconhecimento voluntário da paternidade socioafetiva perante os Oficiais de Registros Civis de Pessoas Naturais por meio do Provimento nº 9/2013, com a iniciativa do Corregedor Jones Figueiredo; Tribunal de Justiça do Maranhão – Provimento nº 21/21013; Tribunal de Justiça de Santa Catarina – Provimento nº 11/2014.

[297] TARTUCE, Flávio. Da extrajudicialização da parentalidade socioafetiva e da multiparentalidade. *Migalhas*, 29 mar. 2017. Disponível em: http://www.migalhas.com.br/FamiliaeSucessoes/104,MI256444,31047-Da+extrajudicializacao+da+parentalidade+socioafetiva+e+da. Acesso: 29 abr. 2018.

[298] CALDERÓN, Ricardo Lucas. *Princípio da afetividade no Direito de Família*. 2. ed. Rio de Janeiro: Forense, 2017.

Para tanto, o reconhecimento de uma relação parental socioafetiva somente poderia se dar pela via jurisdicional. A possibilidade deste reconhecimento pela via extrajudicial começou a ser discutida por Christiano Cassettari, cuja ideia lançada foi acolhida pelo desembargador Jones Figueiredo Alves, sendo o estado de Pernambuco o pioneiro em publicar um provimento neste sentido. Após, seguiram-se os estados do Ceará, Maranhão, Santa Catarina, Amazonas, Paraná e Mato Grosso do Sul.

Diante do fenômeno crescente da desjudicialização do Direito Civil, o CNJ, em boa hora, acolheu o pedido do IBDFAM no sentido de uniformizar a regulamentação da filiação socioafetiva pela posse de estado de filho nos cartórios, editando o referido Provimento nº 63, que consubstancia uma conquista para o Direito das Famílias, diante da atuação vanguardista do Instituto.

O objetivo da norma administrativa do CNJ é o reconhecimento da parentalidade socioafetiva numa perspectiva de desburocratização do Direito das Famílias. Tem origem na socioafetividade existente entre pai/mãe e filho, pela posse de estado de filho que gera esse vínculo.

O reconhecimento extrajudicial da parentalidade socioafetiva é voluntário, livre, espontâneo e incondicional, conforme previsão no art. 10, *in verbis*: "Art. 10. O reconhecimento voluntário da paternidade ou da maternidade socioafetiva de pessoa de qualquer idade será autorizado perante os oficiais de registro civil das pessoas naturais".

O ápice do provimento diz respeito à previsão do reconhecimento da multiparentalidade, considerando a decisão do STF no RE nº 898.060/SC.

O art. 14 assim dispõe: "O reconhecimento da paternidade ou maternidade socioafetiva somente poderá ser realizado de forma unilateral e não implicará o registro de mais de dois pais ou de duas mães no campo FILIAÇÃO no assento de nascimento".

Surgiram questionamentos no sentido de o referido dispositivo não ser claro se se aplicava aos casos de reconhecimento da multiparentalidade.

Segundo Louzada, não possibilitando a certeza de que estaria o CNJ permitindo o reconhecimento extrajudicial da socioafetividade apenas nos casos para se ter pai e mãe, ou dois pais e duas mães, ou se estaria também permitindo o reconhecimento de mais um pai ou mais uma mãe, formando com os pais registrais a multiparentalidade.[299]

Inicialmente, entendeu-se que havia o entendimento de que não teria sido a multiparentalidade que o CNJ autorizou ao editar o Provimento 63, cujo limite para o registro na certidão de nascimento seria de duas pessoas, podendo ser dois pais, duas mães, um pai e uma mãe.[300]

Insurgiu-se Fonseca ao se posicionar que o limite para constar no registro de nascimento são duas pessoas: podem ser dois pais ou duas mães, não mais que isto.[301]

A despeito deste entendimento, sustentou-se o reconhecimento da multiparentalidade extrajudicial, a exemplo de Zeno Veloso, citado por Louzada, afirmando que há a necessidade de se interpretar o art. 14 de forma diversa, ou seja, o objetivo do provimento não é uma multiparentalidade excessiva, de três ou quatro pais, mas está-se admitindo que haja dois pais ou duas mães.[302]

A propósito, em 6.12.17, a ARPEN Brasil – Associação Nacional dos Registradores de Pessoas Naturais, em nota de esclarecimento, corroborando o entendimento esposado na decisão do STF no RE nº 898.060/SC, que reconheceu a multiparentalidade, bem como os artigos 11, §3º, e 14 do Provimento nº 63, orientou os oficiais de Registro Civil das Pessoas Naturais "a realizarem os reconhecimentos de paternidade e ou maternidade socioafetiva, mesmo que já existam pai e mãe registral, respeitando o limite instituído no Provimento de no máximo contar dois pais e também duas mães no termo".[303]

Para Tartuce,[304] considerando a manifestação da ARPEN, este entendimento tem aplicação "a padrastos e madrastas que tenham estabelecido a posse de estado de filho com seus enteados, podendo ser

---

[299] LOUZADA, Flávio Gonçalves. *O reconhecimento da multiparentalidade pelo STF: o interesse patrimonial em detrimento do afeto?* Curitiba: CRV, 2019.
[300] LOUZADA, Flávio Gonçalves. *O reconhecimento da multiparentalidade pelo STF: o interesse patrimonial em detrimento do afeto?* Curitiba: CRV, 2019.
[301] FONSECA, Maria Luíza. Agora é permitido estabelecer multiparentalidade diretamente no cartório? Disponível em: https://www.anoreg.org.br. Acesso em: 20 jan. 2021.
[302] LOUZADA, Flávio Gonçalves. *O reconhecimento da multiparentalidade pelo STF: o interesse patrimonial em detrimento do afeto?* Curitiba: CRV, 2019.
[303] PARANÁ. ARPEN BRASIL. *Nota de Esclarecimento acerca do Provimento CNJ nº 63/17*, 06 dez. 2017.
[304] TARTUCE, Flávio. Propostas para a desburocratização do Direito de Família e das Sucessões brasileiro. *Migalhas*, jan. 2018. Disponível em: http://www.migalhas.com.br. Acesso em: 15 jan. 2018.

incluídos no registro civil ao lado dos pais biológicos e sem a exclusão destes, para todos os fins civis". Isso engloba a possibilidade da configuração da multiparentalidade nas famílias reconstituídas – já reconhecida em vários julgados –, cuja verdade da filiação possa ser aferida pela convivência ao longo do tempo e na conjugação dos elementos da posse de estado de filho, tema que vem suscitando discussões na doutrina.

A tese da multiparentalidade é reforçada pelo artigo 11, §3º, quando preconiza que constarão do termo, além dos dados do requerente (do pai ou mãe socioafetivo), os dados do campo Filiação e do filho que constam no registro, devendo o registrador colher a assinatura do pai e da mãe (biológicos) do reconhecido, caso seja menor de idade:

> Art. 11. O reconhecimento da paternidade ou maternidade socioafetiva será processado perante o oficial de registro civil das pessoas naturais, ainda que diverso daquele em que foi lavrado o assento, mediante a exibição de documento oficial de identificação com foto do requerente e da certidão de nascimento do filho, ambos em original e cópia, sem constar do traslado menção à origem da filiação.
> §3º Constarão do termo, além dos dados do requerente, os dados do campo FILIAÇÃO e do filho que constam no registro, devendo o registrador colher a assinatura do pai e da mãe do reconhecido, caso este seja menor.

Desta forma, se a criança tiver pai e mãe registrais (por exemplo, biológicos), poderá ser feito o reconhecimento extrajudicial da parentalidade desde que ambos os pais biológicos concordem. E a mesma regra vale se o filho tiver como pai no registro um pai socioafetivo e a mãe biológica, caso o pai biológico queira proceder ao reconhecimento posteriormente, devendo ser colhida a anuência dos pais constantes no registro.

Para Tartuce, o reconhecimento do vínculo concomitante é para todos os fins, inclusive alimentares e sucessórios. Sustenta que emergem grandes desafios dessa afirmação, mas é tarefa da doutrina, da jurisprudência e dos aplicadores do Direito resolver os problemas que surgem, de acordo com os casos concretos colocados a julgamento pelo Poder Judiciário.[305]

---

[305] TARTUCE, Flávio. Anotações ao Provimento nº 63 do Conselho Nacional de Justiça. Parte I. *Migalhas*, 25 abr. 2018. Disponível em: http://www.migalhas.com.br. Acesso em: 3 maio 2018.

Não se pode negar que uma das grandes contribuições do julgado foi consolidar a posição jurídica de que a socioafetividade é forma de parentesco civil.[306]

Diante do reconhecimento da multiparentalidade, reconhece-se a igualdade entre as filiações socioafetiva e biológica, pois entre elas não há hierarquia, sendo possível a manutenção concomitante das duas parentalidades – biológica e socioafetiva – e o seu reconhecimento diretamente no registro civil.

Neste ponto, na decisão,[307] o Corregedor salientou ser temerário o CNJ reconhecer a possibilidade de registro em cartório de múltiplos vínculos de filiação, quando a discussão ainda não se encontra madura no âmbito do Poder Judiciário e inexiste norma legal que autorize o múltiplo registro de pais no assento de nascimento, porque extrapolaria as atribuições previstas na Constituição Federal, no regimento interno e no regulamento da Corregedoria Nacional, além de violar frontalmente a separação dos Poderes.

A despeito desse entendimento, o provimento autorizou o registro extrajudicial de multiparentalidade, diretamente no registro civil, limitando o número de dois pais e de duas mães, no máximo, e de forma unilateral, conforme previsto no art. 14, anteriormente declinado.

Acompanhando a doutrina que defende a desjudicialização do Direito das Famílias,[308] o provimento, ao reconhecer o registro da parentalidade socioafetiva diretamente nos cartórios, avançou, alcançando uma posição de vanguarda e destaque. Em que pese ter previsto a possibilidade do reconhecimento da multiparentalidade de forma extrajudicial e de forma unilateral, causou incertezas quanto à impossibilidade de requerimento de filiação por pai e mãe afetivos simultaneamente, acarretando o pleito individualizado e limitado.

---

[306] TARTUCE, Flávio. Anotações ao Provimento nº 63 do Conselho Nacional de Justiça. Parte I. *Migalhas*, 25 abr. 2018. Disponível em: http://www.migalhas.com.br. Acesso em: 3 maio 2018.

[307] BRASIL. Conselho Nacional de Justiça. Decisão no Pedido de Providências nº 0002653-77.2015.2.00.0000, Corregedor João Otávio de Noronha, em 14 mar. 17.

[308] A exemplo de TARTUCE, Flávio. Da extrajudicialização da parentalidade socioafetiva e da multiparentalidade. *Migalhas*, 29 mar. 2017. Disponível em: http://www.migalhas.com.br/FamiliaeSucessoes/104,MI256444,31047-Da+extrajudicializacao+da+parentalidade+soci oafetiva+e+da. Acesso em: 29 abr. 2018.

Nesta senda, o provimento está a gerar angústias, conforme Saraiva,[309] "pois causa incerteza da possibilidade de requerimento de filiação por pai e mãe afetivos ao mesmo tempo, podendo gerar a exigência de requerimento individualizado e não simultâneo, e se essa interpretação prevalecer poderá significar um retrocesso".

Ademais, a autora traz à tona uma preocupação dos críticos com relação ao referido art. 14, que pode levantar prejuízo e até mesmo fraude ao instituto da adoção com ênfase no Cadastro Nacional – CNA. Por outro lado, no art. 12, o provimento estabelece que, suspeitando de fraude, falsidade, má-fé, vício da vontade, simulação ou dúvida sobre a (não) configuração da posse de estado de filho, o registrador fundamentará sua recusa e encaminhará o pedido ao juiz competente, de modo a operacionalizar o cuidado e zelo em combater tais subterfúgios.

Para Calderón, o provimento é um exemplo do movimento de extrajudicialização do Direito Privado, pelo qual diversas questões anteriormente restritas à apreciação do Poder Judiciário podem ser solucionadas pelas vias extrajudiciais. Quanto à possibilidade do reconhecimento da multiparentalidade, o autor destaca que a regra apenas determina que o reconhecimento é sempre unilateral, ou seja, cada requerimento deve cuidar do lado paterno ou do lado materno. O texto normativo não limitou a dois ascendentes, mas a quatro ascendentes, de modo que resta possível o reconhecimento extrajudicial da multiparentalidade a partir de então.

Cassetari[310] também defende o reconhecimento da multiparentalidade diretamente nos cartórios, "sem a necessidade de ação judicial e advogado, bastando ter a concordância do filho reconhecido, se maior, ou, se menor, da mãe ou de quem conste no registro".

Em sentido contrário, Albuquerque, Melo e Mesquita entendem que o provimento veda expressamente a possibilidade da multiparentalidade. Assim, para os autores, avançou no aspecto do sistema multiportas: judiciário e cartorário (com ressalvas), para o reconhecimento da maternidade/paternidade socioafetiva, porém impossibilitou, no campo Filiação do pretenso filho, a consignação de duas mães e/ou de

---

[309] SARAIVA, Viviane. *O afeto está em festa!* 24 nov. 2017. Disponível em: http://www.ibdfam.org.br. Acesso em: 17 abr. 2018.

[310] CASSETARI, Christiano. *Multiparentalidade e parentalidade socioafetiva:* efeitos jurídicos. 3. ed. São Paulo: Atlas, 2017, p. 194.

dois pais. Perfeitamente admissível factualmente, já que tais questões (paternidade/maternidade) são funções, conforme já citado.[311]

Não há dúvidas de que o provimento albergou uma conquista para o Direito das Famílias, ao possibilitar o reconhecimento da parentalidade socioafetiva diretamente nos cartórios, da mesma forma como é procedido com a filiação biológica, sendo averiguados pelo registrador possíveis casos de fraude, simulação e má-fé, além de outras situações que configuram burla ao procedimento extrajudicial.

De outro norte, houve a admissão da multiparentalidade extrajudicial, considerando a decisão tomada pelo STF com repercussão geral, que afirmou a possibilidade concomitante de pais e mães com origens diferentes de parentesco, no assento de nascimento dos filhos.

Na verdade, os pontos mais críticos do provimento são os que abordam a multiparentalidade, cuja limitação foi delineada a apenas dois pais e duas mães, cabendo à doutrina balizá-los. Mas quais os parâmetros para essa limitação?

Matos e Pereira despertam questionamentos como uma eventual possibilidade de registro de situações de pluriparentalidade, com repercussão na temática da adoção, viabilidade da socioafetividade antes de concretizados alguns dos elementos da posse de estado de filho, participação de advogado e representante do Ministério Público,[312] entre outros.

É preciso ter cautela em relação à desjudicialização nas relações parentais, por envolver direitos indisponíveis de crianças e adolescentes, e seus interesses prioritários devem ser resguardados. Assim, o questionamento que ora se propõe é se o reconhecimento da multiparentalidade extrajudicial assegura o melhor interesse e a proteção integral da criança e do adolescente.

E neste sentido, considerando o afastamento da manifestação do Ministério Público e da atuação jurisdicional no reconhecimento

---

[311] ALBUQUERQUE, Fabíola Freire de; MELO, Gerlanne Luiza Santos de; MESQUITA, Ivonaldo da Silva. "ADOÇÃO CARTORÁRIA"?! O Provimento nº 63 do CNJ: uma discussão sobre a paternidade/maternidade socioafetiva e o reconhecimento cartorário, 27 fev. 2018. Disponível em: https://www.portalaz.com.br/blog/opiniao/412818/adoo-cartorria-o-provimento-n-63-do-cnj-uma-discussao-sobre-a-paternidadematern.

[312] MATOS, Ana Carla Harmatiuk; PEREIRA, Jacqueline Lopes. Filiação no direito brasileiro: da paternidade presumida à Repercussão Geral nº 622 do Supremo Tribunal Federal. In: EHRHARDT JUNIOR, Marcos; CORTIANO JUNIOR, Eroulths (Coord.). *Transformações no Direito Privado nos 30 anos da Constituição*. Estudos em homenagem a Luiz Edson Fachin. Belo Horizonte: Fórum, 2019.

da parentalidade socioafetiva e multiparentalidade extrajudiciais que envolvam pessoas menores de idade, o Colégio de Coordenadores da Infância e da Juventude dos Tribunais de Justiça do Brasil solicitou a revogação ou alteração.[313]

O então Corregedor Nacional de Justiça acolheu o parecer de sua assessoria, que opinou pelo atendimento da solicitação formulada pelo Colégio dos Coordenadores fundamentando o posicionamento na distinção de procedimento para o reconhecimento da filiação de origem não biológica.[314]

Deste modo, foi publicado o Provimento CNJ nº 83, em 14.08.2019, que alterou a Seção II do Provimento nº 63/2017, autorizando o reconhecimento voluntário da paternidade ou maternidade socioafetiva perante os oficiais de registro civil das pessoas naturais para pessoas acima de 12 anos.

A alteração foi significativa e previu uma limitação etária à possibilidade do reconhecimento da parentalidade socioafetiva e multiparentalidade, que representou um avanço se comparada com a previsão anterior,[315] além de prever a intervenção obrigatória do Ministério Público e demonstração, pelo oficial de registro, da configuração da socioafetividade pela posse de estado de filho entre as pessoas que buscam o vínculo parental.

A impossibilidade do reconhecimento da parentalidade socioafetiva para menores de 12 anos no âmbito extrajudicial é medida de

---

[313] Pedido de Providências nº 0001711-40.2018,2 00.0000.

[314] Merece destaque o seguinte trecho: "a questão a ser considerada, porém, não diz respeito à possibilidade da filiação ter origem distinta da biológica, mas na adoção de procedimento idêntico ao previsto para o reconhecimento da filiação biológica nas hipóteses em que tem origem diversa. E nessas hipóteses, tenha ou não o filho já reconhecida a paternidade e a maternidade com origem biológica, o suprimento da lacuna legislativa será melhor realizado na adoção de norma análoga à relativa ao reconhecimento da filiação não biológica, ou seja, mediante procedimento em que não dispensada a intervenção judicial e do Ministério Público" (Parecer do Juiz José Marcelo Tossi Silva, Assessor da Corregedoria Nacional de Justiça. Disponível em: http:// www.tjsp.jus.br/cco/obterArquivo.do?cdParecer=9236. Acesso em: 18 ago. 2019).

[315] De acordo com o Pedido de Providências nº 0001711-40.2018,2 00.0000, foram efetuados, durante a curta vigência do Provimento 63, 44.800 registros, dos quais 5,8% de crianças até um ano; 12,2% de crianças até cinco anos; 33,1% de crianças até doze anos, o que resulta em 51,1% de crianças registradas. Somente 35,3% eram adolescentes e 13,6% de adultos. Disponível em: https://cnj.jusbrasil.com.br/jurisprudencia/756840136/pedido-de-providencias-pp-17114020182000000/inteiro-teor-756840315 *apud* SOUZA, Vanessa Ribeiro Corrêa Sampaio; FERNANDES, Manoela Gomes; ALMEIDA, Vitor. *A desjudicialização do direito de filiação e os direitos de crianças e adolescentes*: notas sobre o Provimento nº 83 do Conselho Nacional de Justiça. No prelo.

natureza preventiva, para evitar possíveis adoções à brasileira ou burlas ao cadastro nacional de adoção. Nesta linha de raciocínio, Tartuce e Silva também sustentaram a possibilidade de "fraudes, sequestros, 'comércio' ilegais e a chamada adoção pronta".[316] Assim, "a restrição contribui na busca de evitar a indevida inovação da socioafetividade para enquadrá-la na típica situação da 'adoção à brasileira', minimizando situações indesejáveis e preservando a correta utilização daquele instituto".[317]

Neste sentido, o Provimento nº 83 dispõe a nova redação no art. 10:

Art. 10. O reconhecimento voluntário da paternidade ou da maternidade socioafetiva de pessoa acima de 12 anos será autorizado perante os oficiais de registro civil das pessoas naturais.

E acrescentou o art. 10-A:

Art. 10-A. A paternidade ou a maternidade socioafetiva deve ser estável e ser exteriorizada socialmente.
§1º O registrador deverá atestar a existência do vínculo afetivo da paternidade ou maternidade socioafetiva mediante apuração objetiva por intermédio da verificação de elementos concretos.
§2º O requerente demonstrará a afetividade por todos os meios em direito admitidos, bem como por documentos, tais como: apontamento escolar como responsável ou representante do aluno; inscrição do pretenso filho em plano de saúde ou em órgão de previdência; registro oficial de que residem na mesma unidade domiciliar; vínculo de

---

[316] TARTUCE, Fernanda; SILVA, Erica Barbosa. Reconhecimento de paternidade socioafetiva no cartório de registro civil: mudanças significativas. *Revista IBDFAM – Famílias e Sucessões*, Belo Horizonte, v. 35, p. 41-50, set./out. 2019.

[317] TARTUCE, Fernanda; SILVA, Erica Barbosa. Reconhecimento de paternidade socioafetiva no cartório de registro civil: mudanças significativas. *Revista IBDFAM – Famílias e Sucessões*, Belo Horizonte, v. 35, p. 41-50, set./out. 2019. Ainda sobre o tema Ricardo Calderón aduz que principalmente para se evitar que crianças muito pequenas (com meses de vida até cerca de 5 anos de idade) tivessem sua filiação alterada sem a chancela da via judicial. Para parte dos atores envolvidos com infância e juventude, os registros de filiações de crianças ainda na primeira infância (até 6 anos) deveriam remanescer com o Poder Judiciário. Uma das principais preocupações era que, como crianças de tenra idade podem vir a atrair o interesse de pessoas que pretendessem realizar "adoções à brasileira" ou então "furar a fila adoção", melhor seria deixar tal temática apenas para a via jurisdicional (CALDERÓN, Ricardo Lucas. Primeiras impressões sobre o Provimento 83 do CNJ, que alterou as disposições sobre registro extrajudicial da filiação socioafetiva regidas pelo Provimento 63. Disponível em: http://www.ibdfam.org.br/noticias/7034/Provimento+do+CNJ+altera+registro+de+filia%C3%A7%C3%A3o+socioafetiva+em+cart%C3%B3rios+para+pessoas+acima+de+12+anos. Acesso em: 21 ago. 2019).

conjugalidade – casamento ou união estável – com o ascendente biológico; inscrição como dependente do requerente em entidades associativas; fotografias em celebrações relevantes; declaração de testemunhas com firma reconhecida.

§3º A ausência destes documentos não impede o registro, desde que justificada a impossibilidade, no entanto, o registrador deverá atestar como apurou o vínculo socioafetivo.

§4º Os documentos colhidos na apuração do vínculo socioafetivo deverão ser arquivados pelo registrador (originais ou cópias) juntamente com o requerimento.

Como se observa, o artigo 10 prevê que a paternidade e a maternidade socioafetivas devem ser demonstradas pela estabilidade e exteriorizadas socialmente, verificáveis e apuradas extrajudicialmente pelas Serventias de Registro de Pessoas Naturais, cujo §2º retrata um rol exemplificativo, mas que exige uma atuação apurada por parte do registrador, que não se coaduna com procedimentos padronizados adotados nas atividades cartorárias.

Na verdade, esta exteriorização da afetividade consubstancia a demonstração da posse de estado de filho. Portanto, o provimento previu que o requerente deve demonstrar a afetividade por todos os meios em direito permitidos, configurando a posse de estado de filho entre as pessoas que buscam o vínculo parental socioafetivo, "mas a ausência destes documentos não impede o registro, cabendo ao registrador atestar o vínculo socioafetivo, desde que justificada a impossibilidade".[318]

Para Tartuce, a alteração demonstra "a existência de uma construção probatória-extrajudicial e certo poder decisório atribuído ao Oficial de Registro Civil", reafirmando a extrajudicialização.[319] Reputando

---

[318] TARTUCE, Flávio. O Provimento nº 83/2019 do Conselho Nacional de Justiça e novo tratamento do reconhecimento extrajudicial da parentalidade socioafetiva. *Revista "Entre Aspas"*, jan. 2020. Para Calderón, com este novo regramento, "a relação socioafetiva deve ser verificada de modo objetivo pelo oficial de registro civil, isto é, mediante a demonstração de fatos concretos que venham a demonstrar a sua manifestação na realidade fática. Em outras palavras, o registrador solicitará ao requerente que apresente provas do liame socioafetivo que está a narrar, sendo que a sua atividade será apenas coletar e verificar a idoneidade de tais provas" (Disponível em: http://www.ibdfam.org.br/noticias/7034/Provimento+do+CNJ+altera+registro+de+filia%C3%A7%C3%A3o+socioafetiva+em+cart%C3%B3rios+para+pessoas+acima+de+12+anos. Acesso em: 23 ago. 2019).

[319] TARTUCE, Flávio. O Provimento nº 83/2019 do Conselho Nacional de Justiça e o novo tratamento do reconhecimento extrajudicial da parentalidade socioafetiva. *Migalhas*, 28 ago. 2019. Disponível em: www.migalhas.com.br. Acesso em: 28 ago. 2019.

necessário, o registrador pode incluir a oitiva dos pais biológicos para ter acesso a um dilatado conjunto probatório.[320]

Entretanto, a alteração do Provimento nº 83, não menos significativa, foi a inclusão de dois parágrafos ao art. 14 do Provimento nº 63/17, atinentes à multiparentalidade:

> Art. 14. O reconhecimento da paternidade ou maternidade socioafetiva somente poderá ser realizado de forma unilateral e não implicará o registro de mais de dois pais ou de duas mães no campo FILIAÇÃO no assento de nascimento.
> §1º Somente é permitida a inclusão de um ascendente socioafetivo, seja do lado paterno ou do materno.
> §2º A inclusão de mais de um ascendente socioafetivo deverá tramitar pela via judicial.

O Provimento nº 63/17 autorizou o registro extrajudicial de multiparentalidade, diretamente no registro civil, limitando o número de dois pais e de duas mães, no máximo, e de forma unilateral, mas com a alteração, limitou-se a inclusão a apenas um ascendente socioafetivo, ou seja, somente será possível o reconhecimento de um ascendente socioafetivo, seja paterno ou materno. Parece evidente que a preocupação do legislador foi evitar vínculos sucessivos, difíceis de se concretizar na prática, porque a posse de estado de filho demanda certo tempo de convivência.[321]

Trata-se, na verdade, de um limite imposto no âmbito extrajudicial ao reconhecimento da multiparentalidade. Segundo Souza *et al.*, "a restrição etária do novo provimento pode ser considerada seu maior avanço, uma vez que confere proteção especial às crianças, que só poderão ter seu estado de filiação alterado pela via judicial".[322]

Segundo Calderón, esta limitação pretendeu acolher as situações mais comuns que se apresentam na realidade, que correspondem à existência de apenas mais um ascendente socioafetivo. Os casos que

---

[320] TARTUCE, Fernanda; SILVA, Erica Barbosa. Reconhecimento de paternidade socioafetiva no cartório de registro civil: mudanças significativas. *Revista IBDFAM – Famílias e Sucessões*, Belo Horizonte, v. 35, p. 41-50, set./out. 2019.

[321] TARTUCE, Flávio. O Provimento nº 83/2019 do Conselho Nacional de Justiça e o novo tratamento do reconhecimento extrajudicial da parentalidade socioafetiva. *Migalhas*, 28 ago. 2019. Disponível em: www.migalhas.com.br. Acesso em: 28 ago. 2019.

[322] SOUZA, Vanessa Ribeiro Corrêa Sampaio; FERNANDES, Manoela Gomes; ALMEIDA, Vitor. *A desjudicialização do direito de filiação e os direitos de crianças e adolescentes*: notas sobre o Provimento nº 83 do Conselho Nacional de Justiça. No prelo.

envolvem a presença de um pai e uma mãe socioafetivos seriam mais raros e podem mascarar adoções à brasileira.[323]

Em 30 de agosto de 2023, por meio do Provimento nº 149,[324] a Corregedoria Nacional de Justiça, considerando a importância de concentrar todos os provimentos, presentes e futuros, em um único ato, instituiu o Código Nacional de Normas da Corregedoria Nacional de Justiça – Foro Extrajudicial (CNN/CN/CNJ-Extra), compilando os Provimentos nºs 63 e 83 no referido Código, revogando-os.

Os dispositivos que tratam do reconhecimento voluntário da paternidade socioafetiva estão no Capítulo IV, art. 505 e seguintes, e o reconhecimento da multiparentalidade encontra guarida no art. 510, §§1º e 2º, sem alteração nas suas redações.

Por fim, a discussão em torno da possibilidade do reconhecimento da parentalidade socioafetiva e multiparentalidade extrajudiciais ganhou duas correntes: a que defendia a desjudicialização do Direito das Famílias, com a manutenção do Provimento nº 63/17, e a que sustentava uma preocupação com relação ao referido art. 14, que podia levantar prejuízo e até mesmo fraude ao instituto da adoção com ênfase no Cadastro Nacional – CNA, além da defesa quanto à intervenção obrigatória do órgão ministerial quando o reconhecimento da parentalidade envolver crianças e adolescentes.

Há, também posicionamento doutrinário contrário ao reconhecimento da multiparentalidade de forma extrajudicial em qualquer situação, a exemplo de Lôbo,[325] que, considerando as graves consequências da multiparentalidade, posiciona-se pelo seu reconhecimento somente por meio de decisão judicial especificamente fundamentada em provas e em estudos psicossociais que o demonstrem, inclusive no que concerne ao compartilhamento da autoridade parental e da convivência.

---

[323] CALDERÓN, Ricardo Lucas. Primeiras impressões sobre o Provimento nº 83 do CNJ, que alterou as disposições sobre registro extrajudicial da filiação socioafetiva regidas pelo Provimento nº 63. Disponível em: http://www.ibdfam.org.br/noticias/7034/Provimento+do+CNJ+altera+registro+de+filia%C3%A7%C3%A3o+socioafetiva+em+cart%C3%B3rios+para+pessoas+acima+de+12+anos. Acesso em: 21 ago. 2019.

[324] BRASIL. Conselho Nacional de Justiça. Corregedoria Nacional de Justiça. *Provimento nº 149*. Institui o Código Nacional de Normas da Corregedoria Nacional de Justiça do Conselho Nacional de Justiça – Foro Extrajudicial (CNN/CN/CNJ-Extra), que regulamenta os serviços notariais e de registro, 30 ago. 23. Disponível em: chrome-extension://efaidnbmnnnibpcajpcglclefindmkaj/https://atos.cnj.jus.br/files/original1336562023090464f5dd78ec839.pdf. Acesso em: 25 ago. 2024.

[325] LOBO, Fabíola Albuquerque. Efeitos da multiparentalidade na filiação. *In*: MENEZES, Joyceane de; MATOS, Ana Carla Harmatiuk (Coord.). *Direito das Famílias*: por Juristas Brasileiras. 2. ed. Indaiatuba, SP: Foco, 2022.

Seguindo esta linha de raciocínio, apenas para ilustrar, o anteprojeto da reforma do Código Civil entregue em 17 de abril do corrente ano pela Comissão de Juristas nomeada pelo Presidente do Senado Federal propõe no art. 1617-C do CC que "o reconhecimento de filiação socioafetiva de crianças, de adolescentes, bem como de incapazes, *será feito por via judicial.*"

Alinhada à segunda corrente da desjudicialização do Direito, nas relações parentais, sustenta-se a possibilidade do reconhecimento da multiparentalidade extrajudicial para as pessoas maiores de 18 anos, mas, em se tratando dos direitos indisponíveis das crianças e adolescentes, somente por ação judicial com a efetiva intervenção do órgão ministerial e a atuação de equipe interdisciplinar composta por assistentes sociais e psicólogos, no mínimo, os quais deverão se debruçar com imparcialidade para a verificação da ocorrência, ou não, da multiparentalidade, com a finalidade de assegurar os seus melhores interesses.

CAPÍTULO 4

DOS LIMITES E EFEITOS JURÍDICOS DECORRENTES DA MULTIPARENTALIDADE

4.1 Os limites para o reconhecimento da multiparentalidade à luz do princípio de afetividade

Uma vez reconhecida a multiparentalidade de forma surpreendente, a tese fixada não delimitou seu alcance, nem os efeitos próprios, causando discussões que a doutrina passa a debater e, neste sentido, a pesquisa se propõe à seguinte problemática: quais os limites e os efeitos jurídicos decorrentes da multiparentalidade, considerando a possibilidade de coexistência das filiações biológica e socioafetiva pela posse de estado de filho, no âmbito do Direito das Famílias e sucessões?

Na verdade, trata-se de uma problemática que acomoda nas suas entrelinhas várias outras indagações: é possível o reconhecimento da multiparentalidade com base apenas no critério biológico, não estando presente a efetiva afetividade e convivência entre as pessoas que buscam o vínculo parental? Havendo o reconhecimento da multiparentalidade, como será exercida a autoridade parental em relação aos pais? Nos casos em que houver impasse entre os pais em relação aos interesses do filho, qual vontade deve prevalecer – a do pai biológico ou a do pai socioafetivo?

Ante a tese fixada pelo STF em sede de repercussão geral, indaga-se: há limites para o seu reconhecimento? É o que será tratado a seguir.

4.1.1 A (im)possibilidade do reconhecimento da multiparentalidade com base apenas no critério biológico

O que se questiona, inicialmente, é se é possível o reconhecimento da multiparentalidade com base apenas no critério biológico para fins de parentesco biológico concorrente com o parentesco socioafetivo, não estando presente a efetiva afetividade e convivência entre as pessoas que buscam o vínculo parental.

A decisão do STF foi pela prevalência da paternidade responsável do "pai biológico", ainda que este não tenha convivido com o filho e mesmo diante do pai socioafetivo que tenha assumido a criança em outro momento.[326]

Neste sentido, Calderón explica sobre a possibilidade de responsabilização do genitor biológico, sem que tenha havido entre ele e a prole qualquer espécie de convivência:

> no caso julgado pelo Supremo Tribunal Federal, houve clara deliberação pela prevalência da responsabilização do pai biológico, mesmo sem que tenha havido qualquer convivência familiar com ele e, ainda, mesmo tendo havido outra figura paterna socioafetiva que tenha assumido a referida filha. Diante desse quadro, importava deliberar se seria possível ainda assim declarar o vínculo de filiação com o pai biológico e, com isso, de alguma forma responsabilizá-lo; ou, ao contrário, se tendo em vista a ausência de convivência fática paterno-filial, bem como em face da existência de outro pai socioafetivo, se esses fatores impediriam o reconhecimento da paternidade biológica e, com isso, obstariam qualquer responsabilização desse ascendente genético.
> A decisão do STF foi francamente pela primeira hipótese, ou seja, pela prevalência da paternidade responsável do pai biológico, mesmo que este não tenha convivido com o filho e mesmo que tenha havido outro pai socioafetivo que tenha assumido a criança em outro momento. Em decorrência, o Tribunal entendeu que poderia ser reconhecida a filiação biológica, com todos os seus consectários, mantendo-se ao lado a filiação socioafetiva já existente, a partir de uma interpretação extensiva ao relevante princípio constitucional, fazendo imperar a responsabilidade de todos os envolvidos, de modo que responsabilizar também o pai biológico com todos os efeitos inerentes à filiação.

---

[326] CALDERÓN, Ricardo Lucas. Multiparentalidade acolhida pelo STF: Análise da decisão proferida no RE 898060/SC. *Revista IBDFAM – Famílias e Sucessões*, Belo Horizonte, v. 22, p. 169-194, jul./ago. 2017, ISSN 2358-1670.

Esse entendimento responsabiliza a paternidade biológica e respeita a paternidade socioafetiva consolidada, evitando que, para fazer valer seus direitos perante o ascendente genético, o filho tenha que afastar a paternidade socioafetiva com a qual conviveu há muitos anos. Ao assim decidir, evitou-se que a paternidade socioafetiva de outrem seja indevidamente utilizada como escudo de defesa, apenas para irresponsabilizar o pai biológico pela sua prole, o que também não parece de todo adequado. Nesse aspecto, inova a decisão, constituindo-se em mais uma opção que pode vir a ser adotada, com a responsabilização e o reconhecimento da filiação perante o ascendente genético, mesmo que ao lado de outra filiação socioafetiva. Esta posição auxilia a imprimir a extensão atual do princípio da parentalidade responsável.[327]

No caso que ensejou a fixação da tese, havia claramente uma paternidade socioafetiva já solidificada na convivência e no afeto entre pai e filha. Apesar da realidade registral e social, o tribunal entendeu pelo reconhecimento de uma "paternidade biológica" não vivenciada, nem quista, quando se tratava do direito da autora ao conhecimento à sua origem genética, mantendo-se a filiação socioafetiva sedimentada.

Os elos socioafetivos e registrais regularmente constituídos são mais que suficientes para sustentar uma filiação.[328] A crítica, portanto, é no sentido de que a construção da tese do STF não exige que o filho tenha convivência com o seu ascendente biológico para que seja configurada a multiparentalidade, bastando, apenas, ser o "pai biológico", sem necessidade de estabelecimento de convivência, contato e afetividade entre eles ou de demonstração de que, no caso concreto, a impossibilidade de desenvolvimento de vínculo entre eles foi involuntária (*v.g.*, frustrada pela conduta de terceiros).

A ponderação é quando o vínculo biológico será fonte de parentesco, segundo Pianovski, haja vista "a admissão, pelo STF, de hipóteses em que a multiparentalidade passa a ser admitida à margem de qualquer vínculo socioafetivo com o genitor biológico, de modo concomitante com o vínculo já estabelecido pela posse de estado de filho".[329]

---

[327] CALDERÓN, Ricardo Lucas. Multiparentalidade: a socioafetividade nos laços de filiação. *Revista Jurídica da Escola Superior da Advocacia da OAB-PR*, ano 3, n. 2, ago. 2018. Disponível em: http://revistajuridica.esa.oabpr.org.br/wp-content-uploads/2018/09/revista_esa_06.pdf.

[328] CALDERÓN, Ricardo Lucas. Socioafetividade na filiação: análise da decisão proferida pelo STJ no RESP 1.613.641/MG. *Revista Brasileira de Direito Civil – RBDCivil*, Belo Horizonte, v. 13, p. 141-154, jul./set. 2017, ISSN 2594-4932.

[329] RUZYK PIANOVSKI, Carlos Eduardo; OLIVEIRA, Ligia Ziggiotti de; PEREIRA, Jacqueline Lopes. A multiparentalidade e seus efeitos segundo três princípios fundamentais do direito

Para Amarilla, o STF laborou em equívoco ao "conferir equivalência à parentalidade e ancestralidade genética para fins de conformação de um vínculo múltiplo, olvidando que uma e outra refletem facetas distintas dos direitos fundamentais tutelados, dando margem a repercussões jurídicas igualmente distintas". Partiu de uma premissa verdadeira ao demonstrar que a família não é subserviente a um modelo predefinido e a filiação não se curva a uma estrutura hierarquizante, para alcançar uma conclusão equivocada, ao reconhecer que o vínculo biológico deflagraria, de *per si*, o estado de filiação.[330]

A autora, acertadamente, vislumbrou a ausência de uma "relação afetiva interpessoal" entre ascendente e descendente, não havendo convívio sob qualquer formato de família entre eles. Por tal razão, a decisão desconsiderou esse alheamento afetivo, imputando o estado de filiação como consectário lógico do vínculo biológico.[331]

E mais uma vez vem à baila a discussão sobre a distinção entre parentalidade com base no vínculo biológico e o direito ao conhecimento à origem biológica, pois concerne a um dos limites para a configuração da multiparentalidade, embora não tenha sido feita pelo STF no julgamento do recurso extraordinário em testilha.

Dentro da leitura ideal da Repercussão Geral nº 622, Simão destaca que "efetivamente o afeto resta valorizado já que o vínculo biológico, por si só, não exclui o vínculo afetivo, mas a ele se soma. Foi declarada a inexistência de supremacia no embate entre o DNA e o afeto". Mas em uma leitura possível, "o DNA é tido como relevante para a formação do parentesco e, ao ser equiparado ao afeto, gera a multiparentalidade, desconsiderando-se a diferença entre ascendente genético e pai".[332]

Diante dessa não distinção, a parentalidade pode ser almejada somente com intuito patrimonial, como Simão, entre outros doutrinadores, alertou: "Isso abre as portas para as ações argentárias em que o

---

de família. *Revista Quaestio Iuris*, Rio de Janeiro, v. 11, n. 02, p. 1268-1286, 2018. DOI: 10.12957/rqi.2018.28886, ISSN 1516-0351.

[330] AMARILLA, Silmara Domingues Araújo. A multiparentalidade e a ânsia por pertencimento: desafios jurídicos na recognição dos vínculos parentais plúrimos. *Revista Nacional de Direito de Família e Sucessões*, Porto Alegre, v. 24, maio/jun. 2018, ISSN 2358-3.

[331] AMARILLA, Silmara Domingues Araújo. A multiparentalidade e a ânsia por pertencimento: desafios jurídicos na recognição dos vínculos parentais plúrimos. *Revista Nacional de Direito de Família e Sucessões*, Porto Alegre, v. 24, maio/jun. 2018, ISSN 2358-3.

[332] SIMÃO, José Fernando. A multiparentalidade está admitida e com repercussão geral. Vitória ou derrota do afeto?. *Jornal Carta Forense*, 03 jan. 2017. Disponível em: http://www.cartaforense.com.br. Acesso em: 17 dez. 2018.

autor da ação investigatória de paternidade, já tendo um pai, pretende ter a herança de outrem (ascendente genético) e não um pai".[333]

Para Lira,[334] foi extremamente significativo o reconhecimento da multiparentalidade pela Corte Superior, com a inclusão de mais de um pai ou mais de uma mãe no mesmo registro de nascimento; entretanto, os motivos que levaram ao referido julgamento parecem um retrocesso. Ao se reconhecer a multiparentalidade com o objetivo patrimonial, abriu-se uma imensa porta que não será tarefa fácil ao sistema jurídico brasileiro fechar, já que se trata de decisão da Suprema Corte; no entanto, são questões que devem ser doravante analisadas pela doutrina.[335]

Pertinente a ponderação de Godoy, que, adotando o precedente da repercussão geral, entende que as hipóteses de multiparentalidade se prodigalizarão ao se admitir como resultado automático de ações investigatórias a demonstração do elo biológico, preservando-se a parentalidade socioafetiva caso antes estabelecida. Mas é preciso aquilatar, na hipótese específica, qual a *verdade da filiação*, ou seja, quem efetivamente é o pai e a mãe, constatando-se a construção de uma relação plúrima de paternidade e/ou de maternidade.[336]

Não se pode impor como consequência imediata e automática, diante do vínculo genético, a configuração da multiparentalidade, porque "a parentalidade não se associa necessária e exclusivamente ao elo ou origem biológica, malgrado possa ser investigado como atributo do direito à identidade", mas sem consubstanciar o reconhecimento de paternidade ou maternidade com seus efeitos próprios.[337]

---

[333] SIMÃO, José Fernando. A multiparentalidade está admitida e com repercussão geral. Vitória ou derrota do afeto?. *Jornal Carta Forense*, 03 jan. 2017. Disponível em: http://www.cartaforense.com.br. Acesso em: 17 dez. 2018.

[334] LIRA, Wlademir Paes. Análise da Multiparentalidade num caso concreto por meio de sentença. *Revista IBDFAM – Famílias e Sucessões*, Belo Horizonte, v. 19, p. 157-175, jan./fev. 2017, ISSN 2358-1670.

[335] LIRA, Wlademir Paes. Análise da Multiparentalidade num caso concreto por meio de sentença. *Revista IBDFAM – Famílias e Sucessões*, Belo Horizonte, v. 19, p. 157-175, jan./fev. 2017, ISSN 2358-1670.

[336] GODOY, Cláudio Luiz Bueno de. Atualidades sobre a parentalidade socioafetiva e a multiparentalidade. *In*: SALOMÃO, Luis Felipe; TARTUCE, Flávio. *Direito Civil*: diálogos entre a doutrina e a jurisprudência. São Paulo: Atlas, 2018.

[337] GODOY, Cláudio Luiz Bueno de. Atualidades sobre a parentalidade socioafetiva e a multiparentalidade. *In*: SALOMÃO, Luis Felipe; TARTUCE, Flávio. *Direito Civil*: diálogos entre a doutrina e a jurisprudência. São Paulo: Atlas, 2018, p. 24. Neste mesmo sentido, David e Berlini evidenciam que o direito à verdade biológica não configura automaticamente o reconhecimento de filiação biológica, pois, embora o STF tenha decidido que não há hierarquia entre a parentalidade socioafetiva e a biológica, o que permite a coexistência das

Após o julgamento do RE nº 898.060, entretanto, houve julgado desconsiderando o vínculo biológico diante da consolidação da filiação socioafetiva.

A terceira turma do STJ, em 17.04.2018, reconheceu a multiparentalidade como exceção, devendo ser acolhida quando presentes concomitantemente as duas filiações, nos autos do Recurso Especial nº 1.674.849/RS,[338] em que subjaz ação de investigação de paternidade com pedido de retificação de registro civil, cujos elementos de prova denotam que o pai socioafetivo, mesmo não tendo certeza quanto à paternidade, registrou a criança como sendo sua filha, passando, a partir de então, a tratá-la como tal, afirmando que pai é quem cria e que não se importaria em continuar a se responsabilizar por sua criação, em contraponto ao pai biológico, que, além de não demostrar afeição pela criança, expressamente afirmou à assistente social que seria indiferente à alteração do registro.

No caso concreto, a realidade dos fatos espelhou a ausência de qualquer interesse na constituição do vínculo parental por parte do pai biológico diante da paternidade socioafetiva exercida pelo pai registral e afetivo.

Ademais, verificou-se, por conduto de estudo social, que a referida ação foi ajuizada, exclusivamente, no interesse da genitora da criança, devendo ser rechaçada qualquer demanda que tenha objetivo puramente patrimonial e envolva pessoas maiores e menores de idade como mandamento constitucional norteador de todas as decisões.

Para Messias, a paternidade biológica deve ser reconhecida na inexistência da socioafetiva, porque, se presente a paternidade socioafetiva, ela não pode ser excluída para reconhecer a biológica, considerando, tão somente, o critério biológico; mas, diante da efetiva constituição dos vínculos parentais, reconhecer-se-á a multiparentalidade.[339]

---

parentalidades, faz-se necessária a verificação da viabilidade dessa coexistência (DAVID, Felipe Guerra Reis; BERLINI, Luciana Fernandes. A autonomia do adotado no direito à identidade biológica e a conjugação de parentalidades. *Revista Brasileira de Direito Civil – RBDCivil*, Belo Horizonte, v. 14, p. 41-55, out./dez. 2017, ISSN 2594-4932).

[338] BRASIL. Superior Tribunal de Justiça. *Recurso Especial* nº 1.674.879/RS, Relator Ministro Marco Aurélio Belizze, j. 17 abr. 2018.

[339] CARVALHO, Dimas Messias de. Multiparentalidade: equiparação ou prevalência da filiação socioafetiva com relação à biológica? In: CUNHA PEREIRA, Rodrigo da; DIAS, Maria Berenice (Coord.). *Família e Sucessões*: polêmicas, tendências e inovações. Belo Horizonte: IBDFAM, 2018.

Desta forma, a decisão se coaduna com o entendimento sustentado de que a multiparentalidade não deve ser reconhecida indistintamente, sobremodo diante do flagrante interesse da genitora, em uma desvirtuada finalidade do instituto e avessa ao ordenamento jurídico, conforme demonstra a ementa:

> 5. O reconhecimento de vínculos concomitantes de parentalidade é uma casuística, e não uma regra, pois, como bem salientado pelo STF naquele julgado, deve-se observar o princípio da paternidade responsável e primar pela busca do melhor interesse da criança, principalmente em um processo em que se discute, de um lado, o direito ao estabelecimento da verdade biológica e, de outro, o direito à manutenção dos vínculos que se estabeleceram, cotidianamente, a partir de uma relação de cuidado e afeto, representada pela posse de estado de filho.
> 6. As instâncias ordinárias afastaram a possibilidade de reconhecimento da multiparentalidade na hipótese em questão, pois, de acordo com as provas carreadas aos autos, notadamente o estudo social, o pai biológico não demonstra nenhum interesse em formar vínculo afetivo com o menor e, em contrapartida, o pai socioafetivo assiste (e pretende continuar assistindo) à filha afetiva e materialmente. Ficou comprovado, ainda, que a ação foi ajuizada exclusivamente no interesse da genitora, que se vale da criança para conseguir atingir suas pretensões.[340]

No mesmo entendimento, o desembargador Jorge Luis da Costa Beber, nos autos da Apelação Cível nº 0300233-75.2017.8.24.0068,[341] posicionou-se que a multiparentalidade não é uma regra, mas deve ser analisada segundo a casuística, observando-se o que melhor atende aos interesses da criança.

Madaleno, em seus comentários ao julgado anteriormente elencado, assentou que a Segunda Câmara de Direito Civil do TJSC adotou a regra de ouro dos vínculos de filiação no sentido de que

> toda decisão que afete em concreto um menor, deverá incluir uma estimativa das possíveis repercussões positivas ou negativas incidentes sobre o infante, e que toda a justificativa desta decisão deve deixar evidente que atendeu e priorizou o superior interesse da criança e do adolescente, deixando patente e inequívoco que o julgador ponderou

---

[340] BRASIL. Superior Tribunal de Justiça. *Recurso Especial* nº 1.674.879/RS, Relator Ministro Marco Aurélio Belizze, j. 17 abr. 2018.
[341] SANTA CATARINA. Tribunal de Justiça (Segunda Câmara). *Apelação Cível* nº 0300233-75.2017.8.24.0068, Relator Des. Jorge Luis Costa Beber, j. 06 fev. 2020.

e confrontou os interesses prevalentes do menor, adiante de também haver raciocinado sobre outras considerações igualmente pertinentes ao menor.[342]

Por fim, o autor, impulsionado pelo julgado, enaltece o voto do desembargador Jorge Luis Costa Beber quando registra que "o exame de DNA positivo não importa reconhecimento automático da multiparentalidade, havendo a necessidade imperiosa de análise do pedido à luz do melhor interesse da criança",[343] concluindo que se deve aos superiores interesses do infante e nunca aos interesses obscuros dos pais.[344]

Por outro lado, à luz da tese fixada pelo STF, o STJ, no REsp. nº 1.622.330, em 12.12.17, assentou a coexistência entre as paternidades biológica e socioafetiva, concluindo, no caso concreto, que "o registro efetuado pelo pai afetivo não impede a busca pelo reconhecimento registral também do pai biológico, cujo reconhecimento do vínculo de filiação é seu consectário lógico".[345]

Em 27.02.18, no REsp. nº 1.548.187, a terceira turma do STJ considerou a concomitância entre as filiações socioafetiva e registral com a biológica nos autos da ação de investigação de paternidade c/c anulação de registro, reconhecendo a multiparentalidade, embora em 1º e 2º graus os pedidos tenham sido julgados procedentes para reconhecer a paternidade do pai biológico, determinando, por consequência, a exclusão no assento de nascimento do infante do nome do pai registral e dos avós paternos.

No voto do ministro relator, extrai-se que:

> O marido da mãe reconheceu a paternidade do menor de forma voluntária, mesmo sabendo que não era seu filho biológico, e desse reconhecimento estabeleceu-se vínculo afetivo que, certamente, só vem se fortalecendo com o tempo, haja vista que ele permanece casado com

---

[342] MADALENO, Rolf. Multiparentalidade: TJSC – Análise da decisão da Apelação Cível nº 0300233-75.2017.8.24.0068. *Revista IBDFAM – Famílias e Sucessões*, Belo Horizonte, v. 37, jan./fev. 2020.

[343] SANTA CATARINA. Tribunal de Justiça (Segunda Câmara). *Apelação Cível* nº 0300233-75.2017.8.24.0068, Relator Des. Jorge Luis Costa Beber, j. 06 fev. 2020.

[344] MADALENO, Rolf. Multiparentalidade: TJSC – Análise da decisão da Apelação Cível nº 0300233-75.2017.8.24.0068. *Revista IBDFAM – Famílias e Sucessões*, Belo Horizonte, v. 37, jan./fev. 2020.

[345] BRASIL. Superior Tribunal de Justiça (Terceira Turma). *Recurso Especial* nº 1.622.330/RS, Relator Ministro Ricardo Villas Bôas Cueva, j. 12 dez. 17.

a genitora da criança registrada, participando, em consequência do seu convívio diário.

Lado outro, desde que teve ciência da possibilidade de ser o pai biológico, o ora recorrido sempre buscou ter reconhecida essa condição. Inicialmente, mediante a realização do exame de DNA e, posteriormente, com o ajuizamento da presente ação de investigação de paternidade, seguida da obtenção de regulamentação de visitas, o que lhe permitiu conviver com o menor, desde que ele tinha pouco mais de 2 (dois) anos de vida, e com ele também estabelecer verdadeira relação paternal.[346]

Diante da concomitância das filiações por origens distintas, a solução para atender ao melhor interesse da criança não impõe a prevalência de uma paternidade sobre a outra, mas o reconhecimento jurídico de ambas, seguindo a *ratio essendi* nos autos do RE nº 898.060, considerando que se trata "de duas relações vividas, concomitante e verdadeiramente, entre dois pais e um filho".[347]

Observa-se que deve haver um limite para a configuração da multiparentalidade, como se defende nesta pesquisa também lastreado no posicionamento de Lobo, cuja "aplicação da multiparentalidade, nas relações provenientes de parentalidade socioafetiva, somente é cabível, quando for o caso, nas relações socioafetivas provenientes da posse de estado de filiação",[348] a despeito de existirem decisões do STJ[349] que seguem o entendimento do STF.

---

[346] BRASIL. Superior Tribunal de Justiça (Terceira Turma). *Recurso Especial* nº 1.548.187/SP, Relator Ministro Marco Aurélio Bellizze, j. 27 fev. 18.

[347] BRASIL. Superior Tribunal de Justiça (Terceira Turma). *Recurso Especial* nº 1.548.187/SP, Relator Ministro Marco Aurélio Bellizze, j. 27 fev. 18.

[348] LOBO, Fabíola Albuquerque. *Multiparentalidade*: efeitos no Direito de Família. Indaiatuba, SP: Foco, 2021, p. 155.

[349] No âmbito do STJ, destacam-se dois julgados. O primeiro tratou de ação de investigação de paternidade movida pelo filho em que, constatada a paternidade biológica do genitor, este passou a argumentar que o vínculo socioafetivo ostentado pelo filho sobrepujaria sua paternidade, e subsidiariamente, caso haja o reconhecimento da paternidade, ela não gere efeitos jurídicos patrimoniais ou sucessórios. Neste caso, o STJ, seguindo o precedente firmado pelo STF, reconheceu a multiparentalidade, sob o fundamento que a paternidade exige mais do que laços sanguíneos, de modo que a afirmação da paternidade biológica configurar-se-ia como um campo para que a posse de estado de filho se desenvolva em relação ao genitor, da mesma forma que se desenvolveu em relação ao pai registral, inexistindo razão para que uma prevaleça em detrimento da outra (BRASIL. Superior Tribunal de Justiça. *Agravo no Recurso Especial* nº 1.435.096/SP, Rel. Min. Marco Buzzi, j. 03 fev. 2020).

O segundo caso tratou da insurgência de um genitor em face do reconhecimento da multiparentalidade, que sustentou a prevalência do vínculo socioafetivo, mas o STJ reconheceu o vínculo multiparental com base nos princípios da dignidade da pessoa humana, paternidade responsável e o melhor interesse da criança, sustentando que "eventual e momentânea inexistência de relação afetiva entre o menor e seu genitor, como alega o Apelante, não

4.1.2 A discussão sobre o reconhecimento da multiparentalidade com fins meramente patrimoniais, escusos ou imorais

Como demonstrado no item anterior, o que se sustenta é o reconhecimento da multiparentalidade quando a realidade da vida já a consolidou, diante de situações fáticas lastreadas sob o manto do afeto e da convivência familiar sólida, tendo, também, como limite a vedação da multiparentalidade para fins meramente econômicos ou para outros fins ilícitos, imorais ou escusos, sob pena de se chancelar uma busca desenfreada por filiações.

Em relação a essa questão, residem preocupações na doutrina com as possíveis lides para fins meramente econômicos.[350]

A ponderação também é compartilhada por Aguirre[351] ao se posicionar posteriormente à repercussão geral pela não consolidação da multiparentalidade "se o objetivo for eminentemente patrimonial, com vistas somente à obtenção de benefícios econômicos, tais como um pleito sucessório ou de alimentos em que não tenha existido o vínculo afetivo e represente apenas a busca pelo ganho fácil".

E arremata: "o vínculo meramente biológico não é capaz de produzir os efeitos decorrentes das relações de parentesco, em razão da ausência de afetividade, mas será capaz de garantir o exercício do direito à identidade".[352]

O mesmo entendimento já era defendido anteriormente por Farias e Rosenvald, que, embora defensores da impossibilidade da tese da multiparentalidade, sustentavam que

> o tema exige cuidados e ponderações de ordem prática, uma vez que admitida a pluriparentalidade, estar-se-ia tolerando, por igual, a

---

possui o condão de alterar esta conclusão (BRASIL. Superior Tribunal de Justiça. *Pet.* nº 12.824/PR, Rel. Min. Maria Isabel Gallotti, j. 07 ago. 19).

[350] A exemplo de MATOS, Ana Carla Harmatiuk; HAPNER, Paula Aranha. Multiparentalidade: uma abordagem a partir das decisões nacionais. *Civilistica.com*, Rio de Janeiro, ano 5, n. 2, 2016. Disponível em: http://www.civilistica.com/multiparentalidade-uma-abordagem-a-partir-das-decisoes-nacionais/. Acesso em: 20 fev. 2017.

[351] AGUIRRE, João. Reflexos sobre a multiparentalidade e a Repercussão Geral nº 622 do STF. *Revista Eletrônica Direito e Sociedade*, Canoas, v. 5, n. 1, 2017. Disponível em: http://dx.doi.org/10.18316/REDES. Acesso em: 16 abr. 2017, ISSN 2318-8081.

[352] AGUIRRE, João. Reflexos sobre a multiparentalidade e a Repercussão Geral nº 622 do STF. *Revista Eletrônica Direito e Sociedade*, Canoas, v. 5, n. 1, 2017. Disponível em: http://dx.doi.org/10.18316/REDES. Acesso em: 16 abr. 2017, ISSN 2318-8081.

pluri-hereditariedade, gerando inconvenientes explícitos, como uma estranha possibilidade de estabelecimento da filiação para atender meramente a interesses patrimoniais.[353]

Os autores demonstram esta preocupação, também compartilhada por nós, como um limite à desvirtuação do instituto, que tem caráter excepcional, sendo permitido em situações específicas nas quais há a devida comprovação da concomitância dos vínculos filiais, não devendo ser reconhecida a multiparentalidade que tenha por propósito a livre escolha de pais movidos por vantagens econômicas.

Para Simão,[354] o entendimento do STF abre as portas para as ações argentárias, em que o autor da ação investigatória de paternidade, já tendo um pai, pretende a herança de outrem (ascendente genético). Entretanto, Calderón contesta: "essa possibilidade deverá merecer atenção especial por parte dos operadores do Direito, mas não parece alarmante e muito menos intransponível", em que pese ter destacado que "merecem ouvidos os alertas de José Fernando Simão, a respeito do risco de se abrir a porta para demandas frívolas, que visem puramente o patrimônio contra os pais biológicos".[355]

Neste sentido, Carlos Alberto e Adriana Caldas Dabus Maluf[356] também ponderam sobre o tema, que exige acurado exame, pois pode trazer consignado "o inconveniente de abrir sério precedente para o estabelecimento da filiação com o fim único de atender preponderantemente a interesses patrimoniais (muitas vezes escusos)".

O fato que serviu de fundamento para o julgamento do STF foi o de que, mesmo existindo um pai socioafetivo registral, isso não impede que se busque lançar no registro, também, a filiação biológica para efeitos meramente patrimoniais, como alimentos e herança. De acordo com Lira, abre-se margem para uma enxurrada de ações de

---

[353] FARIAS, Cristiano Chaves; ROSENVALD, Nelson. *Curso de Direito Civil*. 9. ed. Salvador: JusPodivm, 2016. v. 6, p. 618.
[354] SIMÃO, José Fernando. A multiparentalidade está admitida e com repercussão geral. Vitória ou derrota do afeto? Parte 2. *Jornal Carta Forense*, 03 jan. 2017. Disponível em: www.cartaforense.com.br. Acesso em: 13 abr. 2017.
[355] CALDERÓN, Ricardo Lucas. Multiparentalidade acolhida pelo STF: Análise da decisão proferida no RE 898060/SC. *Revista IBDFAM – Famílias e Sucessões*, Belo Horizonte, v. 22, p. 169-194, jul./ago. 2017, ISSN 2358-1670.
[356] MALUF, Carlos Alberto Dabus; MALUF, Adriana Caldas do Rego Freitas Dabus. *Curso de Direito de Família*. 2. ed. São Paulo: Saraiva. 2016, p. 532.

quem já possui pai registral, apenas para se valer de benefícios materiais de pais biológicos.[357]

Há decisões rejeitando as ações reputadas argentárias, ou seja, com manifesto intuito patrimonial. Anterior à repercussão geral, inicialmente, tem-se como exemplo decisão do Tribunal de Justiça do Rio Grande do Sul referindo-se ao intuito apenas econômico na ação em que "a autora buscava excluir a filiação socioafetiva, em face do pai que a criou, alegando adultério da mãe, para obter herança do pai biológico". A manifestação do desembargador relator Sérgio Fernando de Vasconcellos foi no sentido de que, "restando consolidada a relação jurídica de paternidade socioafetiva, seria descabida a pretendida ação investigatória depois da morte do pai biológico, com o único e exclusivo propósito de obter uma herança":

> Com efeito, observo que os autos revelam, com clareza solar, a autora sempre soube que sua mãe era casada e manteve relacionamento adulterino com o réu, sendo que, dessa relação, ela foi concebida, mas, mesmo assim, foi registrada pelo marido da mãe e sempre foi por ele tratada como filha, restando consolidada essa relação jurídica de paternidade socioafetiva por mais de quarenta anos, tanto que somente providenciou na ação investigatória depois da morte do pai biológico, com o único e exclusivo propósito de obter uma herança, então não procede tal pretensão.
> Parece claro que, para a autora, se o seu pai biológico de nada valeu enquanto vivo, talvez lhe possa servir depois de morto, nem que, para isso, precise desconsiderar a figura daquele que foi sempre o verdadeiro pai dela, agora também já falecido, mas foi quem lhe deu o nome e o sustento, isto é, o amparo material e moral, bem como o suporte afetivo, ao longo de toda a sua vida, e cujo nome já carrega ao longo de aproximadamente quarenta e oito anos.
> Se a autora vislumbra apenas a sua vantagem econômica em decorrência da possível herança, mas em detrimento da memória de seu pai registral e da dignidade da sua mãe, se, enfim, são esses os valores cultuados pela autora, não podem ser os valores que a sociedade e o Estado devem tutelar.
> Se a parte conhecer o seu vínculo biológico essa pretensão foi atendida com o exame de DNA realizado. Recurso desprovido.[358]

---

[357] LIRA, Wlademir Paes. Análise da Multiparentalidade num caso concreto por meio de sentença. *Revista IBDFAM – Famílias e Sucessões*, Belo Horizonte, v. 19, p. 157-175, jan./fev. 2017, ISSN 2358-1670.

[358] RIO GRANDE DO SUL. Tribunal de Justiça (Sétima Câmara Cível). *Apelação Cível* nº 70061442059, Relator Des. Sérgio Fernando de Vasconcellos Chaves, j. 29 out. 2014.

O caso retrata a constituição de uma parentalidade socioafetiva e registral por quase cinquenta anos entre o pai registral e a autora. Aquele "exerceu de forma plena a paternidade dela, desde o seu nascimento e ao longo de quase toda a sua vida",[359] consolidando assim um vínculo parental com direitos e obrigações recíprocas. A pretensão da autora na ação de investigação de paternidade cumulada com pedido de petição de herança e anulação de registro civil traduz a finalidade de auferir vantagens econômicas e buscar parte dos bens deixados pelo ascendente biológico.

Na verdade, o pedido é de substituição de um vínculo socioafetivo pelo biológico, e não a configuração da multiparentalidade, mas ilustra o que se defende: a manutenção e o reconhecimento de uma paternidade socioafetiva já consolidada, contrastada com o direito ao conhecimento à origem biológica de uma pessoa, esteja o ascendente genético vivo ou falecido. A limitação defendida deve servir de parâmetro em qualquer situação em que se busque vantagem econômica.

Nesse caso concreto, não há que se falar em multiparentalidade, haja vista a inexistência de concomitância das parentalidades aliada ao objetivo econômico da autora.

Os Embargos Infringentes nº 2010.054045-7,[360] julgados em 13.07.11, pelo Grupo de Câmaras de Direito Civil do TJSC, nos autos da subjacente ação de investigação de paternidade cumulada com petição de herança, relataram a discussão sobre o pleito do autor ser

---

[359] RIO GRANDE DO SUL. Tribunal de Justiça (Sétima Câmara Cível). *Apelação Cível* nº 70061442059, Relator Des. Sérgio Fernando de Vasconcellos Chaves, j. 29 out. 2014. O Procurador de Justiça Roberto Bandeira Pereira manifestou-se pelo improvimento do apelo, considerando que "a apelante possui pai registral, também já falecido, com quem conviveu por mais de quatro décadas; contudo restou reconhecida filha biológica de Ely T., em razão do exame de DNA realizado, que concluiu que a recorrente tem 99,998239% de chances de ser filha do extinto Ely (fls. 84/87). É cediço que se admite a investigação tão somente da verdade biológica, em decorrência da aplicação do princípio da dignidade e do reconhecimento do direito de personalidade, em face dos quais se deve assegurar investigação ampla acerca da identidade da pessoa e de sua ascendência genética. Na espécie, a sentença proferida limitou-se a declarar que a apelante é filha biológica do *de cujus* Ely T., sem estabelecer qualquer efeito de ordem registral ou patrimonial. Logo, o *decisum* não merece reparos, dada a existência de filiação socioafetiva entre a recorrente e o pai registral, Fernando M. S., a qual permaneceu hígida ao longo de décadas, embora a recorrente tivesse conhecimento da sua verdade biológica. Outrossim, não se mostra possível atribuir direito sucessório em decorrência da investigação de paternidade direcionada ao pai biológico, considerando-se o objetivo de se confirmar a ascendência genética para fins de busca de eventuais direitos na esfera patrimonial das partes envolvidas".

[360] SANTA CATARINA. Tribunal de Justiça. *Embargos Infringentes* nº 2010.054045-7, Relator Des. Luiz Fernando Boller, j. 13 jul. 2011.

de cunho patrimonial ao postular o reconhecimento do pai biológico mais de sete anos após o seu falecimento, com os efeitos patrimoniais inerentes à condição de herdeiro necessário, diante da sólida paternidade socioafetiva construída com o padrasto, que perdurou por mais de 34 (trinta e quatro) anos.

O juízo de primeiro grau julgou procedentes os pedidos formulados na ação para declarar a paternidade biológica do autor e a retificação do registro de nascimento. Em sede de recurso de apelação, a sentença foi reformada para excluir o autor da ação da sucessão do seu pai biológico, reconhecendo, tão somente, o seu direito ao conhecimento à sua origem biológica e, consequentemente, dos demais ascendentes, bem como para indeferir o pedido de troca dos apelidos familiares.

Inconformado, o filho opôs embargos infringentes para restaurar a sentença no tocante ao direito sucessório e ao patronímico biológico. O voto vencedor do relator designado, Des. Luiz Fernando Boller, foi no sentido de entender evidenciada a paternidade socioafetiva, sustentando a impossibilidade de se presumir em sentido contrário à imperativa realidade socioafetiva vivenciada pelo núcleo familiar do embargante desde os seus seis anos de idade, em detrimento da manifestação do relator originário, Des. Victor Ferreira, que votou pelo provimento do recurso, compreendendo que "o uso do sobrenome paterno e de sua parcela nos bens do espólio [...] são consequências lógicas da declaração de paternidade".

Já para o desembargador Ronei Danielli, pai genético tanto quanto o sociológico devem ser responsabilizados pela sua paternidade, ainda que apenas financeiramente, haja vista o primado constitucional da *paternidade consciente e responsável*, e questiona:

> Nesse sentido, o parâmetro ideal de paternidade una, cada vez mais se distancia da realidade cotidiana, na medida em que as novas organizações familiares vão sendo reconstituídas após sucessivos divórcios e as figuras parentais vão-se naturalmente mesclando, tornando, por vezes, impossível ao próprio filho dizer-se filho de um só pai e uma só mãe. Assim, está-se diante de uma hipótese em que há um pai registral, quiçá até afetivo, e um pai biológico. Com que autoridade ou por qual argumento legal se hierarquiza as paternidades para concluir qual delas deve prevalecer ou gerar efeitos? Se todas elas existiram, por que cada

uma a seu tempo e observadas as circunstâncias não podem surtir efeitos pessoais e patrimoniais em favor do filho?[361]

Para o desembargador Ronei Danielli, às paternidades não cabe precedência nem hierarquia e, por conseguinte, exclusão. Elas podem ser harmonizadas conforme as circunstâncias de cada caso, nada obstando permanecer o filho com o sobrenome do pai registral (sendo ou não afetivo), acrescendo ou não o sobrenome do pai genético para fins de sua identificação, motivo pelo qual votou, ainda que vencido, pelo provimento aos embargos, para restabelecer, na íntegra, a sentença.

Neste mesmo sentido, no julgamento da Apelação Cível nº 2011.027498-4/SC,[362] interposta contra sentença prolatada nos autos da ação de investigação de paternidade cumulada com pedido de alimentos ajuizada pela filha em desfavor do suposto pai biológico, tendo como litisconsorte passivo necessário o pai registral, manifestou-se o Des. Eládio Torret Rocha. Este, no voto vencido, adotou como razão para decidir o voto do Des. Ronei Danielli nos embargos infringentes já declinados, em contraposição ao voto vencedor do Des. Luiz Fernando Boller, construído no sentido de que, de forma incontestável, a paternidade socioafetiva está configurada como resultado da convivência duradoura, do cultivo do afeto e da plena assistência, não podendo ser reconhecido o estado de filiação biológica simplesmente porque outro já se estabeleceu antes entre a autora e o pai registral, o qual não deverá ser desfeito.[363]

Ademais, no voto vencedor, o relator, considerando a forte relutância do requerido em aceitar o resultado da perícia que confirmou ser ele o pai biológico da autora e, mesmo diante da rejeição e indiferença antes mesmo da disputa judicial –, e considerando que a autora declarou "não ser seu objetivo ver desfeito o vínculo estabelecido com o pai registral ao deflagrar o processo, mas, sim, poder ser contemplada com os mesmos direitos dos outros filhos de seu genitor", vislumbrou o intento eminentemente patrimonial da demanda, em que pese constatada a relação de afetividade mantida entre ela e o pai registral

---

[361] SANTA CATARINA. Tribunal de Justiça. *Embargos Infringentes* nº 2010.054045-7, Relator Des. Luiz Fernando Boller, j. 13 jul. 2011.

[362] SANTA CATARINA. Tribunal de Justiça (Quarta Câmara de Direito Civil). *Apelação Cível* nº 2011.027498-4, Relator Des. Luiz Fernando Boller, j. 22 set. 2011

[363] SANTA CATARINA. Tribunal de Justiça (Quarta Câmara de Direito Civil). *Apelação Cível* nº 2011.027498-4, Relator Des. Luiz Fernando Boller, j. 22 set. 2011

durante 28 (vinte e oito) anos, dando-se parcial provimento ao recurso, mantendo-se o pronunciamento de 1º grau apenas quanto à declaração da origem biológica da autora, sem implicar o reconhecimento do estado de filiação e, via de consequência, sem implicar quaisquer direitos de natureza patrimonial, como é o caso dos alimentos, cuja obrigação foi ordenada na sentença no importe de quatro salários mínimos.

Após a repercussão geral, o julgamento do REsp. nº 1.618.230/RS[364] retrata, da mesma forma, esta preocupação com possíveis lides mercenárias. Na origem, o autor ingressou com ação de investigação de paternidade em face do suposto pai biológico, de 27 (vinte e sete) anos, ter conhecimento do vínculo biológico, embora haja tido relação socioafetiva com seu pai registral. O juiz julgou procedente o pedido para declarar o vínculo biológico pleiteado, afastando, contudo, a alteração no registro civil do autor e qualquer repercussão patrimonial diante da consolidação por mais de 60 (sessenta) anos à posse de estado de filho.

O Tribunal de Justiça do Rio Grande do Sul manteve a sentença, firmando o entendimento de que a pretensão da demanda é exclusivamente patrimonial, não merecendo chancela judicial. Entretanto, a terceira turma do STJ, citando expressamente a tese do STF no RE nº 898.060, concedeu a dupla herança, sob o entendimento de que o reconhecimento da filiação biológica confere todos os direitos patrimoniais correlatos, inclusive o de receber herança.

Para o relator, "a pessoa criada e registrada por pai socioafetivo não precisa, portanto, negar sua paternidade biológica, e muito menos abdicar de direitos inerentes ao seu novo *status familiae*, tais como os direitos hereditários":[365]

> RECURSO ESPECIAL. DIREITO DE FAMÍLIA. FILIAÇÃO. IGUALDADE ENTRE FILHOS. ART. 227, §6º, DA CF/1988. AÇÃO DE INVESTIGAÇÃO DE PATERNIDADE. PATERNIDADE SOCIOAFETIVA. VÍNCULO BIOLÓGICO. COEXISTÊNCIA. DESCOBERTA POSTERIOR. EXAME DE DNA. ANCESTRALIDADE. DIREITOS SUCESSÓRIOS. GARANTIA. REPERCUSSÃO GERAL. STF. 1. No que se refere ao Direito de Família, a Carta Constitucional de 1988 inovou ao permitir a igualdade de filiação, afastando a odiosa distinção até então existente entre filhos legítimos, legitimados e ilegítimos (art. 227, §6º, da Constituição Federal). 2.

---

[364] BRASIL. Superior Tribunal de Justiça (Terceira Turma). *Recurso Especial* nº 1.618.230/RS, Relator Ministro Ricardo Villas Bôas Cuevas, j. 28 mar. 2017.

[365] BRASIL. Superior Tribunal de Justiça (Terceira Turma). *Recurso Especial* nº 1.618.230/RS, Relator Ministro Ricardo Villas Bôas Cuevas, j. 28 mar. 2017.

O Supremo Tribunal Federal, ao julgar o Recurso Extraordinário nº 898.060, com repercussão geral reconhecida, admitiu a coexistência entre as paternidades biológica e a socioafetiva, afastando qualquer interpretação apta a ensejar a hierarquização dos vínculos. 3.A existência de vínculo com o pai registral não é obstáculo ao exercício do direito de busca da origem genética ou de reconhecimento de paternidade biológica. Os direitos à ancestralidade, à origem genética e ao afeto são, portanto, compatíveis. 4. O reconhecimento do estado de filiação configura direito personalíssimo, indisponível e imprescritível, que pode ser exercitado, portanto, sem nenhuma restrição, contra os pais ou seus herdeiros. 5. Diversas responsabilidades, de ordem moral ou patrimonial, são inerentes à paternidade, devendo ser assegurados os direitos hereditários decorrentes da comprovação do estado de filiação. 6. Recurso especial provido.[366]

Neste sentido e seguindo o entendimento do STF, nos autos da Apelação Cível nº 70072947419,[367] a despeito de a magistrada ter reconhecido a paternidade socioafetiva entre o requerente e o pai registral, entendendo evidente o pedido de reconhecimento da paternidade biológica exclusivamente patrimonial, formulado após o óbito do seu ascendente biológico, o Tribunal de Justiça do Rio Grande do Sul reconheceu a multiparentalidade *post mortem*, determinando a inclusão do nome do pai biológico, de forma concomitante ao nome do pai registral, na certidão de nascimento, e o deferimento dos direitos hereditários.

Já em outro caso, também julgado pelo TJRS, este entendeu que o reconhecimento da filiação pelo vínculo biológico para fins econômicos desautoriza a retificação do registro, conferindo apenas o conhecimento da origem genética a que a autora tem direito personalíssimo, haja vista que, 27 (vinte e sete) anos depois de atingir a maioridade e ter pleno conhecimento de que seu pai biológico não era seu pai registral, intentou a ação investigatória, "escolhendo a paternidade que mais lhe convém":

> Considerando que a investigante tinha pleno conhecimento acerca da identidade do seu pai biológico ao menos desde que ela possuía 18 anos, mas somente manejou a presente ação quando já contava com 45 anos, cerca de um depois do falecimento de seu pai registral, a procedência do pedido investigatório não deve acarretar reflexos na esfera registral e

---

[366] BRASIL. Superior Tribunal de Justiça (Terceira Turma). *Recurso Especial* nº 1.618.230/RS, Relator Ministro Ricardo Villas Bôas Cuevas, j. 28 mar. 2017.
[367] RIO GRANDE DO SUL. Tribunal de Justiça (Oitava Câmara Cível). *Apelação Cível* nº 70072947419, Relator Des. Ivan Leomar Bruxel, j. 22 mar. 2018.

sucessória, pois encontra óbice na posse de estado de filho ostentada pela investigante por mais de 45 anos – dado sociológico objetivo relevante, que não pode, após toda uma vida desfrutando de determinado *status* familiar, ser desprezado em nome de uma verdade genética, sem história e sem qualquer vínculo, senão consanguíneo, o qual, na escala axiológica e social seguramente se situa em patamar bastante inferior.[368]

Chaves e Rospigliosi sustentam que "los efectos patrimoniales en un vínculo filial deben consagrarse en los mismos orígenes de la esencia de la paternidad, vale decir en la afectividad entre las partes" e lançam as seguintes perguntas:

- Puede un padre socioafectivo, a sabiendas que no es hijo biológico, desmantelar a consciente relación afectiva construida durante la larga convivencia gobernada por una comunión de vidas y afecto con su hijo registral, tomando como argumento que el registro de nacimiento es ideológicamente falso, única y exclusivamente para deshacerse del sostenimiento económico o sólo por el hecho de no existir más afecto?
- Puede un hijo hacer caso omiso de la relación de toda una vida con su padre socioafetivo y destruir el lazo paternal sociológico y jurídico existente, única y exclusivamente con una finalidad sucesoral o patrimonial respecto de un padre biológico con quien nunca tuvo una relación de padre e hijo?[369]

E a resposta para ambos os casos, segundo os autores, deve ser negativa. No primeiro caso, "la acción de desconstitución de una paternidad socioafectiva a largo plazo en estos casos se traduce en la conveniencia de eliminar una paternidad o buscar un segundo padre con el propósito de lograr beneficios económicos" e no segundo caso "el punto es la sólo búsqueda del origen genético con una finalidad ilícita, contraria a toda norma legal y ética".

Embora o STF não tenha imposto limite algum para a configuração da multiparentalidade, por meio da tese fixada, ensejará a possibilidade

---

[368] RIO GRANDE DO SUL. Tribunal de Justiça (Oitava Câmara Cível). *Apelação Cível* nº 70071719827, Relator Des. Luiz Felipe Brasil Santos, j. 27 abr. 2017. No mesmo sentido: RIO GRANDE DO SUL. Tribunal de Justiça (Oitava Câmara Cível). *Apelação Cível* nº 70074005844, Relator Des. Rui Portanova, j. 28 jun. 2018.

[369] CHAVES, Marianna; ROSPIGLIOSI, Enrique Varsi. Paternidad Socioafectiva. La evolución de las relaciones paterno-filiales del imperio del biologismo a la consagración del afecto. *Revista Novedades Jurídicas*, ano XII, n. 111, sep. 2015.

de haver demandas com o intuito meramente patrimonial já que bastou a vinculação biológica para caracterizar a parentalidade.[370]

Sustenta-se ser possível que o reconhecimento da multiparentalidade só tenha guarida quando a realidade da vida já a sedimentou; quando as situações fáticas estão consolidadas sob o manto do afeto e da convivência familiar sólida entre todos os que buscam o múltiplo vínculo parental, devendo ser promovida uma análise em cada caso concreto, até para delimitar o direito da personalidade ao conhecimento à origem genética que todos têm assegurado e o direito à filiação. Tem-se como limite, também, a vedação da multiparentalidade para fins meramente econômicos ou para outros fins ilícitos, imorais ou escusos, sob pena de se chancelar uma busca desenfreada por filiações.

Aguirre[371] observa que o limite para a assunção da multiparentalidade encontra-se exatamente na existência, ou não, da afetividade, pois o reconhecimento de vínculos concomitantes só será possível quando existente a socioafetividade entre o pai biológico e o filho, e também comprovada a socioafetividade com outra pessoa que exerça concomitantemente o papel paterno/materno. Somente assim é possível o reconhecimento de vínculos simultâneos; todavia, se o objetivo for patrimonial, como um pleito sucessório ou alimentos, em que não tenha existido o vínculo afetivo, a multiparentalidade não se consolidará, "eis que o código genético por si só não é capaz de concretizá-la, sob pena de se retornar ao vetusto paradigma patrimonialista característico do sistema jurídico de direito privado anterior à Constituição de 1988".[372]

Esta mesma preocupação é compartilhada por Ghilardi quando analisa a construção da tese fixada pelo STF, que, ao reconhecer a multiparentalidade, não exige a convivência entre as partes e defende que "a multiparentalidade somente deveria ser reconhecida nos casos em que realmente exista a relação múltipla entre pais e filhos".[373]

---

[370] LOUZADA, Flávio Gonçalves. *O reconhecimento da multiparentalidade pelo STF*: o interesse patrimonial em detrimento do afeto? Curitiba: CRV, 2019.

[371] AGUIRRE, João. Reflexos sobre a multiparentalidade e a Repercussão Geral nº 622 do STF. *Revista Eletrônica Direito e Sociedade*, Canoas, v. 5, n. 1, 2017. Disponível em: http://dx.doi.org/10.18316/REDES. Acesso em: 16 abr. 2017, ISSN 2318-8081.

[372] AGUIRRE, João. Reflexos sobre a multiparentalidade e a Repercussão Geral nº 622 do STF. *Revista Eletrônica Direito e Sociedade*, Canoas, v. 5, n. 1, 2017. Disponível em: http://dx.doi.org/10.18316/REDES. Acesso em: 16 abr. 2017, ISSN 2318-8081.

[373] GHILARDI, Dóris. A decisão do Supremo Tribunal Federal sobre parentalidades simultâneas e adoção legal: uma brecha para mudanças ou uma afronta ao princípio da isonomia? *Revista de Direito de Família e Sucessão*, Brasília, v. 3, n. 1, jan./jun. 2017, ISSN 2526-0227.

A crítica é feita no sentido de que, quando o pai biológico é o que consta no registro, é necessária a demonstração da construção dos laços afetivos para que seja possível a inclusão do pai socioafetivo; por outro lado, quando no registro consta o pai socioafetivo, para inserir o pai biológico, segundo a tese, "não é obrigatória a comprovação ou existência de convivência, bastando a prova dos laços biológicos".[374]

E arremata: se o mundo dos fatos admite a convivência plural, também é certo que "cada caso prático dependerá de interpretação e sensibilidade por parte dos julgadores, para que possam distinguir a linha tênue que separa as razões afetivas das razões patrimoniais, para que em nome do afeto não se priorizem questões estritamente financeiras".[375]

Concorda-se com a doutrina de Aguirre, que lança a socioafetividade como fundamento para justificar o reconhecimento da multiparentalidade, refutando demandas cúpidas, pautadas apenas pela cobiça material, por contrariarem a base axiológica do ordenamento jurídico. Fachin é taxativo: "a multiparentalidade só pode ser reconhecida quando se expressa na realidade da socioafetividade (o pai biológico quer ser pai, o pai socioafetivo não quer deixar de sê-lo), e isso atende ao melhor interesse da criança – ou é consentido pelo adolescente –",[376] embora isso não haja sido um limite imposto pelo STF no caso julgado como repercussão geral.

Dessa forma, registre-se que há duas correntes por ocasião do julgamento do recurso extraordinário que dividiram o tema tratando sob duas perspectivas. A primeira sustentada pelos ministros Luiz Edson Fachin e Teori Zavascki, que compreenderam que para ser reconhecida a multiparentalidade, o genitor também tem que ser pai, tem que haver afetividade em relação ao genitor biológico. Assim, o vínculo biológico, por si só, sem a afetividade, não seria hábil a produzir os efeitos jurídicos decorrentes do seu reconhecimento.

Para uma segunda perspectiva, a corrente majoritária da Corte compreendeu que a existência de liame genético constitui elemento

---

[374] GHILARDI, Dóris. A decisão do Supremo Tribunal Federal sobre parentalidades simultâneas e adoção legal: uma brecha para mudanças ou uma afronta ao princípio da isonomia? *Revista de Direito de Família e Sucessão*, Brasília, v. 3, n. 1, jan./jun. 2017, ISSN 2526-0227.

[375] GHILARDI, Dóris. A decisão do Supremo Tribunal Federal sobre parentalidades simultâneas e adoção legal: uma brecha para mudanças ou uma afronta ao princípio da isonomia? *Revista de Direito de Família e Sucessão*, Brasília, v. 3, n. 1, jan./jun. 2017, ISSN 2526-0227.

[376] BRASIL. Supremo Tribunal Federal. *Recurso Extraordinário* nº 898.060/SC, Relator Ministro Luiz Fux, j. 21 set. 2016.

suficiente para o reconhecimento da filiação, não considerando a falta de vínculo afetivo entre as partes. Extrai-se um importante fundamento nas decisões que se compatibilizam com essa perspectiva: o não reconhecimento do vínculo biológico, independentemente da inexistência de socioafetividade, premiaria a irresponsabilidade paterna. Ou seja, nesse contexto, o genitor biológico que não constrói afeto com seu filho deve ver-se obrigado a arcar com o ônus de sua posição, sob pena de se premiar a paternidade irresponsável, nas palavras de Santos.[377]

O que se sustenta é o posicionamento que delimita o reconhecimento da multiparentalidade além do parâmetro fixado pelo Supremo, ao se manifestar pela sua configuração sem a comprovação da efetiva socioafetividade vivenciada entre as partes.[378] Defende-se o vínculo multiparental quando se tem por base o liame afetivo entre as partes, de modo que assegure e atenda aos interesses do filho, refutando-se o interesse meramente patrimonial.

4.1.3 Análise de outros parâmetros que configuram a tese da repercussão geral sobre a multiparentalidade

Além dos limites elencados e sustentados, outro parâmetro que deve ser imposto para o reconhecimento da multiparentalidade abarca a situação paradigma – uma parentalidade socioafetiva já sedimentada diante do contraste com a parentalidade biológica –, bem como a hipótese inversa – superveniência de parentalidade socioafetiva diante da parentalidade biológica.

Se, em virtude de circunstância da vida, o filho foi criado por outro casal, realizando-se os requisitos da posse de estado de filiação, questiona Lôbo: "pode haver filiação concomitante, registrando-se, ao lado dos pais biológicos, os pais socioafetivos?".[379]

Para o autor, embora a resposta não esteja clara na tese do Tema 622, considerando uma interpretação restritiva, a resposta seria negativa, "sob o argumento de que a socioafetividade não pode desafiar a

---

[377] SANTOS, Gabriel Percegona. *Precedentes judiciais e o Direito de Família*: reflexões a partir da multiparentalidade. Curitiba: Appris, 2022.
[378] Neste sentido: DISTRITO FEDERAL. Tribunal de Justiça. *Apelação Cível* nº 0001898-47.2017.8.07.0013, Rel. Des. Roberto Freitas, j. 04 set. 2019.
[379] LÔBO, Paulo. Quais os limites e a extensão da tese de repercussão geral do STF sobre socioafetividade e multiparentalidade? *Revista IBDFAM – Famílias e Sucessões*, Belo Horizonte, v. 22, p. 11-27, jul./ago. 2017, ISSN 2358-1670.

parentalidade biológica e registral, que é igualmente socioafetiva por presunção legal"; entretanto, levando em conta o princípio da igualdade jurídica das filiações, sem primazia de uma sobre a outra, o registro civil da parentalidade biológica deixa de ser óbice à concomitância do registro da parentalidade socioafetiva subsequente, desde que haja a demonstração da construção dos laços afetivos.[380]

Para Ghilardi, a extensão da decisão do STF engloba a situação em que um filho é registrado por um pai socioafetivo, o que não impedirá a concomitância de vínculo com o pai biológico, bem como quando um filho tiver como pai registral o pai biológico e posteriormente estabelecer vínculos com o pai socioafetivo.[381]

Para Lobo, considerando a tese fixada, o alcance da multiparentalidade é limitado aos casos iguais ou semelhantes ao caso paradigma, configurando adição ou concorrência de parentalidades (e não apenas paternidades) biológicas e quaisquer parentalidades socioafetivas comprovadas (ainda que não registradas ou judicialmente reconhecidas), sem a ordem do caso: "paternidade(s) biológica(s) + paternidade(s) socioafetiva(s); maternidade(s) socioafetiva(s) + maternidade(s) biológica(s); maternidade(s) biológica(s) + maternidade(s) socioafetiva(s).[382] Ademais, a autora ilustra as hipóteses contempladas pela tese e que preenchem os requisitos fundamentais para o reconhecimento da multiparentalidade.[383]

---

[380] LÔBO, Paulo. *Direito Civil*. Famílias. 8. ed. São Paulo: Saraiva, 2018. v. 5, p. 243.

[381] GHILARDI, Dóris. A decisão do Supremo Tribunal Federal sobre parentalidades simultâneas e adoção legal: uma brecha para mudanças ou uma afronta ao princípio da isonomia? *Revista de Direito de Família e Sucessão*, Brasília, v. 3, n. 1, jan./jun. 2017, ISSN 2526-0227.

[382] LOBO, Fabíola Albuquerque. *Multiparentalidade*: efeitos no Direito de Família. Indaiatuba, SP: Foco, 2021, p. 104.

[383] LOBO, Fabíola Albuquerque. *Multiparentalidade*: efeitos no Direito de Família. Indaiatuba, SP: Foco, 2021, p. 104-105: "CASO 1. A vida como ela é! A afetividade que se impôs leitmotiv das relações de família. O exemplo a seguir é a materialização mais completa da chamada posse de estado de filiação. Relação fática, consolidada no tempo mediante o estreitamento dos vínculos afetivos e na vivência diária, com repercussão jurídica: Desde os três anos de idade, Jéssica Costa compartilha o afeto dos pais biológicos, como também o das suas vizinhas. Dividindo o quintal, as refeições e muito carinho, Jessica logo se tornou uma netinha e filha para as duas. Hoje, aos 21 anos e se valendo do artigo 10 do Provimento 63 do Conselho Nacional de Justiça (CNJ), e da anuência dos seus pais biológicos sua certidão de nascimento foi alterada em decorrência do reconhecimento da maternidade socioafetiva e agora, Jessica tem um pai e duas mães: os biológicos Jorge Luiz da Costa e Sonia Regina Moreira da Costa, e a socioafetiva Maria Avany da Silva Pimentel. (Disponível em: https://revistacrescer.globo.com/Familia/noticia/2019/01/mulher-tem-duas-maes-na-certidao-de-nascimento.html.) O caso contempla situação inovadora que espelha o vínculo biológico preexistente, ao qual foi aditado o vínculo socioafetivo, face à Tese de Repercussão Geral do STF reproduzida no Provimento do CNJ 63/17. Para o reconhecimento voluntário da

Para Santos,[384] do voto proferido pelo ministro Luiz Fux extrai-se uma primeira conclusão no sentido de que o precedente se aplica aos casos em que existe um conflito, em tese, entre vínculos parentais distintos, haja vista tratar-se sobre os efeitos jurídicos da posterior descoberta do vínculo biológico nos casos em que há parentalidade previamente reconhecida.

A segunda conclusão diz respeito à não aplicabilidade do precedente nas ações de estado (reconhecimento de parentalidade) em que a pessoa não tem prévio vínculo parental reconhecido, pois não se discute a prevalência de um vínculo em relação ao outro por inexistir algum a que se opor. Para tanto, "é necessário que o filho ostente previamente um vínculo paterno ou materno com o qual a nova parentalidade, posteriormente identificada, possa entrar, pelo menos em tese, em conflito".[385]

Para esse autor,[386] sob uma perspectiva sistemática de interpretação do precedente firmado pelo STF, a sua aplicação pode se dar em quaisquer situações em que exista um conflito, em tese, entre vínculos parentais, não importando se a parentalidade biológica foi descoberta

---

paternidade ou maternidade socioafetiva de pessoa de qualquer idade é necessário que haja a 'anuência tanto do pai quanto da mãe e do filho maior de doze anos, a qual deverá ser feita pessoalmente perante o oficial de registro civil das pessoas naturais ou escrevente autorizado' (art. 11, §5º). Na espécie, o reconhecimento da paternidade ou da maternidade socioafetiva possibilitou a multiparentalidade lastreada no critério do melhor interesse e do consenso de todos os envolvidos. CASO 3. Este caso que será demonstrado é muito próximo ao que deu origem a tese de repercussão geral, a peculiaridade que o distingue é que houve inversão dos sujeitos, quanto a autoria da ação. No caso paradigma, a autora da ação foi a filha e neste o autor foi o pai biológico. Esta inversão faz ressaltar a seguinte questão: a multiparentalidade é direito do filho apenas, ou direito também dos que se apresentam como pai ou mãe biológicos? Esta inversão dos sujeitos (pai requerente versus filha contestante) afastaria a semelhança aludida no Acórdão? Na espécie, a jovem foi registrada pelo então companheiro de sua genitora, que a criou e a tratou como filha, restando consolidado o vínculo socioafetivo entre eles. Seu pai biológico ajuizou a ação de investigação de paternidade pleiteando a anulação do registro cumulado com a inclusão do seu nome, no registro de nascimento da filha. Nos autos, consta a declaração da filha, externando que não deseja ver sua paternidade reconhecida pelo pai biológico. Baseado nesse fundamento, o magistrado arrematou: 'demonstrada à exaustão a paternidade socioafetiva face à filha, esta é a que deve prevalecer, inclusive sobre o vínculo biológico que, felizmente, de há muito deixou de ser glorificado pelos civilistas'. Aspecto determinante para o julgamento ser desfavorável á multiparentalidade'".

[384] SANTOS, Gabriel Percegona. *Precedentes judiciais e o Direito de Família*: reflexões a partir da multiparentalidade. Curitiba: Appris, 2022.

[385] SANTOS, Gabriel Percegona. *Precedentes judiciais e o Direito de Família*: reflexões a partir da multiparentalidade. Curitiba: Appris, 2022, p. 121.

[386] SANTOS, Gabriel Percegona. *Precedentes judiciais e o Direito de Família*: reflexões a partir da multiparentalidade. Curitiba: Appris, 2022, p. 122.

antes ou depois de eventual elo de filiação já reconhecido. E exemplifica: o filho é reconhecido pelo pai biológico e, diante de uma paternidade socioafetiva com o padrasto, pede reconhecimento desse outro vínculo. O pai biológico, em seguida, ajuíza ação negatória de paternidade, alegando que não possui qualquer relação com o filho e que seu efetivo 'pai' seria o padrasto.

Desta forma, o precedente fixado no *leading case* não se limita apenas à hipótese concreta – existente uma parentalidade socioafetiva sendo contrastada por uma parentalidade biológica superveniente, o que compreenderia restringir a eficácia da decisão. Ocorre que este parâmetro conduz a outra reflexão: para o reconhecimento da multiparentalidade, estariam excluídas as hipóteses de adoção e filiação oriunda de inseminação artificial heteróloga?

Para Lôbo,[387] como efeito próprio da tese fixada, admite-se apenas a parentalidade socioafetiva por meio da posse de estado de filiação, excluindo-se a adoção – pois a lei determina a extinção dos vínculos biológicos, exceto para impedimento matrimonial (art. 41, ECA[388]) – e a filiação oriunda da inseminação artificial heteróloga, com autorização expressa do marido em virtude da presunção legal (art. 1.597, V, CC/02[389]). Para o autor, a decisão do STF "é inaplicável a essas hipóteses, assegurando-se o direito ao conhecimento à origem genética, sem reconhecimento da filiação concomitante".[390]

Assim, como consequência do núcleo da tese, Lôbo defende que a parentalidade socioafetiva restringe-se à hipótese de posse de estado de filho, excluindo-se a adoção e a filiação oriunda de inseminação artificial heteróloga, manifestando-se em relação aos efeitos da origem genética ou biológica:

> a) permanece o direito ao conhecimento da origem genética, como direito da personalidade, sem efeitos de parentesco, na hipótese de adoção, conforme previsto expressamente no art. 48 do ECA, com a

---

[387] LÔBO, Paulo. Quais os limites e a extensão da tese de repercussão geral do STF sobre socioafetividade e multiparentalidade? *Revista IBDFAM – Famílias e Sucessões*, Belo Horizonte, v. 22, p. 11-27, jul./ago. 2017, ISSN 2358-1670.

[388] Art. 41. A adoção atribui a condição de filho ao adotado, com os mesmos direitos e deveres inclusive sucessórios, desligando-o de qualquer vínculo com pais e parentes, salvo os impedimentos matrimoniais.

[389] Art. 1.597. Presumem-se concebidos na constância do casamento os filhos: [...] V – havidos por inseminação artificial heteróloga, desde que tenha prévia autorização do marido.

[390] LÔBO, Paulo. Famílias, afetos e democracia. *Revista IBDFAM – Famílias e Sucessões*, Belo Horizonte, n. 35, out./nov. 2017.

redação dada pela Lei nº 12.009/10: "O adotado tem direito de conhecer sua origem biológica, bem como a obter acesso irrestrito ao processo no qual a medida foi aplicada e seus eventuais incidentes, após completar 18 (dezoito) anos". Em caso de recusa ao acesso, pode ser ajuizada ação para tal finalidade, que não se confunde com investigação de paternidade ou maternidade. A decisão do STF não implica inconstitucionalidade da norma legal que estabelece a ruptura dos vínculos familiares de origem do adotado, exceto quanto aos impedimentos matrimoniais. Vigora, no direito constitucional brasileiro, a presunção de constitucionalidade das normas legais, até que sejam declaradas inconstitucionais pelo STF; b) o direito ao conhecimento de origem genética, também sem efeitos de parentesco, é assegurado ao que foi concebido com uso de sêmen de outro homem, que não o marido da mãe e com autorização deste, de acordo com o art. 1.597, V, do Código Civil, desde que o dador tenha consentido nessa utilização, sem se valer da garantia do anonimato.[391]

No mesmo sentido, manifestou-se o ministro Fachin ao sustentar em seu voto que a inseminação artificial heteróloga e a adoção são exemplos em que claramente o vínculo biológico não prevalece, não se sobrepondo nem coexistindo com outros critérios. E explica:

> No primeiro caso, o genitor biológico não será pai, uma vez que o vínculo jurídico de parentesco será determinado pela expressão volitiva do cedente do material genético e daqueles que forem destinatários dessa cessão. Trata-se, pois, de exemplo da distinção entre o genitor e o pai. Também a adoção reflete essa distinção. O filho adotivo tem desconstituídos quaisquer vínculos com os genitores consanguíneos, ainda que tenha direito de conhecer sua origem biológica. Seus pais, pois, serão os adotantes, e não os genitores biológicos.[392]

Diante da discussão suscitada neste ponto, considerando a dificuldade de abarcar todas as situações na repercussão geral, o próprio ministro Fachin entendeu que a tese formada deveria ser mais contida. Nas palavras do ministro Teori Zavaski, "a tese de repercussão geral há de ser a mais minimalista possível".[393]

---

[391] LÔBO, Paulo. Quais os limites e a extensão da tese de repercussão geral do STF sobre socioafetividade e multiparentalidade? *Revista IBDFAM – Famílias e Sucessões*, Belo Horizonte, v. 22, p. 11-27, jul./ago. 2017, ISSN 2358-1670.
[392] BRASIL. Supremo Tribunal Federal. *Recurso Extraordinário* nº 898.060/SC, Relator Ministro Luiz Fux, j. 21 set. 2016, publicado no Informativo nº 840.
[393] BRASIL. Supremo Tribunal Federal. *Recurso Extraordinário* nº 898.060/SC, Relator Ministro Luiz Fux, j. 21 set. 2016, publicado no Informativo nº 840.

Calderón também defende que a tese do STF não deve incidir indistintamente nos casos de adoção ou de reprodução humana heteróloga, "visto que não foi esta a matriz constante da *ratio decidendi* da referida deliberação judicial", aplicando-se somente para casos similares ao que foi deliberado, "o que não guarda qualquer correlação com situações de adoção ou reprodução assistida, já que a aplicação da tese para casos totalmente estranhos não parece guardar qualquer sentido".[394]

Na inseminação artificial heteróloga, "o pai é o autor do projeto parental, e não o doador do material genético".[395] Nesse sentido, o Enunciado nº 104 da I Jornada de Direito Civil, promovida pelo Conselho da Justiça Federal, que admitiu a autorização implícita para o uso da técnica de reprodução humana heteróloga:

> No âmbito das técnicas de reprodução assistida envolvendo o emprego de material fecundante de terceiros, o pressuposto fático da relação sexual é substituído pela vontade (ou eventualmente pelo risco da situação jurídica matrimonial) juridicamente qualificada, gerando presunção absoluta ou relativa de paternidade no que tange ao marido da mãe da criança concebida, dependendo da manifestação expressa (ou implícita) da vontade no curso do casamento.[396]

No tocante à adoção, a construção deste entendimento sustenta-se na previsão expressa da desconsideração do vínculo biológico da pessoa adotada diante da constituição da adoção e em razão da prevalência da presunção absoluta de paternidade na inseminação artificial heteróloga, sem que o doador seja responsabilizado, embora a tese não haja fixado tal limitação.

À época do Código Civil de 1916, a adoção, denominada simples, criava um parentesco civil entre adotante e adotado, podendo ser revogável, mas os vínculos com a família biológica permaneciam. Somente com a Constituição Federal de 1988 passou a ser definitiva, ao prever a igualdade entre os filhos e a proibição de qualquer tratamento discriminatório. Posteriormente, o instituto foi regulamentado pelo Estatuto da Criança e do Adolescente.

---

[394] CALDERÓN, Ricardo Lucas. Multiparentalidade acolhida pelo STF: Análise da decisão proferida no RE 898060/SC. *Revista IBDFAM – Famílias e Sucessões*, Belo Horizonte, v. 22, p. 169-194, jul./ago. 2017, ISSN 2358-1670.

[395] SANTOS, Gabriel Percegona. *Precedentes judiciais e o Direito de Família*: reflexões a partir da multiparentalidade. Curitiba: Appris, 2022, p. 128.

[396] BRASIL. Conselho da Justiça Federal. I Jornada de Direito Civil, 2002.

Entre os institutos de colocação da criança e adolescente em família substituta, a adoção é a forma mais drástica, por ser uma medida extrema e excepcional, com a desconsideração da realidade biológica.

Na adoção, a legislação brasileira encaminhou-se no sentido de integração do filho adotado à família adotiva, desvinculando-o inteiramente da família biológica. Permanece, entretanto, o direito ao conhecimento da origem genética do adotado, como direito da personalidade, sem efeitos de parentesco, nos termos do art. 48 do ECA.

Neste sentido, há norma expressa impossibilitando o restabelecimento parental pela via biológica ante a configuração da adoção. A regulamentação é hialina quanto à impossibilidade de multiparentalidade nos casos de adoção legal, justificando a distinção já delimitada entre ascendente genético e pai.

Lobo sustenta que a cláusula de barreira decorre da própria lei no caso da adoção. E enuncia as regras condutoras do instituto previstas no ECA: o desligamento dos vínculos entre o adotado com os pais e parentes biológicos, mantendo-os apenas para fins de impedimentos matrimoniais; a adoção é condicionada ao princípio do melhor interesse da criança; o vínculo da adoção dar-se-á por sentença judicial e a inscrição no registro civil consignará o nome do adotante e que nenhuma observação sobre a origem do ato poderá constar na certidão de registro e o direito assegurado ao adotado de conhecer sua origem biológica, ao tempo em que se posiciona no sentido de que "a aplicação da multiparentalidade em casos de adoção regular constitui uma afronta às regras e aos efeitos da adoção previstos no Estatuto da Criança e do Adolescente".[397]

Violação não somente às normas dispostas no Estatuto, mas também, e principalmente, na Constituição Federal, no art. 227, §6º, que conferiu à adoção o *status* de igualdade plena com a filiação biológica e nenhum entendimento pode reduzir ou contrastar com esse entendimento constitucional. De igual forma, também não pode ser impugnada ou reduzida por ato dos pais ou dos filhos adotados. E esta regra também deve ser extensiva aos casos de adoção à brasileira.[398]

---

[397] LOBO, Fabíola Albuquerque. Direito à privacidade e as limitações à multiparentalidade. *In*: EHRHARDT JUNIOR, Marcos; LOBO, Fabíola Albuquerque (Coord.). *Privacidade e sua compreensão no Direito brasileiro*. Belo Horizonte: Fórum, 2019, p. 225-246.

[398] LOBO, Fabíola Albuquerque. *Multiparentalidade*: efeitos no Direito de Família. Indaiatuba, SP: Foco, 2021.

Holanda leciona que a regra da adoção impõe limites para a sua configuração, nos termos do art. 41, restrita ao número de dois pais. Deferida e transitada em julgado, desconsidera definitivamente os laços do parentesco entre o adotado e os seus pais de origem, salvo para fins de impedimento matrimonial.[399]

Para Teixeira e Rodrigues, há de ser feita uma observação referente ao art. 48 do ECA, que autoriza a pessoa adotada a conhecer sua origem biológica sem gerar vínculo parental.[400] Da mesma forma, a presunção absoluta de paternidade na inseminação artificial heteróloga, expressamente prevista no Código Civil, "não gera a possibilidade do estabelecimento de vínculos parentais, mas apenas o conhecimento da origem genética".[401] [402]

---

[399] HOLANDA, Maria Rita de. *A multiparentalidade e seus limites* (disponibilizado pela autora).

[400] TEIXEIRA, Ana Carolina Brochado; RODRIGUES, Renata de Lima. Quais devem ser os parâmetros para o reconhecimento jurídico da multiparentalidade? *In*: MATOS, Ana Carla Harmatiuk; TEIXEIRA, Ana Carolina Brochado; TEPEDINO, Gustavo. Direito Civil, Constituição e Unidade do Sistema. *Anais do Congresso de Direito Civil Constitucional – V Congresso IBDCivil*. Belo Horizonte: Fórum, 2019.

[401] TEIXEIRA, Ana Carolina Brochado; RODRIGUES, Renata de Lima. Quais devem ser os parâmetros para o reconhecimento jurídico da multiparentalidade? *In*: MATOS, Ana Carla Harmatiuk; TEIXEIRA, Ana Carolina Brochado; TEPEDINO, Gustavo. Direito Civil, Constituição e Unidade do Sistema. *Anais do Congresso de Direito Civil Constitucional – V Congresso IBDCivil*. Belo Horizonte: Fórum, 2019, p. 259. As autoras, entretanto, entendem que a reprodução humana heteróloga, cujo doador do material genético pode ser conhecido, configura uma "forma de planejamento familiar mais comum em famílias homoafetivas, em que as pessoas se unem a fim de ter um filho por meio da utilização das técnicas de reprodução humana assistida" e retratam um caso que envolveu este procedimento, que configurou o reconhecimento da multiparentalidade: "Em 19.05.2016, o juízo da 4ª Vara Cível de Santos/SP julgou procedente pedido para registro de multiparentalidade em ação proposta por duas mulheres casadas e o doador do gameta na inseminação artificial. Em sua decisão, o magistrado observou que sendo o terceiro (doador do gameta) pessoa conhecida do casal não há o dever de anonimato previsto pela Resolução 2121/15 do CRM, além de pretender o reconhecimento voluntário da paternidade do nascituro. Assim, o juiz entendeu que os três são pais do nascituro, por terem participado da construção do planejamento dessa criança por nascer, de modo a determinar que constasse da Declaração de Nascido Vivo e do assento de nascimento o nome dos três genitores e dos respectivos avós paternos e maternos (Processo nº 1007915-90.2016.8.26.0562)" (*op. cit.*, p. 256-257).

[402] Para Oliveira e Rocha, na reprodução humana assistida heteróloga, "há consenso quanto à impossibilidade do estabelecimento de multiparentalidade. Nesta situação, a investidura na condição jurídica de pai e/ou de mãe só se dá pela adesão a um projeto familiar, por ato de vontade, e não em função da identidade genética" e destacam "ser vedado o conhecimento da identidade do doador pelos receptores e a informação sobre a identidade dos receptores pelo doador, o que expressa uma política de supressão deliberada das eventuais relações entre doador e receptor, denotando a nítida distinção entre o (s) ascendente (s) genético (s) e os pais. O anonimato implica, em última análise, o reconhecimento da primazia dos laços afetivos sobre os biológicos, em que pese se reconheça ao filho assim gerado o direito ao conhecimento da sua ascendência genética" (OLIVEIRA, Catarina; ROCHA, Patrícia Ferreira. Multiparentalidade. *In*: MENEZES, Joyceane Bezerra de; MATOS, Ana Carla

Neste sentido, o Enunciado nº 111 da I Jornada de Direito Civil:

> Art. 1626. A adoção e a reprodução assistida heteróloga atribuem a condição de filho ao adotado e à criança resultante de técnica conceptiva heteróloga; porém, enquanto na adoção haverá o desligamento dos vínculos entre o adotado e seus parentes consanguíneos, na reprodução assistida heteróloga sequer será estabelecido o vínculo de parentesco entre a criança e o doador do material fecundante.[403]

Em que pese o posicionamento defendido, há doutrinadores, a exemplo de Ghilard[404] e Valadares,[405] que advogam que, a partir da tese fixada pelo STF, o laço biológico poderá ser reconhecido em concomitância com o socioafetivo, mesmo que decorra de processo de adoção reconhecido por decisão judicial.

E surge o questionamento: "Mas será que em todos os casos de adoção legal estaria necessariamente vetada a multiparentalidade?". Como exemplo, uma pessoa que tenha sido adotada legalmente, sendo desligada de sua família biológica, apenas mantendo o vínculo para o impedimento para casamento, se vier a conviver com os pais biológicos, desenvolvendo novamente um vínculo parental, não teria direito de ter estes pais registrados juntamente com os pais adotivos, o que não refletiria a verdade real ao negar-lhe a paternidade.[406]

O autor esclarece que há a necessidade de se observar requisitos basilares formadores do vínculo paterno-materno-filial por meio da posse de estado de filho e o desenvolvimento da afetividade entre pais e filhos, que se mostram essenciais para que se possa analisar a possibilidade ou não da declaração de multiparentalidade nos casos de adoção legal com a parentalidade biológica.[407]

Harmatiuk (Coord.). *Direito das Famílias por juristas brasileiras*. 2. ed. Indaiatuba, SP: Foco, 2022, p. 393).

[403] BRASIL. Conselho da Justiça Federal. I Jornada de Direito Civil. Disponível em: https://www.cjf.jus.br/enunciados/enunciado/501. Acesso em: 12 abr. 2019.

[404] GHILARDI, Dóris. A decisão do Supremo Tribunal Federal sobre parentalidades simultâneas e adoção legal: uma brecha para mudanças ou uma afronta ao princípio da isonomia? *Revista de Direito de Família e Sucessão*, Brasília, v. 3, n. 1, jan./jun. 2017, ISSN 2526-0227.

[405] VALADARES, Maria Goreth Macedo. *Multiparentalidade e as novas relações parentais*. Rio de Janeiro: Lumen Juris, 2016.

[406] LOUZADA, Flávio Gonçalves. *O reconhecimento da multiparentalidade pelo STF*: o interesse patrimonial em detrimento do afeto? Curitiba: CRV, 2019, p. 95.

[407] LOUZADA, Flávio Gonçalves. *O reconhecimento da multiparentalidade pelo STF*: o interesse patrimonial em detrimento do afeto? Curitiba: CRV, 2019.

Sustenta-se a flexibilização da norma do art. 41 do ECA em razão do tratamento diferenciado entre a adoção legal e a adoção à brasileira. Valadares entende que o STF não estabeleceu quando e como poderá a multiparentalidade ser reconhecida; para tanto, questiona acerca da decisão do STF: "Teria essa decisão o condão de atingir as adoções? Em outras palavras, poderia um filho adotado buscar seu parentesco biológico com a produção de efeitos jurídicos?".[408]

A autora sustenta ser possível a multiparentalidade diante dos casos de adoção *intuitu personae*, quando é direcionada a determinada(s) pessoa(s) pelos pais biológicos, devendo ser relativizado o cadastro de adoção em prol do comando do melhor interesse da criança e do adolescente. Devem figurar no assento de nascimento todos os envolvidos,[409] não havendo necessidade de legislação específica, porquanto a Constituição dá o suporte legal para o pedido de adoção dirigida e para a multiparentalidade.

O outro posicionamento é defendido por Ghilardi, que lança a pergunta: "o laço biológico poderá ser reconhecido em concomitância com o socioafetivo, mesmo que este decorra de processo de adoção reconhecido por decisão judicial?".[410] Para a autora, a proibição de simultaneidade de vínculos na adoção regular é expressa, embora em algumas decisões existentes[411] haja vislumbrado o não rompimento

---

[408] VALADARES, Maria Goreth Macedo. Como ficam as adoções perante a decisão do STF (RE 898.00) que reconheceu a possiblidade da multiparentalidade? *Revista IBDFAM – Famílias e Sucessões*, Belo Horizonte, v. 24, p. 23-38, nov./dez. 2017, ISSN 2358-1670.

[409] VALADARES, Maria Goreth Macedo. *Multiparentalidade e as novas relações parentais*. Rio de Janeiro: Lumen Juris, 2016.

[410] GHILARDI, Dóris. A decisão do Supremo Tribunal Federal sobre parentalidades simultâneas e adoção legal: uma brecha para mudanças ou uma afronta ao princípio da isonomia? *Revista de Direito de Família e Sucessão*, Brasília, v. 3, n. 1, jan./jun. 2017, ISSN 2526-0227.

[411] Decisões mencionadas por GHILARDI, Dóris. A decisão do Supremo Tribunal Federal sobre parentalidades simultâneas e adoção legal: uma brecha para mudanças ou uma afronta ao princípio da isonomia? *Revista de Direito de Família e Sucessão*, Brasília, v. 3, n. 1, jan./jun. 2017, ISSN 2526-0227, p. 91-111: "Em Minas Gerais, na Comarca de Nova Lima, em 2014, em pedido de adoção, feito por um casal, com o qual a criança se encontrava desde o nascimento, em razão do falecimento da genitora dias após o parto, foi reconhecida a possibilidade de acrescentar o nome dos pais adotivos, na certidão da criança, sem ocorrer o rompimento dos laços biológicos. Foi considerado pelo Promotor de Justiça, quanto pelo Juiz, que, diante do fato de a mãe não ter abandonado a criança, não caberia a destituição do poder familiar, privilegiando, assim, o melhor interesse da criança. Assim, o juiz entendeu ser possível o deferimento da adoção sem o rompimento dos vínculos biológicos. Na Vara da Infância e Juventude de Fortaleza, em 2015, em caso semelhante ao mineiro, a Juíza titular declarou a adoção de uma menina, pelo casal que a estava criando desde a morte da genitora, mantendo, no registro, os dados da mãe biológica. Segundo consta dos autos, a menina evidenciou tal desejo, o que foi acatado pelo magistrado".

dos laços biológicos quando não existirem motivos para a destituição do poder familiar, permitindo o acolhimento do pedido de adoção e o registro simultâneo de vínculos.[412] A aceitação da multiparentalidade somente cabe nos casos da adoção à brasileira, sem restrições.

Paiano afirma que nos casos de adoção, quando já ocorreu a destituição do poder familiar e a criança está apta a ser adotada, não é possível a manutenção do vínculo genético; no entanto, nas situações em que a criança tem certa convivência com seus pais biológicos e será adotada por outra pessoa, se for mais saudável, em nome do princípio do melhor interesse da criança, será possível a multiparentalidade, seja pela via da adoção, seja pela declaração do reconhecimento da socioafetividade.[413]

Seguindo tal entendimento, já existem várias decisões que reconhecem a multiparentalidade nas ações de adoção.[414][414][415][416] Entre elas, destacam-se três:

---

[412] GHILARDI, Dóris. A decisão do Supremo Tribunal Federal sobre parentalidades simultâneas e adoção legal: uma brecha para mudanças ou uma afronta ao princípio da isonomia? *Revista de Direito de Família e Sucessão*, Brasília, v. 3, n. 1, jan./jun. 2017, ISSN 2526-0227.

[413] PAIANO, Daniela Braga. *A família atual e as espécies de filiação*: da possibilidade jurídica da multiparentalidade. Rio de Janeiro: Lumen Juris, 2017, p. 190.

[414] Paiano relata alguns casos de reconhecimento da multiparentalidade em ações de adoção: "Em julgado do Tribunal de Justiça de Rondônia também foi reconhecida a multiparentalidade em uma ação de adoção, conforme notícia veiculada pelo IBDFAM, na data de 5.2.2014. O caso foi de uma ação de adoção em que a mãe do adolescente pediu que constasse no registro da criança o seu nome (mãe adotiva) e o da mãe biológica. O pedido foi deferido pelo juiz da 2ª Vara Cível da comarca de Cacoal. Reconheceu-se, no caso em concreto, a família multiparental – nome dos pais biológicos e o da mãe adotiva". No segundo caso, em decisão proferida em 9 de abril de 2015, a Justiça do Ceará "reconheceu a multiparentalidade em um processo de adoção, possibilitando à criança ser registrada no nome do pai e mãe adotivos e manter o nome da mãe biológica (já falecida). A juíza determinou expedição de mandado de cancelamento do registro de nascimento da criança adotada, bem como a realização de outra inscrição (em que constarão os nomes das duas mães e do pai adotivo). Com relação ao pai biológico, a filiação foi destituída". Já "em uma ação de destituição do poder familiar cumulada com adoção, o Tribunal de Justiça de Sergipe, ao analisar a situação concreta, entendeu por julgar parcialmente procedente a demanda para reconhecer a adoção, mas não destituir o poder familiar com relação à mãe biológica e destituir em relação ao pai. Isto porque a mãe biológica tinha outros filhos (três) e mantinha certa convivência com a filha, mesmo estando em poder dos pais que pretendiam a adoção. Estes tinham a guarda de fato há seis anos e oito meses, exercendo papel de pais; e a criança estaria, desde seu primeiro ano de vida, com eles. Mesmo diante da situação de os pais adotivos não integrarem o cadastro de adoção, o Tribunal afirmou ter flexibilizado essa exigência legal a depender do caso em concreto, como de fato o fez. Com base no princípio do melhor interesse da criança, preservando seus interesses, foi que o Tribunal decidiu não destituir o vínculo com a mãe biológica para que a criança pudesse manter o contato com a mãe e seus três irmãos. Caso contrário, esse vínculo seria rompido em definitivo. Assim, o Tribunal reconheceu aqui a possibilidade jurídica da pluriparentalidade, determinando a exclusão do pai biológico da certidão de nascimento da menor, a manutenção da maternidade biológica, bem como

a inclusão dos pais adotivos com os nomes dos avós, alterando-se, também, no nome da criança para que constassem os nomes dos pais adotivos" (PAIANO, Daniela Braga. *A família atual e as espécies de filiação: da possibilidade jurídica da multiparentalidade*. Rio de Janeiro: Lumen Juris, 2017, p. 169-170).

415 BRASIL. Superior Tribunal de Justiça. *Recurso Especial* nº 1.607.056, Relator Min. Luis Felipe Salomão, j. 5 dez. 2018.

416 Cassetari elenca alguns casos envolvendo o reconhecimento da multiparentalidade em ações de adoção: O juiz de direito da 2ª Vara da Infância e Juventude da comarca de Recife/PE, Dr. Élio Braz Mendes, proferiu sentença concedendo a multiparentalidade materna a uma mulher que propôs ação de adoção de uma criança que tinha a guarda provisória. O caso retrata uma situação fática de natureza poliafetiva, caracterizada por um triângulo amoroso entre um homem e duas mulheres, cuja requerente possuía a guarda fática da criança desde o nascimento, haja vista a genitora não ter tido condições econômicas de cuidar, entregando-a para o pai e sua companheira em caráter temporário. A representante do Ministério Público opinou parcialmente favorável ao pedido de adoção unilateral formulado pela requerente, mas negativamente à decretação da perda do poder familiar da genitora biológica, e o juiz julgou parcialmente o pedido de adoção, deixando, entretanto, de extinguir o poder familiar da genitora, determinando que ambas as mães devem constar no registro civil e compartilhar a guarda da criança. Um outro caso se deu em 20.02.2013, quando o juiz de direito da Vara da Infância e Juventude da comarca de Cascavel/PR proferiu sentença nos autos do Processo nº 0038958-54.2012.8.16.0021, em que o pai socioafetivo (padrasto) de um adolescente de 15 (quinze) anos propôs ação de adoção com a anuência do pai biológico. O terceiro caso se deu perante a 1ª Vara de Assistência Judiciária da comarca de Nossa Senhora do Socorro, Sergipe, que em 10.10.13, o juiz, nos autos da ação de destituição do poder familiar cumulada com adoção, julgou procedente o pedido, concedendo aos requerentes a adoção da criança, ressaltando-se que será mantido o vínculo registral da sua genitora e destituído o poder familiar do pai biológico, por entender que o reconhecimento simultâneo da filiação biológica e a socioafetiva dos adotantes atende ao princípio do melhor interesse da criança, regulamentando o direito à convivência da filha com a mãe biológica, mantendo a guarda unilateral com os adotantes (CASSETARI, Christiano. *Multiparentalidade e parentalidade socioafetiva: efeitos jurídicos*. 3. ed. São Paulo: Atlas, 2017, p. 199-231).

417 Oliveira e Rocha abordam duas decisões em que houve o acolhimento da tese de multiparentalidade em hipótese de adoção: "A primeira é o Acórdão da Apelação Cível 00000589-92.2016.8.25.0055, proveniente da 2ª Câmara Cível do Tribunal de Justiça do Estado de Sergipe, no qual esta Corte reconheceu que, a despeito do pedido de adoção dos tios paternos de uma criança, que vivia sob seus cuidados há nove anos em razão do encarceramento da mãe biológica, não restou comprovado o alegado abandono familiar pela genitora, determinando-se apenas o acréscimo do nome dos tios ao registro, sem excluir o daquela. Neste caso, o processo de adoção ainda estava em tramitação, não tendo sido reconhecida a desconstituição do vínculo parental com a família natural, razão pela qual restaria possível o reconhecimento da relação afetiva consolidada na convivência familiar com os tios paternos, cumulando-a à anotação registral biológica preexistente. (SERGIPE, 2019) De outro norte, no Processo de nº 0034634-20.2013.8.17.0001, julgado pela 1ª Vara de Família do Recife, fora proposta uma ação de investigação de paternidade por uma pessoa já formalmente adotada, visando à admissão da multiparentalidade, pedido que contava com a anuência expressa tanto dos pais adotivos quanto do próprio investigado. No caso, o magistrado levou em consideração o fato de a criança nunca ter deixado de manter laços de convivência com aquele que indicou depois ser seu pai biológico, reconhecendo o liame de afeto para além de um mero vínculo biológico entre eles. (RECIFE, 2013)" (OLIVEIRA, Catarina; ROCHA, Patrícia Ferreira. Multiparentalidade. *In*: MENEZES, Joyceane Bezerra de; MATOS, Ana Carla Harmatiuk (Coord.). *Direito das Famílias por juristas brasileiras*. 2. ed. Indaiatuba, SP: Foco, 2022, p. 391-392).

Em 2015, na Apelação Cível nº 70062692876,[418] o Tribunal de Justiça do Rio Grande do Sul reconheceu a multiparentalidade nos autos da ação de adoção. O acórdão foi no sentido de manter o nome do pai biológico e o do adotante no registro de nascimento da autora, sustentando a relativização do art. 47, §2º, do ECA (cancelamento do registro original do adotado), por força do art. 1.619 do Código Civil. Levaram-se em conta os princípios constitucionais vigentes, notadamente a promoção do bem de todos, sem preconceito de sexo ou qualquer outra forma de discriminação (artigo 3, IV, da CF/88), bem como a proibição de designações discriminatórias relativas à filiação (artigo 227, §6º, CF), "objetivos e princípios fundamentais decorrentes do princípio fundamental da dignidade da pessoa humana".

Na Apelação Cível nº 70065388175,[419] a oitava câmara cível do mesmo tribunal também reconheceu a multiparentalidade entre os pais biológico e adotivo nos autos da ação de adoção, sob o argumento de que "a lei deve ser interpretada buscando seu real sentido e alcance, observando a prerrogativa fundamental, atinente à dignidade da pessoa humana, não podendo o formalismo limitar os fatos da vida". A flexibilização do regramento jurídico visa possibilitar a manutenção do sobrenome do pai biológico ao adotando.

Tomando por fundamento a decisão do STF no RE nº 898.060, a sétima câmara cível do TJRS, na Apelação Cível nº 70077152056,[420] reconheceu a multiparentalidade nos autos da ação de adoção, mantendo o poder familiar do pai biológico da infante e determinando a inclusão do adotante no registro de nascimento, bem como mantendo os registros referentes aos pais biológicos.

Ainda analisando decisões, Santos realizou uma pesquisa nos tribunais pátrios envolvendo ações de adoção, propriamente ditas, ou que o filho era adotado e se utilizava o argumento da multiparentalidade. Constatou que:

---

[418] RIO GRANDE DO SUL. Tribunal de Justiça (Oitava Câmara Cível). *Apelação Cível* nº 70062692876, Relator Des. José Pedro de Oliveira Eckert, j. 12 fev. 2015. No mesmo sentido: TJRS. AC nº 70064909864, Oitava Câmara Cível, Des. Relator ALZIR FELIPPE SCHMITZ, j. 16.07.2015.

[419] RIO GRANDE DO SUL. Tribunal de Justiça (Oitava Câmara Cível). *Apelação Cível* nº 70065388175, Relator Des. ALZIR FELIPPE SCHMITZ, j. 17 set. 2015.

[420] RIO GRANDE DO SUL. Tribunal de Justiça (Sétima Câmara Cível). *Apelação Cível* nº 70077152056, Relator Des. Jorge Luís Dall'Agnol, j. 29 ago. 2018.

em 21 delas, o magistrado reconheceu a possibilidade jurídica da pluriparentalidade em situações que, de alguma medida, envolviam adoção. Em outras 25 decisões, a multiparentalidade não foi reconhecida sob o argumento de que os genitores biológicos não tinham condições de exercer seu poder familiar, motivo pelo qual ele foi extinto. Nesses casos, o argumento da multiparentalidade era suscitado pelos genitores biológicos. Por fim, em apenas quatro dessas decisões, mencionou-se a impossibilidade de aplicação do precedente na hipótese.[421]

Na pesquisa, o autor analisou um julgado em que o STJ decidiu não reconhecer a multiparentalidade, inaplicando o precedente na hipótese de adoção, mantendo o acórdão recorrido que consignou que a ação de adoção plena constitui vínculo de filiação novo, desconstituindo o assento originário no registro do adotado. Para a Corte superior, é próprio da ação de adoção que o adotado perca todo e qualquer vínculo com a família pregressa, exceto para fins de impedimento de casamento, estabelecendo novos elos com a família superveniente, em igualdade de direitos, inclusive para fins sucessórios.[422]

Em sentido diverso, o mesmo ministro relator, no REsp. nº 1.753.043/MG,[423] decidiu aplicar o precedente fixado pelo STF considerando a ausência de hierarquia entre as paternidades socioafetiva e biológica, bem como o reconhecimento registral do pai biológico com todas as consequências patrimoniais e extrapatrimoniais em uma ação de investigação de paternidade movida pelo filho regularmente adotado.

No âmbito do Tribunal de Justiça do Paraná, Santos analisou o acórdão oriundo do julgamento da Apelação Cível nº 0035956-63.2013.8.16.0014,[424] da 11ª Câmara Cível. A ação originária tratou da adoção cumulada com pedido de destituição do poder familiar movida em face dos genitores biológicos. A adoção foi deferida sem destituir o poder familiar dos genitores, reconhecendo-se a multiparentalidade; entretanto, o tribunal reconheceu a incompatibilidade do

---

[421] SANTOS, Gabriel Percegona. *Precedentes judiciais e o Direito de Família*: reflexões a partir da multiparentalidade. Curitiba: Appris, 2022, p. 179.
[422] BRASIL. Superior Tribunal de Justiça. *Recurso Especial* nº 1.824.814/MG, Relator Min. Raul Araújo, j. 12 ago. 20.
[423] BRASIL. Superior Tribunal de Justiça. *Recurso Especial* nº 1.753.043, Relator Min. Raul Araújo, j. 29.04.19. No mesmo sentido de argumentação, aplicando o precedente para afirmar a possibilidade jurídica da multiparentalidade: *Recurso Especial* nº 1.607.056, Relator Min. Luis Felipe Salomão, j. 5 dez. 2018.
[424] SANTA CATARINA. Tribunal de Justiça de Paraná. Apelação Cível nº 0035956-63.2013.8.16.0014, Relator Desembargador Mario Nini Azzolini, j. 01.03.18.

precedente com a adoção, "porquanto esse instituto exige a destituição do poder familiar e o desligamento da criança ou do adolescente de sua família natural, para posterior colocação em família substituta", mas diante da impropriedade técnica da sentença, o tribunal corrigiu a parte dispositiva da decisão atacada para constar o reconhecimento da filiação socioafetiva ao invés da adoção, mantendo-se a multiparentalidade.[425]

Por fim, no âmbito dos tribunais estaduais, Santos citou uma decisão do Tribunal de Justiça do DFT,[426] que afastou o reconhecimento da multiparentalidade considerando ser incabível o reconhecimento de pluralidade de vínculos, uma vez que implica o rompimento dos vínculos com os ascendentes biológicos do adotando.

Ante tais manifestações e decisões nos dois sentidos, os questionamentos vão sendo lançados, cabendo à doutrina balizar os parâmetros da tese fixada e nortear o intérprete, em face de cada caso concreto, ao reconhecimento ou não da multiparentalidade.

Com vênia aos posicionamentos destacados, não se concorda com a "flexibilização" da regra disposta no art. 41 do ECA, em atenção ao princípio da dignidade da pessoa humana. Acompanha-se a doutrina de Paulo e Fabíola Lobo, que sustentam a excepcionalidade da multiparentalidade, diante dos limites quanto à sua aplicação pelas cláusulas de barreira previstas em lei,[427] bem como a regulamentação do Estatuto da Criança e do Adolescente ser hialina ao impossibilitar a multiparentalidade nos casos de adoção diante do afastamento dos vínculos biológicos da pessoa adotada e a prevalência da filiação socioafetiva na inseminação artificial heteróloga, onde o filho é havido como do marido da mulher, não prevalecendo o vínculo biológico nessas duas situações.

4.2 O exercício da multiparentalidade e seus efeitos jurídicos

Na esteira do que foi abordado até aqui, o reconhecimento da multiparentalidade vem equiparar o vínculo familiar, seja ele derivado

---

[425] SANTOS, Gabriel Percegona. *Precedentes judiciais e o Direito de Família*: reflexões a partir da multiparentalidade. Curitiba: Appris, 2022, p. 181.

[426] DISTRITO FEDERAL. Tribunal de Justiça. *Apelação Cível* nº 0001898-47.2017.8.07.0013, Rel. Des. Roberto Freitas, j. 04 set. 2019.

[427] LOBO, Fabíola Albuquerque. Direito à privacidade e as limitações à multiparentalidade. In: EHRHARDT JUNIOR, Marcos; LOBO, Fabíola Albuquerque (Coord.). *Privacidade e sua compreensão no Direito brasileiro*. Belo Horizonte: Fórum, 2019, p. 225-246.

da consanguinidade ou da afetividade, cumulando-os, ensejando o exercício simultâneo dos direitos e deveres parentais por mais de um pai e/ou de uma mãe. Ressalte-se ainda que o reconhecimento da multiparentalidade atribuirá ao filho não apenas mais um pai e/ou uma mãe, mas também todos os demais vínculos familiares da linha reta, bem como da colateral, ou seja, acarretará as mesmas repercussões quanto aos elos familiares que são formados pelo parentesco biológico ou pelo socioafetivo, quando constituídos de maneira exclusiva.

Como decorrência legal, são produzidos efeitos jurídicos, como corrobora a tese firmada pelo STF: a partir da declaração na sentença e de seu lançamento no registro do nascimento, refletindo a verdade real, pois "se a verdade real concretiza-se no fato de várias pessoas exercerem funções parentais na vida dos filhos, o registro deve refletir esta realidade",[428] pois, situará publicamente, o indivíduo na família, viabilizando o exercício dos direitos patrimoniais e existenciais próprios do vínculo parental.

É essencial a averbação da nova filiação no assento de nascimento do filho para a segurança jurídica das partes e de terceiros, pois produz diversos efeitos, a exemplo dos impedimentos matrimoniais, restrições a doações, restrições relacionadas ao nepotismo etc.[429] Esse entendimento foi adotado pelo IBDFAM, que aprovou, no IX Congresso Brasileiro de Direito de Família, os "Enunciados Programáticos do IBDFAM". Consta no número 9: "A multiparentalidade gera efeitos jurídicos", o que foi motivado pelas várias decisões[430] que reconheceram o instituto.

Há, ainda, o reconhecimento voluntário da parentalidade socioafetiva por meio de declaração direta, a partir dos 12 anos, de forma extrajudicial, conforme previsto no Provimento nº 63/17, alterado pelo Provimento nº 83/19, ambos do CNJ.

---

[428] TEIXEIRA, Ana Carolina Brochado; RODRIGUES, Renata de Lima. A multiparentalidade como nova estrutura de parentesco na contemporaneidade. *Revista Brasileira de Direito Civil – RBDCivil*, Belo Horizonte, v. 4, p. 10-39, abr./jun. 2015, ISSN 2594-4932, p. 33.

[429] CALDERÓN, Ricardo Lucas. *Princípio da afetividade no Direito de Família*. 2. ed. Rio de Janeiro: Forense, 2017.

[430] PARANÁ. Tribunal de Justiça. Processo nº 0038958-54.2012.8.16.0021; TJAM, Processo nº 0201548-37.2013.8.04.0001; TJDF, Processo nº 2013.06.1.001874-5; TJRS, Processo nº 0003264-62.2012.8.21.0125; TJRS, Processo nº 025/110.0004112-0; TJCE, Processo nº 955-31.2010.8.06.0145/0; TJRS, AC nº 70064909864; TJRS, AC nº 70062692876. O STJ já sinalizou que não pode passar despercebida pelo direito a coexistência de relações filiais ou a denominada multiplicidade parental, compreendida como expressão da realidade social – Resp nº 1.328.380/MS, 3ª Turma, Min. Rel. Marco Aurélio, j. 21.10.14. No REsp nº 440394/RS, publicado em 10.02.2003, o STJ demonstrou a aceitação daquela Corte acerca da paternidade socioafetiva.

Uma vez analisados os parâmetros para a configuração da multiparentalidade, faz-se necessário enfrentar alguns dos efeitos.

Para Teixeira e Rodrigues, os efeitos da múltipla vinculação operam da mesma forma e extensão como ocorre nas tradicionais famílias biparentais, por força do princípio da isonomia, e corroboram:

> Com o estabelecimento do múltiplo vínculo parental, serão emanados todos os efeitos de filiação e de parentesco com a família estendida, pois, independentemente da forma como esse vínculo é estabelecido, sua eficácia é exatamente igual, principalmente porque irradia do princípio da solidariedade, de modo que instrumentaliza a impossibilidade de diferença entre suas consequências.[431]

Esse posicionamento das autoras é aliado ao de Welter, que, ao elaborar a teoria tridimensional do direito de família,[432] sustenta a possibilidade de cumulação das parentalidades com fundamento na complexa ontologia do ser humano, "no sentido de que todos os efeitos jurídicos das duas paternidades devem ser outorgados ao ser humano, na medida em que a condição humana é tridimensional, genética e afetiva e ontológica". Conclui que:

> Não reconhecer as paternidades genética e socioafetiva, ao mesmo tempo, com a concessão de todos os efeitos jurídicos, é negar a existência tridimensional do ser humano, que é reflexo da condição e da dignidade humana, na medida em que a filiação socioafetiva é tão irrevogável quanto a biológica, pelo que se deve manter incólumes as duas paternidades, com o acréscimo de todos os direitos, já que ambas fazem parte da trajetória da vida humana.[433]

---

[431] TEIXEIRA, Ana Carolina Brochado; RODRIGUES, Renata de Lima. *O Direito das Famílias entre a norma e a realidade*. São Paulo: Atlas, 2010, p. 207.

[432] WELTER, Belmiro Pedro. *Teoria tridimensional do Direito de Família*. Porto Alegre: Livraria do Advogado, 2009, p. 20: O autor explica que "O humano habita, ao mesmo tempo, os mundos genético, (des)afetivo e ontológico, porque: a) é um ser humano como todos os outros seres vivos (mundo biológico); b) é um ser humano que convive e compartilha no mundo familiar e social (mundo des-afetivo); c) é um ser humano que se relaciona em seu próprio mundo da vida, um ser-em-si-mesmo (mundo ontológico). É dizer, o ser humano não é apenas 'ele e suas circunstâncias pessoais', mas, sim, ele e suas circunstâncias genéticas (mundo das necessidades biológicas dos seres vivos em geral), (des)afetivas (mundo da convivência em família e em sociedade) e ontológicas (mundo pessoal, endógeno, o seu próprio mundo)".

[433] WELTER, Belmiro Pedro. Teoria tridimensional no Direito de Família: reconhecimento de todos os direitos das filiações genética e socioafetiva. *Ministério Público do Rio Grande do Sul*, 13 abr. 2009. Disponível em: http://www.mprs.mp.br/noticias/17076/. Acesso em: 9 dez. 2018. E o autor lança algumas questões: "na ação de adoção, será mais possível o

A pesquisa não tem o intuito de esgotar a investigação de todos os efeitos decorrentes da multiparentalidade, motivo por que adota como parâmetro os efeitos destacados por Paulo Lôbo: na ordem existencial, o exercício da autoridade parental e a guarda compartilhada, e na patrimonial, o direito aos alimentos e à sucessão,[434] embora Fabíola Lobo apresente como efeitos "o reconhecimento jurídico de que não há prevalência entre a paternidade socioafetiva e a biológica, a materialização do princípio da pluralidade das entidades familiares e a quebra da relação binária da paternidade para multiparentalidade".[435]

Os questionamentos pululam: há limites para o seu reconhecimento? Diante de conflitos e disputas entre os pais multiparentais, quais as medidas justas a serem adotadas? Se uma pessoa pode receber herança de dois pais, o que ocorre caso o filho venha a falecer antes dos pais, sem deixar descendentes? Indaga-se como será feita a distribuição nessa hipótese. O que ocorre se os múltiplos pais vierem a necessitar de alimentos? O filho deve ser chamado a prestar alimentos a seus múltiplos pais?[436]

---

rompimento dos vínculos genéticos? É possível afastar-se a ação de destituição do poder familiar, mantendo-se apenas a ação de suspensão, enquanto perdurar a desafetividade dos pais contra o filho? c) o filho terá direito a postular alimentos contra os pais genéticos e socioafetivos? d) o filho terá direito à herança dos pais genéticos e afetivos? e) o filho terá direito ao nome dos pais genéticos e afetivos? f) o filho terá direito ao parentesco dos pais genéticos e afetivos; g) o filho terá direito ao poder/dever dos pais genéticos e afetivos? h) o filho terá sempre direito à guarda compartilhada, salvo alguma exceção? i) o filho terá o direito à visita dos pais/parentes genéticos e afetivos? j) deverão ser observados os impedimentos matrimoniais e convivenciais dos parentes genéticos e afetivos? k) a adoção será proibida aos parentes genéticos e afetivos? l) o filho poderá propor ação de investigação de paternidade genética e socioafetiva, obtendo todos os direitos decorrentes de ambas as paternidades?".

[434] Além dos efeitos no campo do Direito das Famílias, Schreiber elenca outros: "o vínculo de parentalidade repercute também no Direito das Obrigações (por exemplo, na responsabilidade civil dos pais por atos dos filhos menores e no regime aplicável aos contratos de doação ou compra e venda entre pais e filhos), bem como em diversos outros ramos jurídicos, tais como o Direito Administrativo (vedação ao nepotismo), Eleitoral (regras de inelegibilidade), Processual (regras de suspeição do juiz e de produção de prova testemunhal), Penal (circunstância agravante da pena) e Previdenciário (benefícios para dependentes)" (SCHREIBER, Anderson; LUSTOSA, Paulo Franco. Efeitos jurídicos da multiparentalidade. *Pensar Revista de Ciências Jurídicas*, Fortaleza, v. 21, n. 3, 2016).

[435] LOBO, Fabíola Albuquerque. *Multiparentalidade*: efeitos no Direito de Família. 2. ed. Indaiatuba, SP: Foco, 2023, p. 101.

[436] SCHREIBER, Anderson. STF, Repercussão Geral nº 622: a multiparentalidade e seus efeitos, *Carta Forense*, 26 set. 16. Disponível em: http://www.cartaforense.com.br/conteudo/artigos/stf-repercussao-geral-622-a-multiparentalidade-e-seus-efeitos/16982. Acesso em: 23 fev. 2017.

Há, também, a discussão em torno das questões financeiras que envolvem o interesse no reconhecimento da multiparentalidade, possibilitando alguém a fazer jus a mais de uma pensão alimentícia ou a ser beneficiado por mais de uma herança.

São questões levantadas pela doutrina que merecem reflexão e um estudo mais detalhado no tocante aos efeitos decorrentes do reconhecimento da multiparentalidade. É o que se fará.

4.2.1 Em relação ao exercício da autoridade parental

A autoridade parental é conceituada por Lôbo como o exercício dos direitos e deveres dos pais em relação aos filhos até a maioridade ou a emancipação dos filhos.[437]

Para Valadares e Coelho, "é o instrumento que imputa aos pais a responsabilidade pelos cuidados aos filhos menores, de modo a permitir que no futuro sejam eles capazes de exercer de forma autônoma a direção de suas vidas".[438]

Anteriormente, "o pátrio poder existia em função do pai; já a autoridade parental ou poder familiar existe em função e no interesse do filho",[439] embora, para o autor, o termo "autoridade", nas relações privadas, traduza o melhor exercício de função ou múnus, fundado na legitimidade e interesse do outro. Ademais, expressa uma superioridade hierárquica e "parental", porquanto destaca a relação de parentesco que há entre pais e filhos.[440]

Cabe aos pais exercer a parentalidade com responsabilidade. Neste sentido, a doutrina da proteção integral e o princípio da paternidade responsável fundamentam o exercício da autoridade parental exclusivamente em prol dos filhos.[441] O cerne do seu conteúdo está previsto no art. 229 da Constituição Federal.

---

[437] LÔBO, Paulo. *Direito Civil*. Famílias. 8. ed. São Paulo: Saraiva, 2018, v. 5.
[438] VALADARES, Maria Goreth; COELHO, Thais Câmara Maia Fernandes. Autoridade Parental e Multiparentalidade. *In:* TEIXEIRA, Ana Carolina Brochado; DADALTO, Luciana (Coord.). *Autoridade parental:* dilemas e desafios contemporâneos. Indaiatuba, SP: Foco, 2019, p. 51.
[439] LÔBO, Paulo. *Direito Civil*. Famílias. 9. ed. São Paulo: Saraiva, 2019. v. 5, p. 77.
[440] LÔBO, Paulo. *Direito Civil*. Famílias. 8. ed. São Paulo: Saraiva, 2018. v. 5, p. 298.
[441] VALADARES, Maria Goreth; COELHO, Thais Câmara Maia Fernandes. Autoridade Parental e Multiparentalidade. *In:* TEIXEIRA, Ana Carolina Brochado; DADALTO, Luciana (Coord.). *Autoridade parental:* dilemas e desafios contemporâneos. Indaiatuba, SP: Foco, 2019.

Diante das relações multiparentais, propõe-se analisar o exercício da autoridade parental, haja vista a decisão do STF não ter balizado o exercício deste efeito, visando delimitar como seria exercida a autoridade parental pelos múltiplos pais, surgindo vários questionamentos, dentre eles, se todos os pais teriam os mesmos direitos e deveres em relação aos filhos, como suscitam Valadares e Coelho.[442]

Ocorre que, em se tratando de família multiparental, a titularidade e a autoridade parental cabem a todos os pais igualmente, em atenção ao primado da isonomia entre os pais e entre as filiações. Nesta esteira, deve ser exercida pelos pais biológicos e socioafetivos; caso haja conflito e não havendo primazia entre eles, deve o juiz orientar-se pelo princípio do melhor interesse do filho para a tomada de decisão.[443]

Teixeira e Rodrigues lecionam que a autoridade parental deve ser exercida por todos os pais e que a titularidade do poder familiar advém do estabelecimento de uma relação de parentesco materno ou paterno.

> Determinar o exercício dos deveres de criação, educação e assistência. Assim, uma vez estabelecida a multiparentalidade, todos, independente da situação conjugal, devem autorizar casamento de filho menor (art. 1.517 CC), viagens internacionais, mudança para outro município, nomear tutor aos filhos, representá-los até os 16 anos e assisti-los entre 16 e 18 anos, reclamá-los de quem ilegalmente os detenha, exigir que lhes prestem obediência, respeito e serviços próprios da sua idade e condição, conforme estabelece o art. 1.634 do Código Civil. Além disso, também devem, em conjunto, consentir com a emancipação do filho, que só deve acontecer quando for para o seu interesse.[444]

Na mesma linha, Valadares e Coelho sustentam que a autoridade parental deve ser exercida por todos os envolvidos, considerando o princípio do melhor interesse e o da paternidade responsável, para que os pais se conscientizem e busquem o que for melhor para os filhos,

---

[442] VALADARES, Maria Goreth; COELHO, Thais Câmara Maia Fernandes. Autoridade Parental e Multiparentalidade. *In*: TEIXEIRA, Ana Carolina Brochado; DADALTO, Luciana (Coord.). *Autoridade parental*: dilemas e desafios contemporâneos. Indaiatuba, SP: Foco, 2019.

[443] LÔBO, Paulo. *Direito Civil*. Famílias. 8. ed. São Paulo: Saraiva, 2018. v. 5.

[444] TEIXEIRA, Ana Carolina Brochado; RODRIGUES, Renata de Lima. Quais devem ser os parâmetros para o reconhecimento jurídico da multiparentalidade? *In*: MATOS, Ana Carla Harmatiuk; TEIXEIRA, Ana Carolina Brochado; TEPEDINO, Gustavo. Direito Civil, Constituição e Unidade do Sistema. *Anais do Congresso de Direito Civil Constitucional – V Congresso IBDCivil*. Belo Horizonte: Fórum, 2019, p. 261.

reunindo esforços para que o exercício da autoridade conjunto seja o mais ameno possível.⁴⁴⁵

Diante das dificuldades advindas do exercício simultâneo da autoridade parental pelos múltiplos pais, a regra a ser aplicada é a prevista no parágrafo único do art. 1.631 do Código Civil:

> Durante o casamento e a união estável, compete o poder familiar aos pais; na falta ou impedimento de um deles, o outro o exercerá com exclusividade.
> *Parágrafo único.* Divergindo os pais quanto ao exercício do poder familiar, é assegurado a qualquer deles recorrer ao juiz para solução do desacordo.

O ideal é o consenso entre todos os pais em prol do melhor interesse dos filhos, no entanto, diante da possibilidade de dissenso nos casos de multiparentalidade, Schreiber recomenda "o emprego prévio de mecanismos extrajudiciais de solução de conflitos, como a mediação", seguindo a corrente da desjudicialização do Direito das Famílias, que é crescente na doutrina brasileira.

4.2.2 Em relação ao direito de convivência e à guarda compartilhada

Outro efeito que suscita questionamentos é o exercício da guarda compartilhada pelos pais. Como será estipulada se não houver convivência harmoniosa entre todos ou como seriam estabelecidas as atribuições e períodos de convivência sob a guarda compartilhada?

Mais do que a guarda, concebida tradicionalmente como poder (ou autoridade) dos pais sobre os filhos, a proteção dos filhos constitui direito primordial destes e direito/dever de cada um dos pais. O direito à guarda converteu-se no direito à continuidade da convivência familiar. Os pais preservam os respectivos poderes familiares em relação aos filhos, e os filhos preservam o direito à convivência com os pais e ao compartilhamento recíproco de sua formação.

O direito à convivência familiar é um direito fundamental previsto no art. 227 da Constituição Federal e assegurado pelo exercício

---

⁴⁴⁵ VALADARES, Maria Goreth; COELHO, Thais Câmara Maia Fernandes. Autoridade Parental e Multiparentalidade. *In:* TEIXEIRA, Ana Carolina Brochado; DADALTO, Luciana (Coord.). *Autoridade parental:* dilemas e desafios contemporâneos. Indaiatuba, SP: Foco, 2019.

da guarda e pelo regime de convivência estipulado pelos pais quando não residam com os filhos.

O direito à convivência entre pais e filhos tem recebido a denominação de "Guarda". Para Paulo Lôbo ela é inadequada e tem sido abandonada pela legislação de vários países, pois evoca o sentido de poder sobre os filhos, quando este é recíproco entre pais e filhos. No caso de multiparentalidade, a guarda compartilhada é recomendável por força do melhor interesse do filho, sendo compatível com a preferência da moradia que o filho tem como referência para suas relações sociais e afetivas. Exemplifica: no caso de filho que sempre viveu com seus pais socioafetivos, a moradia destes é preferencial; assim, diante de conflito arbitrado pelo juiz, deve-se assegurar o contato do filho com os pais socioafetivos e biológicos, bem como com os parentes de cada linhagem, especialmente os avós.[446]

O sistema da redação original do CC/02 previu somente a modalidade de guarda atribuída a apenas um dos genitores. Preceituava o art. 1.583 que, no caso de dissolução da sociedade conjugal, prevaleceria o que os cônjuges acordassem sobre a guarda dos filhos no caso de separação ou divórcio consensual. E nos termos do art. 1.584 do CC, sem que houvesse acordo entre as partes, quando da dissolução da união, quanto à guarda dos filhos, seria ela atribuída a "quem revelar melhores condições para exercê-la".

Mas o Direito das Famílias contemporâneo, levando em consideração os princípios da dignidade da pessoa humana, solidariedade social, liberdade, igualdade substancial e a proteção integral infanto-juvenil, em 2008 publicou a Lei nº 11.698, que alterou os dispositivos 1.583 e 1.584 do CC para, de forma expressa, apresentar a possibilidade da guarda compartilhada, trazendo nova redação ao §2º[447] do art. 1.584 do CC, podendo ser aplicada quando não houver acordo entre a mãe e o pai quanto à guarda do filho, sempre que possível.

Mas este "sempre que possível" foi entendido equivocadamente, aplicando-se a guarda compartilhada somente com o acordo dos genitores.[448]

---

[446] LÔBO, Paulo. *Direito Civil*. Famílias. 9. ed. São Paulo: Saraiva, 2019. v. 5.
[447] Art. 1.584, §2º Quando não houver acordo entre a mãe e o pai quanto à guarda do filho, será aplicada, sempre que possível, a guarda compartilhada.
[448] RIO GRANDE DO SUL. Tribunal de Justiça (Sétima Câmara Cível). *Apelação Cível* nº 70059147280, Relator Des. Sérgio Fernando de Vasconcellos Chaves, j. 16 abr. 2014: "Para que a guarda compartilhada seja possível e proveitosa para o filho, é imprescindível que

O julgamento do REsp. nº 1.251.000/MG,[449] pela terceira turma do STJ, sob a relatoria da Ministra Nancy Andrighi, em 23.08.11, foi um divisor de águas. Segundo o julgado, "a inviabilidade da guarda compartilhada, por ausência de consenso, faria prevalecer o exercício de uma potestade inexistente por um dos pais. E diz-se inexistente, porque contrária ao escopo do poder familiar que existe para a proteção da prole". Justamente para assegurar esse quadro, em 22.12.14, foi sancionada a Lei nº 13.058, que alterou o §2º[450] do art. 1584, esclarecendo que o compartilhamento da guarda veio a ser a regra geral nos litígios familiares, passando a ser uma efetiva realidade nos tribunais brasileiros.

Carlos Alberto e Adriana Caldas Maluf[451] questionam: "A guarda e visitação duplicada seriam favoráveis ao melhor desenvolvimento do menor?".

Tavares da Silva entende que a multiparentalidade produzirá efeitos nefastos sobre a vida das crianças e adolescentes, bem como o aumento vertiginoso de conflitos entre todos os que exercem o poder familiar. Suscita dúvidas quanto ao exercício da guarda por todos os pais e entende que a multiparentalidade pode gerar descompassos na formação de uma criança.[452]

Para Penna,[453] a fixação da guarda impõe assegurar o melhor interesse das crianças e adolescentes, mas reclama tratamento com redobrada cautela na análise dos casos de multiparentalidade, a fim de garantir o seu desenvolvimento saudável e a convivência familiar harmônica, sem distinção alguma quanto à origem do vínculo de parentesco (biológico ou socioafetivo).

---

exista entre os pais uma relação marcada pela harmonia e pelo respeito, onde não existam disputas nem conflitos; mas, quando o litígio é uma constante, a guarda compartilhada é descabida".

[449] BRASIL. Superior Tribunal de Justiça. *Recurso Especial nº* 1.251.000/MG, Rel. Min. Nancy Andrighi, j. 23.08.11.

[450] Art. 1.584, §2º Quando não houver acordo entre a mãe e o pai quanto à guarda do filho, encontrando-se ambos os genitores aptos a exercer o poder familiar, será aplicada a guarda compartilhada, salvo se um dos genitores declarar ao magistrado que não deseja a guarda do menor.

[451] MALUF, Carlos Alberto Dabus; MALUF, Adriana Caldas do Rego Freitas Dabus. *Curso de Direito de Família.* 2. ed. São Paulo: Saraiva. 2016, p. 533.

[452] TAVARES DA SILVA, Regina Beatriz. Multiparentalidade não poderia ter sido examinada pelo STF. *Regina Beatriz,* 28 set. 2016. Disponível em: http://www.reginabeatriz.com.br. Acesso em: 20 fev. 2017.

[453] PENNA, Saulo Versiani. Famílias brasileiras reconstituídas e a multiparentalidade: adequação do Direito à realidade socioafetiva. *Revista IBDFAM – Famílias e Sucessões,* Belo Horizonte, n. 21, p. 27-43, maio/jun. 2017, ISSN 2358-1670.

Acertadamente, Calderón[454] cogita o compartilhamento da guarda entre os pais reconhecidos em multiparentalidade por ser o regime, sempre que possível, mais adequado a cada caso concreto, embora envolva uma complexidade maior entre os múltiplos pais.

Não há dúvidas que a guarda compartilhada "é o regime preferencial na atualidade, modelo para incentivar o pleno desenvolvimento familiar das crianças".[455] E, como se afere da jurisprudência do STJ, não há necessidade de consenso entre os genitores; entretanto, com base no princípio do melhor interesse da criança e do adolescente, há decisões que afastam a guarda compartilhada diante de peculiaridades que obstaculizam sua efetivação, como, p. ex., a forte litigiosidade que pode envolver os genitores.

No REsp. nº 1.417.868/MG,[456] o STJ também entende que a guarda compartilhada deve ser buscada no exercício da autoridade parental

> Contudo, essa regra cede quando os desentendimentos dos pais ultrapassarem o mero dissenso, podendo resvalar, em razão da imaturidade de ambos e da atenção aos próprios interesses antes dos do menor, em prejuízo de sua formação e saudável desenvolvimento (art. 1.586 do CC/2002)
> 3. Tratando o direito de família de aspectos que envolvem sentimentos profundos e muitas vezes desarmoniosos, deve-se cuidar da aplicação das teses ao caso concreto, pois não pode haver solução estanque já que as questões demandam flexibilidade e adequação à hipótese concreta apresentada para solução judicial.

Caso não seja possível a guarda compartilhada, aplica-se o regime de convivência familiar, sempre com prevalência ao melhor interesse da criança e do adolescente.

Segundo Teixeira e Rodrigues, "mais alguém comprometido com a criação da criança também pode pressupor melhor bem-estar, mais interação, maior cuidado, mais participação".[457]

---

[454] CALDERÓN, Ricardo Lucas. *Princípio da afetividade no Direito de Família*. 2. ed. Rio de Janeiro: Forense, 2017.

[455] BRASIL. Superior Tribunal de Justiça. *Recurso Especial* nº 1.605.477/RS (Terceira Turma), Relator Ministro Ricardo Villas Bôas Cueva, j. 21.06.2016.

[456] BRASIL. Superior Tribunal de Justiça. *Recurso Especial* nº 1.417.868/MG (Terceira Turma), Relator Ministro João Otávio de Noronha, j. 10 maio 2016.

[457] TEIXEIRA, Ana Carolina Brochado; RODRIGUES, Renata de Lima. Quais devem ser os parâmetros para o reconhecimento jurídico da multiparentalidade? *In:* MATOS, Ana Carla Harmatiuk; TEIXEIRA, Ana Carolina Brochado; TEPEDINO, Gustavo. Direito Civil,

Por outro lado, há posicionamento contrário à estipulação da guarda compartilhada nas relações múltiplas, como sustenta Lobo, "se o número de litígios biparentais abarrotam as varas de família, imagine-se a potencialização de demandas judiciais, provenientes dos vínculos pluriparentais concorrentes", e conclui que a aplicação da guarda compartilhada na multiparentalidade apresenta-se inadequada diante das condições fáticas e desarrazoadas que podem advir com a medida.[458]

E no período de pandemia vivenciado no mundo inteiro, a autora ainda questiona: "Como conciliar a determinação de isolamento social e o direito dos pais e filhos de convivência? Como assegurá-lo em situações de multiparentalidade?", ao tempo em que também aponta os princípios diretrizes para balizar qualquer situação ou decisão que envolva crianças e adolescentes: o da proteção integral e do melhor interesse.[459]

Com vênia ao posicionamento de Lobo, não se pode aceitar o argumento de que mais de uma pessoa envolvida no exercício da guarda dificulta o diálogo e potencializa o litígio.

De fato, cada caso concreto deve ser analisado de acordo com suas nuances, mas advoga-se que a guarda poderá ser exercida de forma compartilhada por todos os pais, porém sempre visando ao melhor interesse das crianças e adolescentes. Desse modo é que se estabelecerá a melhor forma para o seu exercício e a estipulação do direito à convivência aos pais que não forem, porventura, os guardiões.

Constituição e Unidade do Sistema. *Anais do Congresso de Direito Civil Constitucional* – V Congresso IBDCivil. Belo Horizonte: Fórum, 2019, p. 261.

[458] LOBO, Fabíola Albuquerque. *Multiparentalidade*: efeitos no Direito de Família. Indaiatuba, SP: Foco, 2021. A autora elenca alguns exemplos para ilustrar seu posicionamento: "1. L, 12 anos, inserido no contexto familiar descrito acima, filho biológico de D e F e também filho socioafetivo de M e N. Possível conflito de interesses entre os pais, em situações comezinhas: escolha da escola, orientação religiosa, modalidade esportiva, tipo de alimentação. Qual casal deterá primazia na escolha? E, no tocante às datas e festas comemorativas (aniversário do filho, dia das mães, dia dos pais, Natal, Réveillon, entre outras) como viabilizar na prática a regra da guarda compartilhada de assegurar o tempo de convívio de forma equilibrada? Esse modelo múltiplo de convivência observa as condições fáticas e os interesses dos filhos (art. 1.583, §2º)? 2. L, filho e neto único e menor de idade. Filho biológico de A (mãe) e filho registral de B (socioafetivo). C, pai biológico de L, ingressa com ação de anulação de registro civil (art. 1.604) e, por extensão, pedindo a exclusão de B da certidão. Na apuração do conjunto probatório constatou-se a posse de estado de filiação entre L e B. O julgador em atenção ao melhor interesse decidiu favorável à multiparentalidade. Diante disso, a realidade de L passou a ser de três pais (a mãe e os dois pais e os seis avós, todos idosos. No que concerne aos avós, como distribuir o tempo de convivência com o neto comum?" (p. 89-90).

[459] LOBO, Fabíola Albuquerque. *Multiparentalidade*: efeitos no Direito de Família. Indaiatuba, SP: Foco, 2021, p. 93.

4.2.3 Em relação à obrigação alimentar

Um dos corolários do reconhecimento da multiparentalidade é a obrigação alimentar. Sua fixação deve obediência a uma perspectiva solidária, cumprindo a função de garantir a própria manutenção de pessoas ligadas pelo vínculo de parentesco, conjugal, convivencial e aliado às balizas da necessidade, possibilidade e proporcionalidade, atendo-se ao melhor interesse da criança e do adolescente.

Alimentos são conceituados por Lôbo como

> Bens ou serviços destinados às necessidades existenciais de uma pessoa, em virtude de relações de parentesco (direito parental), quando ela própria não pode prover, com seu trabalho ou rendimentos, a própria mantença.[460]

Diante da premissa de igualdade jurídica do parentesco biológico e socioafetivo, com base no art. 227, §6º,[461] da CF/88, e no art. 1.596 do CC/02, não há que falar em distinção no tocante à obrigação alimentar, configurando expressão da solidariedade social e familiar, incluindo o parentesco socioafetivo assim reconhecido.

A doutrina de Lôbo é no sentido de que os alimentos devem ser partilhados pelos pais socioafetivos e biológicos em igualdade de condições; em caso de conflito, o juiz deve considerar a partilha proporcional do valor de acordo com as possibilidades econômicas de cada um, segundo os critérios da justiça distributiva.[462]

Os arts. 1.696[463] e 1.697[464] do Código Civil determinam os parentes que têm o dever de prestar alimentos: os pais e filhos, reciprocamente; após, os ascendentes; e depois, os descendentes, ou seja, parentes em linha reta, consanguíneos ou de outra origem.

Em complemento ao art. 1696, na IV Jornada de Direito Civil, em 2006, foi aprovado o Enunciado nº 341 do CJF/STJ, prevendo que, "para

---

[460] LÔBO, Paulo. *Direito Civil*. Famílias. 8. ed. São Paulo: Saraiva, 2018. v. 5, p. 376.
[461] Art. 227, §6º Os filhos, havidos ou não da relação do casamento, ou por adoção, terão os mesmos direitos e qualificações, proibidas quaisquer designações discriminatórias relativas à filiação.
[462] LÔBO, Paulo. *Direito Civil*. Famílias. 9. ed. São Paulo: Saraiva, 2019. v. 5.
[463] Art. 1.696. O direito à prestação de alimentos é recíproco entre pais e filhos, e extensivo a todos os ascendentes, recaindo a obrigação nos mais próximos em grau, uns em falta de outros.
[464] Art. 1.697. Na falta dos ascendentes cabe a obrigação aos descendentes, guardada a ordem de sucessão e, faltando estes, aos irmãos, assim germanos como unilaterais.

os fins do art. 1696, a relação socioafetiva pode ser elemento gerador de obrigação alimentar".

Mesmo diante desse reconhecimento, algumas dúvidas são suscitadas por doutrinadores,[465] dentre eles, Schreiber, como, por exemplo: poderá o filho, em caso de necessidade, propor ação de alimentos contra qualquer dos pais não guardiões? Em caso positivo, deve pleitear apenas a cota correspondente àquele parente ou todos serão devedores solidários? O pai acionado poderá chamar ao processo os demais parentes devedores de alimentos? Haveria solidariedade entre o pai biológico e o socioafetivo?[466]

Para o autor, tais controvérsias não são novidades para a doutrina e jurisprudência, haja vista que os referidos problemas já foram enfrentados no âmbito dos alimentos avoengos.

Havendo mais de um devedor demandável, consoante entendimento recente do STJ no REsp. nº 1.715.438/RS, o litisconsórcio é facultativo, e não necessário, consubstanciando

> a natureza jurídica do mecanismo de integração posterior do polo passivo no art. 1.698 do CC/02 de litisconsórcio facultativo ulterior simples, com a particularidade, decorrente da realidade do direito material, de que a formação dessa singular espécie de litisconsórcio não ocorre somente por iniciativa exclusiva do autor, mas também por provocação do réu ou do Ministério Público, quando o credor dos alimentos for incapaz.[467]

---

[465] SIQUEIRA, Dirceu Pereira; LIMA, Henriqueta Fernanda Chaves Alencar Ferreira. Multiparentalidade e a efetividade do direito da personalidade aos alimentos: uma análise a partir da visão do Supremo Tribunal Federal no RE nº 898.060. *Revista Direito em Debate*, ano XXIX, n. 53, p. 246-259, jul./dez. 2020. Disponível em: http://dx.doi.org/10.215227/2176-6622.2020.54.246-259. Sobre a operacionalização do dever de pagar alimentos na multiparentalidade, os autores questionam: "se o filho necessitar de alimentos, haverá possibilidade de cumulação de pensões? Em caso positivo, como incidirá o binômio necessidade-possibilidade; como se formaria o polo passivo da demanda: seriam todos coobrigados, haveria solidariedade ou se poderia eleger um a ser demandado, caso em que esse poderia chamar os demais à lide? Seria necessário prévio registro? Seria necessário prévio registro? Se os múltiplos pais necessitarem dos alimentos, o filho pode vir a ser demandado por ambos, passando a multiparentalidade a ser ônus e não o costumeiro "bônus" – os alimentos por ambos os pais proporcionarão formação educacional de melhor qualidade, por exemplo?".

[466] SCHREIBER, Anderson; LUSTOSA, Paulo Franco. Efeitos jurídicos da multiparentalidade. *Pensar Revista de Ciências Jurídicas*, Fortaleza, v. 21, n. 3, p. 847-873, set./dez. 2016, ISSN 2317-2150.

[467] BRASIL. Superior Tribunal de Justiça. *Recurso Especial* nº 1.715.438/RS, Rel. Min. Nancy Andrighi, j. 13 nov. 18.

Assim, em relação aos legitimados para provocar a integração do polo passivo, se houver mais de uma pessoa coobrigada a prestar alimentos, como, de fato, acontecerá nos casos de multiparentalidade, nas hipóteses em que o credor de alimentos tenha plena capacidade processual, caberá a ele exclusivamente provocar a integração posterior do polo passivo. Já nas hipóteses em que for necessária representação processual do credor de alimentos incapaz, caberá também ao devedor provocar a integração posterior do polo passivo, a fim de que os coobrigados componham a lide, e ao representante do Ministério Público, quando a ausência de manifestação de quaisquer legitimados no sentido de chamar ao processo os demais coobrigados possa causar prejuízos aos interesses do incapaz.[468]

Esta nova tese pode ser aplicada aos alimentos avoengos e nas hipóteses de multiparentalidade.

Quanto ao legitimado para requerer o chamamento ao codevedor, foi editado o Enunciado nº 523 da V Jornada de Direito Civil: "O chamamento dos codevedores para integrar a lide, na forma do artigo 1698 do Código Civil, pode se requerido por qualquer das partes, bem como pelo Ministério Público, quando legitimado".[469] [470]

No mesmo julgamento, a doutrina majoritária,[471] ao interpretar o art. 1.698 do Código Civil, posiciona-se no sentido de que a obrigação alimentar é divisível, sob o fundamento de que não há disposição legal que autorize a cobrança integral do valor de apenas um dos coobrigados; todos devem concorrer na proporção dos respectivos recursos.

Matos e Santos,[472] a partir da leitura do art. 1.698, ao determinar que, sendo várias as pessoas obrigadas a prestar alimentos, todas devem concorrer na medida de seus respectivos recursos, sustentam que "se um dos múltiplos pais pode suportar exclusivamente a pensão, deverá, pelo menos num primeiro momento, fazê-lo", concluindo que "a obrigação pode ser adimplida por qualquer dos coobrigados, sem

---

[468] BRASIL. Superior Tribunal de Justiça. *Recurso Especial* nº 1.715.438/RS, Rel. Min. Nancy Andrighi, j. 13 nov. 18.
[469] Disponível em: https://www.cjf.jus.br/enunciados/enunciado/592. Acesso em: 8 mar. 2021.
[470] BRASIL. Superior Tribunal de Justiça. *Recurso Especial* nº 964.866/SP, Rel. Min. João Otávio de Noronha, j. 01 mar. 2011.
[471] A exemplo de Maria Helena Diniz, Yussef Said Cahali, Rolf Madaleno, Flávio Tartuce Cristiano Chaves e Nelson Rosenvald.
[472] MATOS, Ana Carla Harmatiuk; SANTOS, Gabriel Percegona. Efetividade dos alimentos na multiparentalidade. *Revista IBDFAM – Famílias e Sucessões*, Belo Horizonte, v. 32, mar./abr. 2019, p. 41.

solidariedade do dever entre eles, em virtude do que dispõe o artigo 265 do Código Civil,[473] que exige para sua incidência previsão legal ou vontade das partes", não havendo, portanto, litisconsórcio passivo necessário, podendo a ação ser ajuizada em face apenas de um dos múltiplos pais.

No mesmo entendimento, Siqueira e Lima[474] entendem tratar-se de uma obrigação divisível, e não solidária, onde há a coobrigação dos pais e filhos de acordo com a capacidade financeira de cada um de prestar a necessidade do credor.

Em um caso julgado pelo Tribunal de Justiça de Santa Catarina,[475] a partir do reconhecimento da paternidade socioafetiva entre padrasto e enteada configurada em uma convivência de dez anos, a juíza da 1ª Vara de Família da Comarca de São José, em Santa Catarina, proferiu sentença em 2012 condenando o padrasto a pagar, a título de alimentos, o importe de 10% (dez por cento) dos seus vencimentos, em razão da "existência da relação de afetividade entre eles".

O tribunal identificou os elementos caracterizadores da parentalidade pela exteriorização das condutas entre enteada e padrasto, que externavam o *status* de filiação e a notória prática das funções parentais que dão substrato à constatação da parentalidade socioafetiva entre eles.

A decisão compartilhou a responsabilidade pelo sustento da adolescente entre os pais biológico e socioafetivo (padrasto), determinando o pagamento de alimentos pelo padrasto, mesmo já recebendo a adolescente pensão alimentícia do seu genitor. Esta foi considerada insuficiente para satisfazer-lhe as necessidades básicas, em atenção ao princípio do melhor interesse da criança e do adolescente.

A decisão foi mantida pelo Tribunal de Santa Catarina, que reforçou o reconhecimento da existência de vínculos socioafetivos entre o padrasto e a enteada, declarando a multiparentalidade entre o pai biológico, o padrasto e a enteada.

Desta forma, se os alimentos prestados pelos pais biológicos forem insuficientes para as necessidades do alimentando, seria possível

---

[473] Art. 265. A solidariedade não se presume; resulta da lei ou da vontade das partes.
[474] SIQUEIRA, Dirceu Pereira; LIMA, Henriqueta Fernanda Chaves Alencar Ferreira. Multiparentalidade e a efetividade do direito da personalidade aos alimentos: uma análise a partir da visão do Supremo Tribunal Federal no RE nº 898.060. *Revista Direito em Debate*, ano XXIX, n. 53, p. 246-259, jul./dez. 2020. Disponível em: http://dx.doi.org/10.215227/2176-6622.2020.54.246-259.
[475] SANTA CATARINA. Tribunal de Justiça. *Agravo de Instrumento* nº 2012.073749-3, j. 14 fev. 13.

propor uma ação de alimentos em face dos pais socioafetivos para que complementem a pensão paga? Observa-se, pelo caso julgado, que é possível tal complementação. Cassetari posiciona-se neste sentido também quando sustenta que, se os alimentos pagos pelo pai biológico forem insuficientes para a necessidade do alimentando, poderá ser proposta uma ação de alimentos em face do pai e mãe socioafetivos para complementar a pensão.[476]

Já Maria Berenice Dias sustenta que há o dever de prestar alimentos para aquele que desempenha funções parentais, sendo que a não imposição desse dever a algum dos pais implica o fomento da sua irresponsabilidade e Rolf Madaleno também entende não ser adequado exonerar o pai biológico ainda que o socioafetivo contribua com alimentos ao filho.[477]

Desta forma, se fracionada a obrigação, os parentes devem responder pela quota que lhes cabe, *pro rata*, e o *quantum* considerado a partir das necessidades do alimentante, da possibilidade do pagador e da proporcionalidade que envolve a obrigação, havendo a possibilidade de arbitrar valores distintos para cada coobrigado na visão de Matos e Santos.[478]

Outra questão diz respeito ao direito recíproco de prestar alimentos, com fundamento no art. 229[479] da CF/88 e no *caput* do art. 1.694[480] do CC/02, consubstanciando um ônus da responsabilidade alimentar. Necessário apontar a reciprocidade absoluta dos efeitos patrimoniais, entre eles, o direito à herança, que, muito embora configure num primeiro momento uma dupla vantagem ao filho, associada ao direito aos alimentos, poderá, na vida adulta, converter-se num triplo dever (relacionado, por exemplo, a três pais/mães reconhecidos juridicamente).

---

[476] CASSETARI, Christiano. *Multiparentalidade e parentalidade socioafetiva*: efeitos jurídicos. 3. ed. São Paulo: Atlas, 2017.

[477] MATOS, Ana Carla Harmatiuk; SANTOS, Gabriel Percegona. Efetividade dos alimentos na multiparentalidade. *Revista IBDFAM – Famílias e Sucessões*, Belo Horizonte, v. 32, mar./abr. 2019, p. 42.

[478] MATOS, Ana Carla Harmatiuk; SANTOS, Gabriel Percegona. Efetividade dos alimentos na multiparentalidade. *Revista IBDFAM – Famílias e Sucessões*, Belo Horizonte, v. 32, mar./abr. 2019, p. 43.

[479] Art. 229. Os pais têm o dever de assistir, criar e educar os filhos menores, e os filhos maiores têm o dever de ajudar e amparar os pais na velhice, carência ou enfermidade.

[480] Art. 1.694. Podem os parentes, os cônjuges ou companheiros pedir uns aos outros os alimentos de que necessitem para viver de modo compatível com a sua condição social, inclusive para atender às necessidades de sua educação.

A partir da declaração do vínculo parental, todos os efeitos dela decorrem. Pela via da reciprocidade, pode ocasionar um duplo ônus aos filhos contemplados pela múltipla parentalidade, entretanto poderá, no futuro, tornar-se um múltiplo encargo, vislumbrada a absoluta reciprocidade que permeia os alimentos e a vocação hereditária.

Nesse diapasão, Carlos Alberto e Adriana Caldas Maluf[481] demonstram, mais uma vez, que a aplicação da multiparentalidade inspira cuidados por não ser tão benéfica à pessoa do filho ou à própria sociedade, uma vez que o filho poderia pleitear pensão alimentícia de dois pais ou de duas mães, aumentando os recursos para a sua sobrevivência, bem como pleitear direitos sucessórios aumentados. No entanto, diante da bilateralidade das ações de família, o filho também teria o dever de sustento de um maior número de genitores, os quais poderiam requerer a guarda do filho e ainda teriam direitos sucessórios quando de sua pré-morte.

Tavares da Silva levanta a seguinte dúvida: a multiparentalidade seria benéfica para uma criança? E responde: "A multiparentalidade pode gerar também o comodismo do jovem, que passará a ter duas fontes pagadoras de pensão alimentícia. Por qual razão esforçar-se-ia esse jovem em estudar e trabalhar?".[482]

A pensão alimentícia duplicada estimularia o ócio e, inclusive, o desamor, "porque uma pessoa em sã consciência evitaria unir-se a quem tivesse filhos, porque poderia ser apenado com o pagamento de pensão alimentícia aos jovens que não são seus filhos diante da separação da mãe dos menores".[483]

O argumento para o não reconhecimento da multiparentalidade sustenta-se no princípio do melhor interesse da criança e do adolescente, mas também, com base no mesmo princípio, defende-se o instituto diante do reconhecimento de uma situação que efetivamente caracterize a multiparentalidade entre os pais e filhos menores de idade.

A assertiva que a multiparentalidade incentiva o desafeto não encontra respaldo diante da realidade, porquanto a afetividade é o

---

[481] MALUF, Carlos Alberto Dabus; MALUF, Adriana Caldas do Rego Freitas Dabus. *Curso de Direito de Família*. 2. ed. São Paulo: Saraiva, 2016.

[482] TAVARES DA SILVA, Regina Beatriz. Multiparentalidade não poderia ter sido examinada pelo STF. *Regina Beatriz*, 28 set. 2016. Disponível em: http://www.reginabeatriz.com.br. Acesso em: 20 fev. 2017.

[483] TAVARES DA SILVA, Regina Beatriz. Descabimento da multiparentalidade. *In:* MARTINS, Ives Gandra da Silva; CARVALHO, Paulo de Barros (Org.). *O Direito e a família*. São Paulo: Noeses, 2014, p. 65.

vetor das relações familiares e filiais. Ademais, não reconhecê-la sob o argumento de que o pagamento de mais de uma pensão alimentícia incentiva o ócio não é justificativa plausível à sua não configuração.

Diante do reconhecimento da parentalidade exercida, seja biológica ou socioafetiva, decorre o dever de alimentos de forma recíproca, bem como todos os demais efeitos jurídicos inerentes à relação filial.

E se todos os pais (biológicos e socioafetivos) estiverem impossibilitados de prestar alimentos, Lobo questiona: "a obrigação passará aos avós?"[484] O limite da prestação será em conformidade com a Súmula nº 596 do STJ, que preceitua: "A obrigação alimentar dos avós tem natureza complementar e subsidiária, somente se configurando no caso da impossibilidade total ou parcial de seu cumprimento pelos pais".

E com base na reciprocidade aqui defendida, o Estatuto do Idoso, no seu art. 12, assegura que a obrigação alimentar é solidária, podendo a pessoa idosa optar entre os prestadores.

Há, ainda, outra discussão acerca da configuração de enriquecimento ilícito diante do recebimento de pensões alimentícias. Pela inadmissibilidade da multiparentalidade, Gramstrup e Queiroz sustentam que o direito ao recebimento de duas ou mais pensões alimentícias, duas ou mais heranças, ensejará enriquecimento sem causa, pois "o filho socioafetivo poderá pleitear a determinação do parentesco biológico com seus genitores tão somente para reivindicar alimentos, herança, mesmo sem ter nenhuma proximidade com essas pessoas".[485]

Por outro lado, Matos e Santos ponderam que não há no ordenamento jurídico qualquer vedação ao pleito de duas prestações alimentares, desde que pautadas no trinômio necessidade-possibilidade-proporcionalidade, tendo como princípio do melhor interesse da criança ou do adolescente como diretriz, ao mesmo tempo que também direcionam para um possível enriquecimento ilícito, que pode desnaturar a própria essência das relações familiares.[486]

Advoga-se a não configuração da multiparentalidade diante de demandas com o único intuito patrimonial, embora o STF tenha

---

[484] LOBO, Fabíola Albuquerque. *Multiparentalidade*: efeitos no Direito de Família. 2. ed. Indaiatuba, SP: Foco, 2023, p. 103.

[485] GRAMSTRUP, Erik Frederico; QUEIROZ, Odete Novais Carneiro. A socioafetividade e a multiparentalidade. *Revista Nacional de Direito de Família e Sucessões*, Porto Alegre, ano II, n. 11, p. 104-127, mar./abr. 2016, ISSN 2358-3223.

[486] MATOS, Ana Carla Harmatiuk; SANTOS, Gabriel Percegona. Efetividade dos alimentos na multiparentalidade. *Revista IBDFAM – Famílias e Sucessões*, Belo Horizonte, v. 32, mar./abr. 2019, p. 40-41.

admitido tal possibilidade ao reconhecer a multiparentalidade com base apenas no critério biológico, sem que haja afetividade entre as pessoas. Entretanto, se os vínculos biológico e socioafetivo estão presentes na realidade dos fatos, não há de se falar em enriquecimento sem causa quanto aos efeitos patrimoniais decorrentes da múltipla filiação.

O reconhecimento da multiparentalidade espelha uma realidade fática, a ser analisada casuisticamente e sob os parâmetros balizados com fundamento nos princípios constitucionais, entre eles, em se tratando de crianças e adolescentes, o do melhor interesse e da proteção integral, não devendo existir uma solução apriorística.

4.2.4 Em relação aos direitos sucessórios

O que vem suscitando indagações e causando discussões na doutrina diz respeito ao direito sucessório nas famílias múltiplas. Isto porque o paradigma até então era uma pessoa ter dois ascendentes, herdando, portanto, de duas pessoas. Diante do novel paradigma, o questionamento que vem à baila é a possibilidade ou não de uma pessoa herdar mais de uma vez de pais e mães diferentes, como efeito jurídico no âmbito sucessório. Entretanto, não há no ordenamento jurídico norma que inviabilize o recebimento de múltiplas heranças.

O direito constitucional à herança é cláusula pétrea (art. 5º, XXX) e decorre diretamente da filiação, não sendo diferente no caso da filiação múltipla, haja vista ser um "efeito natural e consequente de quaisquer dos ascendentes a favor do descendente de primeiro grau".[487]

Segundo Calderón, não se pode cogitar filho sem direito à herança no atual sistema civil-constitucional a partir de dois direitos de índole constitucional: o de herança e o de igualdade filial,[488] como também não existe limitação constitucional ao número de vezes que esse direito pode ser exercido.[489]

Neste sentido, o Enunciado nº 632, aprovado na VIII Jornada de Direito Civil, preconiza: "Art. 1.596. Nos casos de reconhecimento de

---

[487] VIEIRA DE CARVALHO, Luiz Paulo; COELHO, Luiz Cláudio Guimarães. Multiparentalidade e herança: alguns apontamentos. *Revista IBDFAM – Famílias e Sucessões*, Belo Horizonte, v. 19, p. 11-41, jan./fev. 2017, ISSN 2358-1670.

[488] CALDERÓN, Ricardo Lucas; GRUBERT, Camila. Projeções sucessórias da multiparentalidade. In: TEIXEIRA, Daniele Chaves (Coord.). *Arquitetura do planejamento sucessório*. 2. ed. Belo Horizonte: Fórum, 2020, p. 285-298.

[489] CALDERÓN, Ricardo Lucas. *Princípio da afetividade no Direito de Família*. 2. ed. Rio de Janeiro: Forense, 2017.

multiparentalidade paterna ou materna, o filho terá direito à participação na herança de todos os ascendentes reconhecidos".[490]

A justificativa é no sentido de aclarar que o filho terá direito à dupla herança perante esses ascendentes reconhecidos, isso porque, independentemente da forma de reconhecimento dos filhos, estes possuem os mesmos direitos, inclusive sucessórios, com espeque no art. 227, §6º, da CF/88 e art. 1.596 do CC/02.

Em que pese tenha o legislador do Código Civil tomado como referência a família nuclear para disciplinar a transmissão patrimonial *causa mortis*, com o advento da multiparentalidade, a discussão na doutrina envolve os parâmetros a serem observados quanto à legitimidade sucessória e à delimitação dos quinhões hereditários.

É que o chamamento à sucessão legítima ocorre em decorrência dos vínculos familiares constituídos pelo *de cujus* e seus sucessores, qualquer que seja sua origem. Por essa razão, a ordem da vocação hereditária deverá ser seguida sem fazer distinção alguma entre o parentesco, seja ele biológico ou socioafetivo, ou ambos ao mesmo tempo, no caso da multiparentalidade.

O art. 1.829 do Código Civil, que serve de norte ao chamamento dos sucessores à sucessão legítima, estabelece que:

> Art. 1.829. A sucessão legítima defere-se na ordem seguinte:
> I - aos descendentes, em concorrência com o cônjuge sobrevivente, salvo se casado este com o falecido no regime da comunhão universal, ou no da separação obrigatória de bens (*art. 1.640, parágrafo único*); ou se, no regime da comunhão parcial, o autor da herança não houver deixado bens particulares;
> II - aos ascendentes, em concorrência com o cônjuge;
> III - ao cônjuge sobrevivente;
> IV - aos colaterais.[491]

Em primeiro lugar na ordem de vocação hereditária encontram-se os descendentes, que poderão concorrer com o cônjuge ou companheiro[492] sobrevivente, a depender do regime de bens adotado

---

[490] BRASIL. Conselho da Justiça Federal. VIII Jornada de Direito Civil, 26 e 27.04.2018.
[491] BRASIL. *Código Civil Brasileiro de 2002*. Disponível em: http://www.planalto.gov.br/ccivil_03/leis/2002/L10406.htm.
[492] Não obstante não figurar entre os herdeiros elencados no art. 1.829 do Código Civil, por força do julgamento do RE nº 878.694, o Supremo Tribunal Federal equiparou os direitos sucessórios de quem vive em união estável àqueles decorrentes do matrimônio, e, para

no relacionamento e, quanto ao regime de comunhão parcial de bens, à origem dos bens da herança.

Considerando exclusivamente a sucessão dos descendentes, é preciso atentar que no primeiro grau dessa classe de sucessores estão os filhos do *de cujus* aos quais, em vista da igualdade trazida pela Constituição Federal de 1988, em seu art. 227, §6º, e, no mesmo sentido, pelo art. 1.596 do Código Civil de 2002, fica proibido qualquer tratamento discriminatório. Na medida em que nenhuma filiação deve ser diferenciada das demais, a atribuição do *status* de filho independe do vínculo de filiação constituído, não podendo acarretar a privação de quaisquer efeitos decorrentes dessa relação de parentesco, razão pela qual não deve haver impedimento à sucessão na multiparentalidade, ao contrário, realiza-se a plena igualdade entre os filhos, assegurada na Constituição Federal.

Em consonância com a nova realidade das organizações familiares, o filho deverá figurar como sucessor de todos os pais/mães que possuir, reflexão que se estende aos demais descendentes de graus mais remotos. Assim, havendo relações parentais biológicas e afetivas concomitantes, será totalmente plausível a concessão de mais de duas heranças a uma mesma pessoa, em razão dos vínculos que a unem a seus diversos ascendentes.[493] Isso é ponto pacífico.

Para Lôbo, "a sucessão hereditária legítima é assegurada ao filho de pais concomitantemente biológicos e socioafetivos em igualdade de condições". Os limites dizem respeito às legítimas dos herdeiros necessários de cada sucessão e não ao número de pais autores das heranças.[494]

Quintana e Brandt concluem que, pelo fato de não haver distinção jurídica sobre a forma de relação pai/filho ser biológica ou afetiva, estando reconhecida a multiparentalidade, no momento da transmissão da herança estaria criada a linha de chamamento sucessório de cada

---

fins de repercussão geral, aprovou a seguinte tese: "No sistema constitucional vigente é inconstitucional a diferenciação de regime sucessório entre cônjuges e companheiros devendo ser aplicado em ambos os casos o regime estabelecido no artigo 1829 do Código Civil". Disponível em: https://stf.jusbrasil.com.br/jurisprudencia/311628824/repercussao-geral-no-recurso-extraordinario-rg-re-878694-mg-minas-gerais-1037481-7220098130439/inteiro-teor-311628833.

[493] CASSETARI, Christiano. *Multiparentalidade e parentalidade socioafetiva:* efeitos jurídicos. 3. ed. São Paulo: Atlas, 2017, p. 254.

[494] LÔBO, Paulo. *Direito Civil.* Sucessões. 5. ed. São Paulo: Saraiva, 2019. v. 6, p. 92.

pai ou mãe que o filho tiver. Desse modo, o filho multiparental figura como herdeiro necessário de todos os pais que tiver.[495]

Nesse mesmo sentido, assinala Schreiber que:

> Ainda que possa soar inusitado, o fato de uma pessoa ter direitos sobre heranças de diversos ascendentes em primeiro grau não encontra obstáculo na ordem constitucional vigente. Assim, independentemente da origem do vínculo, o filho será herdeiro necessário e terá direito à legítima. Ter direitos sucessórios em relação aos pais biológicos e, ao mesmo tempo, em relação aos pais socioafetivos não ofende qualquer norma jurídica, ao contrário, apenas realiza a plena igualdade entre os filhos assegurada pela Constituição. Ter um, dois, três ou até mais vínculos parentais decorre de contingências da vida, de modo que não há problema em haver irmãos legitimados a suceder em heranças distintas de seus respectivos ascendentes.[496]

Por outro lado, como já mencionado, há críticas quanto ao manejo de ações investigatórias de paternidade *post mortem* movidas por interesse exclusivamente patrimonial, postulando-se a participação na herança. Para Lôbo, "não podem os interesses patrimoniais ser móveis de investigações de paternidade, como ocorre quando o pretendido genitor biológico falece, deixando herança considerável".[497]

Schreiber cita como hipótese emblemática a situação de filho que, mesmo conhecedor por longos anos do vínculo como pai biológico, deixa de procurá-lo e assisti-lo na velhice, mas, uma vez ocorrido o falecimento, pretende ver reconhecida a parentalidade, habilitando-se ao recebimento do seu quinhão hereditário.[498]

A preocupação também é demonstrada por Farias e Rosenvald diante da possibilidade dos vínculos para fins hereditários na relação

---

[495] QUINTANA, Julia Gonçalves; BRANDT, Fernanda. Os desafios da sucessão na multiparentalidade. In: NARDI, Norberto Luiz; NARDI, Marília Possenatto; NARDI, Vinícius Possenatto (Org.). *Direito acontecendo na união estável*. São Paulo: Ledriprint, 2017. v. 9, p. 313.

[496] SCHREIBER, Anderson; LUSTOSA, Paulo Franco. Efeitos jurídicos da multiparentalidade. *Pensar Revista de Ciências Jurídicas*, Fortaleza, v. 21, n. 3, p. 847-873, set./dez. 2016, ISSN 2317-2150, p. 859.

[497] LÔBO, Paulo. A socioafetividade no Direito de Família: a persistente trajetória de um conceito fundamental. In: DIAS, Maria Berenice et al. (Coord.). *Afeto e estruturas familiares*. Belo Horizonte: Del Rey, 2010.

[498] SCHREIBER, Anderson; LUSTOSA, Paulo Franco. Efeitos jurídicos da multiparentalidade. *Pensar Revista de Ciências Jurídicas*, Fortaleza, v. 21, n. 3, p. 847-873, set./dez. 2016, ISSN 2317-2150.

multiparental. Eles defendem a vedação da possibilidade de um filho socioafetivo buscar a determinação da filiação biológica apenas para fins sucessórios, reclamando a herança do seu genitor, sem que tenha qualquer aproximação,[499] como sustentamos.

Explica, contudo, Silva Pereira que a possibilidade de uma pessoa receber herança de dois pais e duas mães não seria ineditismo no nosso ordenamento jurídico, em decorrência da multiparentalidade, visto que na adoção simples, regulada pelo Código Civil de 1916, prevalecia o entendimento de que o adotado tinha direitos sucessórios em relação ao adotante, salvo quando este possuísse filhos legítimos, legitimados ou naturais reconhecidos ao tempo que se deu a adoção, sem prejuízo do direito à sucessão de seus parentes consanguíneos, na medida em que o parentesco civil não rompia os vínculos de filiação biológica.[500]

Quanto à divisão da herança, aplicar-se-ão as regras do art. 1.835 do Código Civil de 2002: "Na linha descendente, os filhos sucedem por cabeça, e os outros descendentes, por cabeça ou por estirpe, conforme se achem ou não no mesmo grau".[501] Ou seja, a herança será dividida entre os descendentes sem distinção alguma entre os biológicos, os socioafetivos ou os multiparentais.

Quanto à concorrência sucessória entre os descendentes e o cônjuge ou companheiro sobrevivente, esclarece Barros que a multiparentalidade em nada a afetará, sejam os descendentes comuns ou exclusivos do falecido, "na medida em que os vínculos parentais decorrem apenas da relação afetiva entre pais e filhos".[502]

Assim, segundo o art. 1.832 do Código Civil, "caberá ao cônjuge quinhão igual ao dos que sucederem por cabeça, não podendo a sua cota ser inferior à quarta parte da herança, se for ascendente dos herdeiros com que concorrer".[503] Em outras palavras, ao cônjuge ou companheiro sobrevivente será atribuído o mesmo quinhão dos

---

[499] FARIAS, Cristiano Chaves; ROSENVALD, Nelson. *Curso de Direito Civil.* 9. ed. Salvador: JusPodivm, 2016. v.

[500] SILVA PEREIRA, Caio Mário da. *Instituições de Direito Civil.* Atualização de Tânia da Silva Pereira. 25. ed. Rio de Janeiro: Forense, 2017. v. 6, p. 98-99.

[501] BRASIL. *Código Civil Brasileiro de 2002.* Disponível em: http://www.planalto.gov.br/ccivil_03/leis/2002/L10406.htm. Acesso: 12 mar. 2018.

[502] BARROS, André Borges de Carvalho. Multiparentalidade e sucessão: aplicabilidade das regras sucessórias do Código Civil em face do reconhecimento da multiparentalidade pelo Supremo Tribunal Federal. *Revista Nacional de Direito de Família e Sucessões,* Porto Alegre, n. 23, p. 106-119, mar./abr. 2018, ISSN 2358-3223, p. 113.

[503] BRASIL. *Código Civil Brasileiro de 2002.* Disponível em: http://www.planalto.gov.br/ccivil_03/leis/2002/L10406.htm. Acesso: 12 mar. 2018.

descendentes do mesmo grau; entretanto, sendo todos os descendentes do falecido seus descendentes também, é garantido um quinhão mínimo referente a um quarto da herança, tenham ou não esses descendentes comuns múltiplos vínculos parentais.

A sucessão na classe dos ascendentes determina que a herança deverá ser partilhada em duas linhas,[504] a paterna e a materna, segundo a proximidade do parentesco desses familiares com o falecido. Caberá, nos termos do §2º[505] do art. 1.836 do Código Civil de 2002, 50% (cinquenta por cento) do montante hereditário para cada uma das linhas, dividindo-se o total entre os parentes ascendentes que a integrarem.

Simão exemplifica: "se o falecido deixou dois avós maternos e um avô paterno, a herança não se divide em três partes (por cabeça), mas sim por linhas (*in linea*): 50% para o avô paterno (linha paterna) e 50% para a linha materna: 25% para o avô e 25% para a avó".[506]

Acontece que, se ao filho de múltiplos pais cabe o direito à herança de quantos pais ou mães tiver, deve ser recíproco tal direito aos pais. Neste sentido, Schreiber leciona que o direito à herança é do filho em relação aos múltiplos pais, mas também é direito dos múltiplos pais em relação ao filho.[507]

Neste ponto, consagrada a possibilidade da multiparentalidade, a indagação que se propõe é: qual a solução aplicada na hipótese de o filho falecer antes dos pais biológico ou socioafetivo? E se houver concorrência com o cônjuge supérstite?[508]

Schreiber também indaga neste sentido:

---

[504] Segundo Gramstrup e Queiroz, "a sucessão dos ascendentes foi concebida sob a premissa de existir *uma* linha paterna e *uma* linha materna. É conhecida sob a designação 'sucessão por linhas', admitindo-se que há apenas duas delas". GRAMSTRUP, Erik Frederico; QUEIROZ, Odete Novais Carneiro. A socioafetividade e a multiparentalidade. *Revista Nacional de Direito de Família e Sucessões*, Porto Alegre, ano II, n. 11, p. 104-127, mar./abr. 2016, ISSN 2358-3223.

[505] Art. 1.836, §2º Havendo igualdade em grau e diversidade em linha, os ascendentes da linha paterna herdam a metade, cabendo a outra aos da linha materna.

[506] SIMÃO, José Fernando. Multiparentalidade e a sucessão legítima: divisão da herança em linhas (art. 1836 do CC). *Jornal Carta Forense*, 02 dez. 2016. Disponível em: http://cartaforense.com.br. Acesso em: 17 dez. 2018.

[507] SCHREIBER, Anderson. STF, Repercussão Geral nº 622: a multiparentalidade e seus efeitos, *Carta Forense*, 26 set. 16. Disponível em: http://www.cartaforense.com.br/conteudo/artigos/stf-repercussao-geral-622-a-multiparentalidade-e-seus-efeitos/16982. Acesso em: 23 fev. 2017.

[508] GOZZO, Débora. Dupla parentalidade e direito sucessório: a orientação dos tribunais superiores brasileiros. *Civilística.com*, ano 6, n. 2, p. 18, 2017. Disponível em: http://civilistica.com/wp-content/uploads/2017/12/Gozzo-civilistica.com-a.6.n.1.2017.pdf. Acesso em: 20 out. 2018.

O que ocorre caso o filho venha a falecer antes dos pais, sem deixar descendentes? A resposta da lei brasileira sempre foi a de que 'os ascendentes da linha paterna herdam a metade, cabendo a outra metade aos da linha materna' (Código Civil, art. 1.836). Em primeiro grau, isso significava que o pai recebia a metade dos bens, e a mãe, a outra metade. Agora, indaga-se como será feita a distribuição nessa hipótese: a mãe recebe metade e cada pai recebe um quarto da herança? Ou se divide a herança igualmente entre os três, para que a posição de pai não seja 'diminuída' em relação à posição de mãe (ou vice-versa)?[509]

Calderón e Franco[510] sintetizaram o entendimento de como se daria essa divisão da herança do filho para três ascendentes de primeiro grau em duas correntes doutrinárias, a saber.

Uma primeira corrente entende que a herança deverá ser partilhada em duas linhas,[511] a paterna e a materna, segundo a proximidade do parentesco desses familiares com o falecido. Assim, nos termos do §2º[512] do art. 1.836 do Código Civil de 2002, caberiam 50% (cinquenta por cento) do montante hereditário para cada uma das linhas, dividindo-se o total entre os parentes ascendentes que a integrarem.[513]

Seguindo os termos dessa primeira corrente, que seguiria a divisão por duas linhas, uma paterna e outra materna. Para o exemplo citado acima, a solução seria a seguinte: a mãe ficaria com 50% da herança e cada um dois pais receberia 25% da herança do filho. Como visto, haveria uma desigualdade entre os referidos ascendentes.

---

[509] SCHREIBER, Anderson. STF, Repercussão Geral nº 622: a multiparentalidade e seus efeitos, *Carta Forense*, 26 set. 16. Disponível em: http://www.cartaforense.com.br/conteudo/artigos/stf-repercussao-geral-622-a-multiparentalidade-e-seus-efeitos/16982. Acesso em: 23 fev. 2017.

[510] CALDERÓN, Ricardo Lucas; FRANCO, Karina Barbosa. Multiparentalidade e direitos sucessórios: efeitos, possibilidades e limites. *In*: TEIXEIRA, Ana Carolina Brochado; NEVARES, Ana Luiza Maia. (Coord.). *Direitos das sucessões*: problemas e tendências. Indaiatuba, SP: Foco, 2022.

[511] Segundo Gramstrup e Queiroz, "a sucessão dos ascendentes foi concebida sob a premissa de existir *uma* linha paterna e *uma* linha materna. É conhecida sob a designação 'sucessão por linhas', admitindo-se que há apenas duas delas". GRAMSTRUP, Erik Frederico; QUEIROZ, Odete Novais Carneiro. A socioafetividade e a multiparentalidade. *Revista Nacional de Direito de Família e Sucessões*, Porto Alegre, ano II, n. 11, p. 104-127, mar./abr. 2016, ISSN 2358-3223.

[512] Art. 1.836, §2º "Havendo igualdade em grau e diversidade em linha, os ascendentes da linha paterna herdam a metade, cabendo a outra aos da linha materna".

[513] José Simão ilustra que "se o falecido deixou dois avós maternos e um avô paterno, a herança não se divide em três partes (por cabeça), mas sim por linhas (*in linea*): 50% para o avô paterno (linha paterna) e 50% para a linha materna: 25% para o avô e 25% para a avó". SIMÃO, José Fernando. Multiparentalidade e a sucessão legítima: divisão da herança em linhas (art. 1836 do CC). *Jornal Carta Forense*, 02 dez. 2016. Disponível em: http://cartaforense.com.br. Acesso em: 17 dez. 2018.

Luiz Paulo Vieira de Carvalho é um dos defensores de tal corrente, sustentando que ainda que não pareça a solução mais justa, no cenário atual é essa que deve ser adotada em face da previsão legal do art. 1836 do Código Civil, que não poderia ser ignorada.

Sob o ponto de vista, de *lege data*, defende Carvalho, considerando a solução contida na norma cogente do art. 1.836 do CC, que a herança seja sempre dividida primeiramente em duas linhas, tendo em conta o gênero dos ascendentes: metade da herança seria destinada à linha materna e a outra metade à linha paterna. Em seguida, a divisão observaria o número de pais ou mães, ou seja, o patrimônio seria partilhado igualmente entre os integrantes de cada linha, ainda que houvesse mais de um ascendente do 1º grau em cada uma delas.

Nas palavras do citado autor:

> Em existindo dois pais, estes recolherão a metade da quota cabível aos ascendentes, na proporção de metade para cada um, e a mãe, integralmente, a outra metade; em existindo duas mães estas dividirão entre si a metade da parte cabível aos ascendentes, e o pai receberá a outra metade por inteiro, sem que se possa arguir qualquer inconstitucionalidade, pois a eventual discrepância de valores, só não pode ser permitida em se tratando de diferenciação entre filhos do falecido (art. 227 §6º da CRFB).[514]

Mas sob outra perspectiva, Carvalho extrai a seguinte interpretação teleológica: se por ocasião da edição dos Códigos Civis de 1916 e 2002 não era crível a admissão da multiparentalidade, diante do "novo horizonte sucessório" impõe-se a igualdade pretendida da *mens legislatoris* quanto aos quinhões dos sucessíveis, a ser calculada e atribuída de acordo com o número de efetivos beneficiados.

O autor sugere um acréscimo legislativo ao §2º do art. 1.836 nos seguintes termos:

> Art. 1.836 [...]
> Parágrafo único. Em caso de multiparentalidade, falecido o descendente sem deixar prole, o quinhão correspondente aos ascendentes, será

---

[514] VIEIRA DE CARVALHO, Luiz Paulo; COELHO, Luiz Cláudio Guimarães. Multiparentalidade e herança: alguns apontamentos. *Revista IBDFAM – Famílias e Sucessões*, Belo Horizonte, v. 19, p. 11-41, jan./fev. 2017, ISSN 2358-1670.

dividido na mesma proporção do número de pais ou mães sobreviventes.[515]

Desta forma, diante da sugestão da referida alteração legislativa, em caso de multiparentalidade, falecido o filho sem deixar prole, o quinhão hereditário correspondente aos ascendentes seria dividido na mesma proporção do número de pais e mães sobreviventes.

Para Lôbo, seguindo a primeira corrente, "se o autor da herança não deixar descendentes, seus ascendentes biológicos e socioafetivos herdarão concorrentemente, de acordo com suas linhas (maternas e paternas), por força do CC, art. 1.836". E exemplifica: "se deixar dois pais (um socioafetivo e outro biológico) e uma mãe, esta herda a metade da herança, e os pais a outra metade".[516]

Já para uma segunda corrente, a divisão deveria se dar de outra forma, com uma repartição igualitária entre os três ascendentes, com cada um recebendo um terço da herança, igualmente. Para os defensores deste entendimento, deve-se prestigiar a função da norma prevista no parágrafo segundo do art. 1.836 do Código Civil, que seria justamente igualar as participações sucessórias dos ascendentes. Logo, não faria sentido aplicar, nestes casos, a regra com um sentido diverso da sua função pretendida. Dentro os defensores desta corrente se encontram Ana Luiza Nevares, Anderson Schreiber, Débora Gozzo e tantos outros.

Gozzo defende que:

> Em se tratando de pais, o ideal parece ser que se divida a herança entre todos os aqueles que constarem da certidão de nascimento do filho, garantindo-se assim uma solução baseada na equidade. Isto porque, quando houver lacuna legal, uma forma de preenchê-la, é por meio do julgamento por equidade, ao lado da analogia, os costumes e os princípios gerais de direito (LINDB, art. 4º). Não parece que seja justo dividir a herança em linhas, uma vez que isto causaria um desequilíbrio, se em um dos lados houver mais de um pai ou mais de uma mãe. E assim por diante.[517]

---

[515] VIEIRA DE CARVALHO, Luiz Paulo; COELHO, Luiz Cláudio Guimarães. Multiparentalidade e herança: alguns apontamentos. *Revista IBDFAM – Famílias e Sucessões*, Belo Horizonte, v. 19, p. 11-41, jan./fev. 2017, ISSN 2358-1670.

[516] LÔBO, Paulo. *Direito Civil*. Sucessões. 5. ed. São Paulo: Saraiva, 2019. v. 6, p. 93.

[517] GOZZO, Débora. Dupla parentalidade e direito sucessório: a orientação dos tribunais superiores brasileiros. *Civilística.com*, ano 6, n. 2, p. 18, 2017. Disponível em: http://civilistica.com/wp-content/uploads/2017/12/Gozzo-civilistica.com-a.6.n.1.2017.pdf. Acesso em: 20 out. 2018.

O Enunciado nº 642 da VIII Jornada de Direito Civil traduz esta corrente:

> Art. 1.836. Nas hipóteses de multiparentalidade, havendo o falecimento do descendente com o chamamento de seus ascendentes à sucessão legítima, se houver igualdade em grau e diversidade em linha entre os ascendentes convocados a herdar, a herança deverá ser dividida em tantas linhas quantos sejam os genitores.[518]

A justificativa se baseia na *mens legis* do §2º do art. 1.836 do CC, cuja divisão se dá conforme os troncos familiares. Por conseguinte, para atingir o objetivo do legislador, nas hipóteses de multiparentalidade a herança deverá ser dividida em tantas linhas quantos sejam os genitores.[519]

Esse também é o posicionamento de Simão, que defende a divisão da herança entre a família paterna e a materna em partes iguais. Se são duas famílias paternas, têm-se duas linhas paternas e uma materna, constando a divisão da herança em terços. Como o Código Civil não poderia prever a multiparentalidade como realidade jurídica, lança uma leitura atual do parágrafo segundo do art. 1.836: "Havendo igualdade em grau e diversidade em linha quanto aos ascendentes, a herança se divide igualmente entre tantas quantas forem as linhas maternas e paternas".[520]

Matos e Fagundes[521] entendem que a segunda interpretação é a mais adequada, afirmando que o §2º do art. 1.836 do Código Civil pretende a divisão igualitária entre os ascendentes e por não ser possível prever, na ocasião da edição da norma, a possibilidade da multiparentalidade, a literalidade do texto não se adequa aos casos que reconhecem esse vínculo parental múltiplo, devendo ser seguida a finalidade da norma – a igualdade na partilha.

Por esse entendimento, com o qual se concorda e defende, sendo reconhecidos efeitos sucessórios à multiparentalidade, a herança deve

---

[518] BRASIL. Conselho da Justiça Federal. VIII Jornada de Direito Civil, 26 e 27.04.2018.
[519] BRASIL. Conselho da Justiça Federal. VIII Jornada de Direito Civil, 26 e 27.04.2018.
[520] SIMÃO, José Fernando. Multiparentalidade e a sucessão legítima: divisão da herança em linhas (art. 1836 do CC). *Jornal Carta Forense*, 02 dez. 2016. Disponível em: http://cartaforense.com.br. Acesso em: 17 dez. 2018.
[521] MATOS, Ana Carla Harmatiuk; FAGUNDES, João Paulo Lopes. Multiparentalidade e suas repercussões nas sucessões. *Revista Nacional de Direito de Família e Sucessões*, n. 53, set./out. 2022, p. 45.

ser dividida por tantas linhas quantos forem os pais ou mães do falecido, independentemente do gênero dos ascendentes de 1º grau e do número de sucessores em cada linha. Em sendo assim, a lei não deve permitir distinção entre os pais, sejam eles biológicos, socioafetivos ou múltiplos.[522] [523]

Essa corrente, na posição aqui defendida,[524] parece traduzir um entendimento mais adequado ao nosso atual quadro civil constitucional, tanto é que está a receber aprovação da maior parte da doutrina.

A partir dessa interpretação, a divisão da herança se dá igualitariamente entre os ascendentes, seja qual for a origem do vínculo parental, dividindo-se a herança em tantos quantos forem os ascendentes.[525]

Um outro aspecto que emerge dessas discussões é que, hodiernamente, não parece mais recomendável se falar em linha paterna e linha materna. Tanto o reconhecimento das uniões de pessoas do mesmo sexo como as possibilidades atualmente reconhecidas para a pessoa trans não recomendam mais tal remissão. Atualmente parece mais indicado se falar apenas de linhas ascendentes (sem distinção de gênero), ainda, ter em mente que se abrirão tantas linhas quantos forem os ascendentes de primeiro grau reconhecidos.[526]

---

[522] SCHREIBER, Anderson. STF, Repercussão Geral nº 622: a multiparentalidade e seus efeitos, *Carta Forense*, 26 set. 16. Disponível em: http://www.cartaforense.com.br/conteudo/artigos/stf-repercussao-geral-622-a-multiparentalidade-e-seus-efeitos/16982. Acesso em: 23 fev. 2017.

[523] No mesmo entendimento: SHIKICIMA, Nelson Sussumu. Sucessão dos ascendentes na multiparentalidade: uma lacuna da lei para ser preenchida. *Revista Científica Virtual da Escola Superior da Advocacia da OAB/SP*, São Paulo, n. 18, ano V, OAB/SP, 2014, p. 75: "Observem que o §2º do artigo 1.836 menciona que, se houver igualdade em graus e diversidade de linhas, ou seja, linha paterna e materna, dividiria pela metade a herança. Ocorre que, se houver pais multiparentais, como por exemplo, dois pais e uma mãe, significa que a linha materna ficaria com a metade e a linha paterna (que neste caso são dois) ficaria com a outra metade, dividindo esta metade entre os dois pais. Não seria injusto? Pressupondo que o legislador naquela época, quando da elaboração do Código Civil de 2002 havia somente em sua mente dois pais, e inclusive de modo tradicional, um pai e uma mãe, entendemos que deveria ser preenchida esta lacuna para partes iguais, em caso de disputa em primeiro grau".

[524] Também defendida pela autora e CALDERÓN, Ricardo Lucas; FRANCO, Karina Barbosa. Multiparentalidade e direitos sucessórios: efeitos, possibilidades e limites. *In*: TEIXEIRA, Ana Carolina Brochado; NEVARES, Ana Luiza Maia. (Coord.). *Direitos das sucessões*: problemas e tendências. Indaiatuba, SP: Foco, 2022.

[525] MATOS, Ana Carla Harmatiuk; FAGUNDES, João Paulo Lopes. Multiparentalidade e suas repercussões nas sucessões. *Revista Nacional de Direito de Família e Sucessões*, n. 53, set./out. 2022, p. 45.

[526] Por exemplo, uma pessoa deixa dois pais e duas mães, todos reconhecidos e registrados. Nesta hipótese, termos quatro linhas ascendentes.

Outro problema prático na admissão da multiparentalidade quanto à sucessão dos ascendentes diz respeito à concorrência sucessória com o cônjuge ou companheiro sobrevivente, haja vista o Código Civil delimitar determinadas regras distantes da nova realidade jurídica. O art. 1.837 estabelece que, se o cônjuge concorrer com ascendentes em primeiro grau, terá direito a um terço da herança; se concorrer com apenas um ascendente de primeiro grau ou ascendente de segundo grau ou mais, terá direito à metade da herança. Mas como serão aplicadas essas regras diante da multiparentalidade?

Tartuce acredita que deve ser preservada a quota do cônjuge ou companheiro, dividindo-se o restante, de forma igualitária, entre todos os ascendentes.[527]

Na esteira desse entendimento, Gozzo afirma que:

> A interpretação mais justa parece ser a que resguardaria a quota do cônjuge, que foi fixada pelo legislador de 2002 em um terço do patrimônio do *de cujus*. Os outros dois terços poderão ser partilhados da forma sugerida acima. O importante é que o cônjuge supérstite não seja prejudicado, em razão de o morto ter mais de um pai e/ou de uma mãe.[528]

Barros, acompanhando a pretensão do legislador em privilegiar o cônjuge, entende que caracterizada a multiparentalidade, deverão ser mantidas as proporções legais. Assim, "havendo multiparentalidade no primeiro grau da linha ascendente (três ou mais pais), o cônjuge terá direito a um terço da herança e os dois terços restantes serão divididos entre os pais", sendo proporcional esta divisão à quantidade de pais. E exemplifica: se uma pessoa falecer (F), deixando uma mãe (M1), dois pais (P1 e P2) e um cônjuge ou companheiro (C), caberá um terço ao cônjuge ou companheiro (C) e os dois terços restantes serão divididos entre os três pais (M1, P1 e P2) em três partes iguais.[529]

---

[527] TARTUCE, Flávio. *Direito Civil*. Rio de Janeiro: Forense, 2018. v. 6, p. 219.

[528] GOZZO, Débora. Dupla parentalidade e direito sucessório: a orientação dos tribunais superiores brasileiros. *Civilística.com*, ano 6, n. 2, p. 18, 2017. Disponível em: http://civilistica.com/wp-content/uploads/2017/12/Gozzo-civilistica.com-a.6.n.1.2017.pdf. Acesso em: 20 out. 2018.

[529] BARROS, André Borges de Carvalho. Multiparentalidade e sucessão: aplicabilidade das regras sucessórias do Código Civil em face do reconhecimento da multiparentalidade pelo Supremo Tribunal Federal. *Revista Nacional de Direito de Família e Sucessões*, Porto Alegre, n. 23, p. 106-119, mar./abr. 2018, ISSN 2358-3223, p. 116.

Para uma segunda corrente doutrinária, que se posiciona considerando que o objetivo da lei, à época, foi igualar os pais e cônjuge quanto aos direitos sucessórios, a herança deve ser partilhada em partes iguais.

Desta forma, Matos e Fagundes[530] levam em conta a *mens legis* do dispositivo de maneira que, "considerando o objetivo do artigo de igualar os quinhões hereditários deferidos aos pais e ao cônjuge supérstite, a solução mais adequada para os casos de multiparentalidade seria deferir iguais quinhões para todos os sucessores".

Defendendo a mesma interpretação, José Fernando Simão, citado por Matos e Fagundes,[531] afirma que "a locução 'tocará 1/3 da herança' indica um único objetivo: que o cônjuge, o pai e a mãe do falecido tivessem quinhão igual" e finaliza sustentando que "a divisão da herança se dará por cabeça, com grande facilitação do cálculo dos quinhões".

Logo, a interpretação defendida por Matos e Fagundes[532] é no sentido de que "a herança se defere em partes iguais, uma vez que se apresenta como a mais alinhada ao objetivo do dispositivo. No caso da multiparentalidade com três vínculos, caberia 25% para cada um dos ascendentes e 25% para o cônjuge supérstite".

Para Schreiber, a melhor solução consiste em "repartir a herança em partes iguais, ficando o cônjuge, assim como os três ascendentes em primeiro grau, com um quarto cada."[533]

Paiano[534] propõe uma alteração legislativa para solucionar o problema: "Art. 1.837, §1º Concorrendo com ascendentes em primeiro grau, ao cônjuge casado com pessoa que tenha três genitores multiparentais, a divisão da herança será feita em quinhões iguais". Logo, defende-se que quando os ascendentes concorrerem com o cônjuge sobrevivente, "a divisão deverá ser feita por cabeça, em quatro partes".

---

[530] MATOS, Ana Carla Harmatiuk; FAGUNDES, João Paulo Lopes. Multiparentalidade e suas repercussões nas sucessões. *Revista Nacional de Direito de Família e Sucessões*, n. 53, set./out. 2022, p. 51.

[531] MATOS, Ana Carla Harmatiuk; FAGUNDES, João Paulo Lopes. Multiparentalidade e suas repercussões nas sucessões. *Revista Nacional de Direito de Família e Sucessões*, n. 53, set./out. 2022, p. 51.

[532] MATOS, Ana Carla Harmatiuk; FAGUNDES, João Paulo Lopes. Multiparentalidade e suas repercussões nas sucessões. *Revista Nacional de Direito de Família e Sucessões*, n. 53, set./out. 2022, p. 52.

[533] SCHREIBER, Anderson; LUSTOSA, Paulo Franco. Efeitos jurídicos da multiparentalidade. *Pensar Revista de Ciências Jurídicas*, Fortaleza, v. 21, n. 3, p. 847-873, set./dez. 2016, ISSN 2317-2150, p. 862.

[534] PAIANO, Daniela Braga. *A família atual e as espécies de filiação*. Rio de Janeiro: Lumen Juris, 2017, p. 194.

Anteriormente, o posicionamento da presente autora era no sentido de que ao cônjuge ou companheiro sobrevivente deveria ser mantida a cota diferenciada prevista no art. 1.837 do Código Civil, mantendo-se as proporções legais estabelecidas naquele dispositivo diante da caracterizada a multiparentalidade, mas acompanhando o mesmo raciocínio de se defender a isonomia na divisão da herança entre os ascendentes, defende-se, a partir de então, o entendimento para se aliar à segunda corrente doutrinária e entender que o sentido da norma é que a herança seja repartida, igualitariamente, entre os sucessores.

Uma outra questão diz respeito à concorrência entre cônjuge e companheiro com um só ascendente ou com ascendentes em segundo grau ou mais, incidindo a segunda parte do art. 1.837 do Código Civil, devendo ser atribuída ao cônjuge metade da herança, a outra metade deverá ser dividida entre os ascendentes.[535]

Para Paiano,[536] em se tratando da parte final do dispositivo, defende "a manutenção do dispositivo que, na concorrência com ascendentes de grau mais remoto, o cônjuge receba a metade da herança", como também entendem Matos e Fagundes,[537] presumindo uma maior proximidade e relação de solidariedade do *de cujus* com o cônjuge ou companheiro sobrevivente, reserva-se metade da herança ao cônjuge e o restante será dividido entre as linhas ascendentes, mantendo-se a literalidade do texto, posicionamento ao qual se filia, uma vez que a *ratio* do dispositivo é manter a proporcionalidade entre os ascendentes e o cônjuge ou companheiro sobrevivente. Se a norma busca a igualdade na herança percebida por cônjuge ou companheiro e ascendentes de primeiro grau, o mesmo não ocorre com os de segundo ou demais graus.

Assim, havendo multiparentalidade no primeiro grau da linha ascendente (três ou mais pais/mães), o cônjuge terá direito a 1/3 (um terço) da herança, e os 2/3 (dois terços) restantes serão rateados entre tantos quantos forem os pais e/ou mães. Presente a concorrência sucessória com ascendentes de grau superior ao primeiro, caberá ao cônjuge

---

[535] BARROS, André Borges de Carvalho. Multiparentalidade e sucessão: aplicabilidade das regras sucessórias do Código Civil em face do reconhecimento da multiparentalidade pelo Supremo Tribunal Federal. *Revista Nacional de Direito de Família e Sucessões*, Porto Alegre, n. 23, p. 106-119, mar./abr. 2018, ISSN 2358-3223.

[536] PAIANO, Daniela Braga. *A família atual e as espécies de filiação*. Rio de Janeiro: Lumen Juris, 2017, p. 194.

[537] MATOS, Ana Carla Harmatiuk; FAGUNDES, João Paulo Lopes. Multiparentalidade e suas repercussões nas sucessões. *Revista Nacional de Direito de Família e Sucessões*, n. 53, set./out. 2022, p. 52.

ou companheiro sobrevivente a metade da herança, e a outra metade deverá ser dividida entre estes ascendentes, de acordo com as linhas formadas a partir do múltiplo vínculo parental.

Ademais, Gozzo sustenta que, na hipótese de os ascendentes serem os avós, ou se for maior esse grau, "sugere-se que a partilha mantenha o montante de um terço para o cônjuge sobrevivente, dividindo-se o restante do patrimônio em duas linhas: a materna e a paterna, ainda que haja mais de um avô e/ou uma avó materno ou paterno no grau".[538]

Por fim, na falta de descendentes, ascendentes, cônjuge ou companheiro sobrevivente, a sucessão será deferida aos colaterais até o quarto grau; os mais próximos excluem os mais remotos.[539] Neste caso, é preciso relembrar que, uma vez reconhecida a multiparentalidade, a parentalidade se estende a toda a árvore genealógica do indivíduo, o que também inclui o parentesco na linha colateral.

Acontece que, em matéria sucessória, o legislador atribuiu tratamento diferenciado aos irmãos, conforme sejam eles bilaterais ou unilaterais. Prescreve o art. 1.841 do Código Civil de 2002: "concorrendo à herança do falecido irmãos bilaterais com irmãos unilaterais, cada um destes herdará metade do que cada um daqueles herdar".[540]

Em sede de multiparentalidade, contudo, é aberta a possibilidade da configuração de uma "irmandade múltipla", ou seja, além de irmãos unilaterais e bilaterais, os trilaterais, quadrilaterais e outros.[541]

A respeito dessa situação, ensina Barros que:

> Com a redação atual do Código Civil são defensáveis, ao menos, três orientações: a primeira no sentido de que os plurilaterais e os bilaterais devem ser equiparados, por não haver previsão legal para a hipótese. [...] Uma segunda orientação pode ser proposta no sentido de não aplicação das regras presentes nos §§2º e 3º do art. 1.843 do Código

---

[538] GOZZO, Débora. Dupla parentalidade e direito sucessório: a orientação dos tribunais superiores brasileiros. *Civilística.com*, ano 6, n. 2, p. 18, 2017. Disponível em: http://civilistica.com/wp-content/uploads/2017/12/Gozzo-civilistica.com-a.6.n.1.2017.pdf. Acesso em: 20 out. 2018.

[539] Art. 1.840. Na classe dos colaterais, os mais próximos excluem os mais remotos, salvo o direito de representação concedido aos filhos de irmãos.

[540] BRASIL. *Código Civil Brasileiro de 2002*. Disponível em: http://www.planalto.gov.br/ccivil_03/leis/2002/L10406.htm.

[541] BARROS, André Borges de Carvalho. Multiparentalidade e sucessão: aplicabilidade das regras sucessórias do Código Civil em face do reconhecimento da multiparentalidade pelo Supremo Tribunal Federal. *Revista Nacional de Direito de Família e Sucessões*, Porto Alegre, n. 23, p. 106-119, mar./abr. 2018, ISSN 2358-3223.

Civil, quando verificada a multiparentalidade na sucessão de irmãos e sobrinhos. Dessa forma, as quotas dos irmãos e sobrinhos unilaterais, bilaterais e plurilaterais passariam a ser idêntica em todas as ocasiões possíveis. Como terceira orientação, pode ser defendida a manutenção do espírito da norma, criando-se um escalonamento entre todos conforme a quantidade de pais em comum. Deste modo, havendo irmãos ou sobrinhos trilaterais, bilaterais e unilaterais, cada um dos trilaterais terá direito a uma quota cheia, cada um dos bilaterais terá direito a uma quota equivalente a 2/3 daquela atribuída aos trilaterais, e cada um dos unilaterais terá direito a uma quota equivalente a 1/3 daquela atribuída aos trilaterais.[542]

Matos e Fagundes[543] entendem que a norma que defere quinhão dobrado ao irmão bilateral é regra cogente e não pode ser afastada sua incidência no caso concreto. A interpretação que vem a partir de um escalonamento dos quinhões é a mais adequada considerando a razão de ser da norma, uma vez que a *mens legis* do dispositivo legal parte do número de vínculos ascendentes em comum, seguindo o raciocínio desenvolvido por Zeno Veloso, cuja solução do referido artigo se justifica porque irmão bilateral, irmão duas vezes, e o vínculo parental que une os irmãos germanos é duplicado. Por esse fato, o irmão bilateral deve receber cota hereditária dobrada da que coube ao irmão unilateral.

Desta forma, os autores acima elencados entendem que "o irmão trilateral é irmão três vezes e, assim, o vínculo parental que os une é triplicado. Consequentemente, o irmão trilateral deve receber quota hereditária triplicada da que coube ao unilateral".[544]

---

[542] BARROS, André Borges de Carvalho. Multiparentalidade e sucessão: aplicabilidade das regras sucessórias do Código Civil em face do reconhecimento da multiparentalidade pelo Supremo Tribunal Federal. *Revista Nacional de Direito de Família e Sucessões*, Porto Alegre, n. 23, p. 106-119, mar./abr. 2018, ISSN 2358-3223.

[543] MATOS, Ana Carla Harmatiuk; FAGUNDES, João Paulo Lopes. Multiparentalidade e suas repercussões nas sucessões. *Revista Nacional de Direito de Família e Sucessões*, n. 53, set./out. 2022, p. 48.

[544] MATOS, Ana Carla Harmatiuk; FAGUNDES, João Paulo Lopes. Multiparentalidade e suas repercussões nas sucessões. *Revista Nacional de Direito de Família e Sucessões*, n. 53, set./out. 2022, p. 49. Em relação ao escalonamento dos quinhões, exemplificam: "Falecendo pessoa que tenha irmão trilateral, bilateral e unilateral, o irmão trilateral receberá três vezes a quota que couber ao unilateral e o bilateral receberá duas vezes. O irmão trilateral receberá 50% da herança, o bilateral 33,3% e o unilateral 16,6%. O mesmo não se aplica para o caso de concorrência para irmão trilateral e bilateral. O irmão trilateral receberá três quotas, ou seja, 60% do acervo, e o irmão bilateral receberá duas quotas, ou seja, 40% restantes. A partilha da herança deve ser obtida sempre contando o número de vínculos comuns que o irmão herdeiro possuía com o *de cujus*. Partindo dessa premissa, a solução é a mesma para os casos em que os irmãos compartilham de três ou mais vínculos parentais"

Sobre a sucessão dos irmãos, extensível aos sobrinhos, adere-se à terceira corrente em uma outra mudança de entendimento, passando-se a sustentar o escalonamento dos quinhões a partir da quantidade de vínculos parentais.

Diante dos questionamentos e posicionamentos aqui lançados, fica evidente a necessidade de reforma ou, no mínimo, de uma releitura dos dispositivos do Código Civil que disciplinam a transmissão patrimonial em razão da sucessão *causa mortis*, a partir do novo suporte fático trazido pela multiparentalidade dentro das relações familiares, sempre buscando uma aplicação uniforme e equânime da norma jurídica para as mesmas situações.

A denominada "multi-hereditariedade" é uma preocupação, haja vista ser possível ao filho reclamar herança de todos os seus pais e mães, com intuito de atender somente aos interesses meramente patrimoniais.[545]

Longe de esgotar o tema dos efeitos, Teixeira e Rodrigues lançam à reflexão outros possíveis efeitos: é possível reparação civil por abandono afetivo (violação do dever de cuidado) do pai socioafetivo? O pai socioafetivo passa a ser responsável civilmente pelos atos do filho (art. 932 do CC/02)? Dessa relação, é possível afirmar a existência de efeitos previdenciários? E há também a incidência dos impedimentos matrimoniais?[546]

Na verdade, muitos são os efeitos que transcendem o Direito das Famílias e o das Sucessões aos quais se limita a presente pesquisa. Esses e outros questionamentos servem para ilustrar a necessidade de a doutrina balizá-los diante da repercussão geral fixada.

Por ora, o exame dos efeitos jurídicos decorrentes da multiparentalidade foi feito à luz dos valores constitucionais, sobretudo diante do primado da isonomia entre filhos e pais, biológicos e socioafetivos. As soluções para o caso concreto devem ser lançadas por meio da aplicação direta dos princípios constitucionais, refutando as demandas que tenham exclusivamente interesse patrimonial.

---

[545] FARIAS, Cristiano Chaves; ROSENVALD, Nelson. *Curso de Direito Civil*. 9. ed. Salvador: JusPodivm, 2016. v. 6.

[546] TEIXEIRA, Ana Carolina Brochado; RODRIGUES, Renata de Lima. Quais devem ser os parâmetros para o reconhecimento jurídico da multiparentalidade? *In*: MATOS, Ana Carla Harmatiuk; TEIXEIRA, Ana Carolina Brochado; TEPEDINO, Gustavo. Direito Civil, Constituição e Unidade do Sistema. *Anais do Congresso de Direito Civil Constitucional* – V Congresso IBDCivil. Belo Horizonte: Fórum, 2019.

CAPÍTULO 5

CONSIDERAÇÕES FINAIS

A evolução da família e do Direito expressa, na filiação, a passagem do fato natural da consanguinidade – que era indispensável para a família patriarcal e exclusivamente matrimonial – para o fato cultural da afetividade, baseada na convivência duradoura com pais socioafetivos. Nas palavras de Fachin, a paternidade se constrói, não configurando apenas um dado e conduzindo à distinção entre pai e genitor ou procriador, pois segundo o brocardo "pai é aquele que cria, e genitor, o que gera", haja vista que a verdade sociológica não se explica apenas na descendência genética.[547]

Na travessia da Constituição Federal de 1988 para o Código Civil de 2002, no âmbito do Direito das Famílias constitucionalizado, a doutrina e a jurisprudência debruçaram-se sobre a parentalidade socioafetiva e, uma vez consolidada, perquiriu-se a possibilidade da sua coexistência com a parentalidade biológica, configurando a multiparentalidade.

Assim, a parentalidade deixa de ser uma para ser múltipla. O Direito não se desatrela dos fenômenos que ocorrem na sociedade e o reconhecimento do novel instituto rompe, justamente, o paradigma da filiação biparental, diante da mudança dos fatos sociais que, em sua complexidade e fluidez, muitas vezes, não encontram projeção no mundo jurídico.[548]

---

[547] FACHIN, Luiz Edson. *Da paternidade:* relação biológica e afetiva. Belo Horizonte: Del Rey, 1996.
[548] MATOS, Ana Carla Harmatiuk; SANTOS, Gabriel Percegona. Efetividade dos alimentos na multiparentalidade. *Revista IBDFAM* – Famílias e Sucessões, Belo Horizonte, v. 32, mar./abr. 2019.

A multiparentalidade incide sobre os efeitos jurídicos para fazer valer os princípios da dignidade da pessoa humana, do melhor interesse da criança e adolescente, da afetividade e da paternidade responsável na nova ordem familiar – não discriminatória, mas inclusiva, buscando a realização pessoal dos seus membros.

A partir da premissa da possibilidade de surgimento da filiação por origens distintas, do supraprincípio da dignidade humana e do princípio da igualdade, admite-se o reconhecimento de vínculos de filiação, construídos pela relação afetiva entre os envolvidos e os originados da ascendência biológica.

Neste sentido, a decisão do STF no RE nº 898.060/SC consolidou três aspectos determinantes para o direito à filiação: o definitivo reconhecimento da afetividade como instituto jurídico; a igualdade entre as filiações socioafetiva e biológica, sem hierarquia entre elas; e a possibilidade jurídica do reconhecimento da multiparentalidade.

Presentes os vínculos parentais simultâneos, que sustentam a parentalidade socioafetiva caracterizada pela posse do estado de filiação, a decisão do STF estabelece não ser necessário eleger um vínculo em detrimento do outro. Entretanto, a decisão que reconheceu a multiparentalidade acarretou inquietações e questionamentos em torno da temática, cuja tese não delimitou qualquer alcance ou efeito, ficando a cargo da doutrina balizar os limites para sua aplicação.

As indagações inicialmente propostas não esgotam as reflexões sobre o tema. Destacam-se questões aqui pontuadas que se correlacionam para o balizamento da configuração da multiparentalidade, considerando que não deve ser reconhecida indistintamente.

Questionou-se, inicialmente, se é possível o reconhecimento da multiparentalidade com base apenas no critério biológico para fins de parentesco biológico concorrente com o parentesco socioafetivo, não estando presentes a efetiva afetividade e a convivência entre as pessoas que buscam o vínculo parental.

A crítica é no sentido de que a construção da tese do STF não exige que o filho tenha convivência com o seu ascendente biológico para que seja configurada a multiparentalidade, bastando apenas ser o "pai biológico", sem necessidade do estabelecimento de convivência, contato e afetividade entre eles.

Não é admissível que apenas a busca pela verdade biológica sirva para vindicar novo estado de filiação. Como visto, a evolução do Direito conduziu à distinção entre pai e genitor ou procriador, conceitos que estiveram reunidos enquanto permaneceu a primazia da função biológica da família,[549] não tendo amparo diante da sua atual configuração, pautada pelo afeto e pela convivência familiar.

Assim, defende-se como um limite para o reconhecimento da multiparentalidade, seja simultânea ou sucessiva, a afetividade entre os membros da relação multiparental, pautada na convivência familiar e em condutas objetivamente aferíveis que denotam o dever de cuidado, não sendo cabível diante de interesses exclusivamente patrimoniais.

Desta forma, o outro limite defendido é a vedação da multiparentalidade para fins meramente econômicos ou para outros fins ilícitos, imorais ou escusos. Sustenta-se ser possível que o reconhecimento da multiparentalidade só tenha guarida quando a realidade da vida já a sedimentou e quando as situações fáticas estão consolidadas sob o manto do afeto e da convivência familiar sólida entre todos os que buscam o múltiplo vínculo parental, devendo ser promovida uma análise em cada caso concreto.

Outro parâmetro que deve ser imposto para o reconhecimento da multiparentalidade abarca a situação paradigma – uma parentalidade socioafetiva já sedimentada diante do contraste com a parentalidade biológica –, bem como a hipótese inversa – a superveniência de parentalidade socioafetiva diante da parentalidade biológica –, estando excluídas as hipóteses de adoção e da filiação oriundas de inseminação artificial heteróloga.

Sustenta-se o reconhecimento da multiparentalidade diante das paternidades biológica e socioafetiva configurada pela posse de estado de filho, excluindo-se a adoção e a filiação oriunda de inseminação artificial heteróloga, haja vista a lei determinar a dissolução dos vínculos biológicos, na primeira hipótese, e a presunção absoluta de paternidade, na segunda hipótese, não obstante ser assegurado o direito ao conhecimento à origem genética, sem fins de parentesco.

Quanto aos efeitos jurídicos decorrentes da multiparentalidade, considerar-se-ão as mesmas repercussões no tocante aos elos familiares que são formados pelo parentesco biológico ou pelo socioafetivo.

Defende-se que a titularidade e a autoridade parental cabem a todos os pais, igualmente, em atenção ao primado da isonomia entre

---

[549] LÔBO, Paulo. Direito ao estado de filiação e direito à origem genética: uma distinção necessária. *Revista Jus Navigandi*, Teresina, ano 9, n. 194, 16 jan. 2004. ISSN 1518-4862. Disponível em: https://jus.com.br/artigos/4752. Acesso em: 18 maio 2017.

os pais e entre as filiações, e que a guarda poderá ser exercida de forma compartilhada por todos os pais, porém analisando-se o caso concreto e visando sempre ao melhor interesse da criança e do adolescente.

A preocupação se dá quanto aos efeitos patrimoniais. Diante do reconhecimento da parentalidade exercida, seja biológica ou socioafetiva, decorre o dever de alimentos, sustentando a possibilidade jurídica da cumulação de tantas pensões quantos forem os coobrigados, não havendo vedação legal, mas observando-se os limites impostos pela proibição do enriquecimento ilícito. Além da sucessão de forma recíproca, quando houver vínculo multiparental, o filho deve herdar de todos os seus pais.

Se os vínculos biológico e socioafetivo estão presentes na realidade dos fatos, não há que se falar em enriquecimento sem causa quanto aos efeitos patrimoniais decorrentes da múltipla filiação.

As soluções para o caso concreto devem ser lançadas por meio da aplicação direta dos princípios constitucionais, refutando as demandas que tenham exclusivamente interesse patrimonial.

Por fim, a autora defende o entendimento de que a multiparentalidade não é regra e deve ser analisada caso a caso, devendo ser reconhecida quando as relações multiparentais estão consolidadas na afetividade e na convivência familiar, pressupostos esses que limitam a configuração do instituto, haja vista a multiparentalidade ser reconhecida com base no princípio da afetividade efetivamente presente entre pais e filhos.

Destaca-se a sedimentação da parentalidade socioafetiva na posse de estado de filho, consubstanciada em condutas objetivas que permeiam a convivência duradoura, e o afeto despendido por pais socioafetivos e biológicos para com seus filhos.

A socioafetividade deve pautar as relações múltiplas parentais, não podendo a decisão do STF ser aplicada indistintamente, sobremodo no sentido de coibir demandas que tenham por objetivo tão somente fins patrimoniais, diante da inexistência do vínculo socioafetivo entre pais/mães e filhos.

POSFÁCIO

A discussão da filiação no Direito brasileiro, tomando como referência histórica o Código Civil de 1916, girava em torno da legitimação do filho, condicionada pela família matrimonializada. Consequentemente, os filhos que não fossem provenientes das "justas núpcias", salvo os legitimados, ficavam invisibilizados juridicamente sob o sinete da ilegitimidade. Conforme se depreende da redação original do art. 358 daquele Código, os filhos incestuosos e os adulterinos não podiam ser reconhecidos. Ou seja, naquele cenário legislativo a paz doméstica da família matrimonializada conferia ao homem que tivesse um filho extramatrimonial a exclusão de qualquer responsabilidade, pois seu comportamento omissivo quanto ao não reconhecimento encontrava-se chancelado pela lei.

Na verdade, a filiação apresentava-se em duas vertentes, quais sejam: a) a do filho legítimo ou legitimado submetido ao *quantum* despótico do pai, enquanto titular exclusivo do poder familiar; e b) a do filho ilegítimo, que, embora figurasse como parte vulnerável da relação, teria que suportar toda sorte de preconceito social e de invisibilidade, ante a impossibilidade legal do seu reconhecimento.

Desse momento histórico da legislação civil colhe-se a total ausência de um olhar mais sensível à condição da criança, uma vez que, em novembro de 1959, foi adotada pela Assembleia das Nações Unidas e ratificada pelo Brasil a Declaração Universal dos Direitos das Crianças, essencialmente paradigmática ao conferir uma série de direitos às crianças e instituir o interesse superior delas como princípio norteador.

Todavia, os efeitos práticos da Declaração não foram sentidos na legislação civil, ao contrário da doutrina, que desde então passou a acolher essa guinada de orientação, no que tange à concretização do princípio do interesse superior da criança.

Nessa tendência transformativa, própria da doutrina, em 1979, João Baptista Villela, em artigo intitulado Desbiologização da paternidade, afirmou com propriedade que "as transformações mais recentes por que passou a família, deixando de ser unidade de caráter econômico, social e religioso para se afirmar fundamentalmente como grupo de afetividade e companheirismo, imprimiram considerável reforço ao esvaziamento biológico da paternidade". Este trabalhou pioneiro atravessou os tempos e, ante sua atualidade e vanguardismo, até hoje é tido como marco teórico em matéria de socioafetividade.

Não tardou muito para outros doutrinadores, a exemplo de Paulo Lôbo e Luiz Edson Fachin, debruçarem-se ainda mais sobre o tema e, a partir destes contributos, o Direito de Família brasileiro passou a incorporar esses novos influxos.

O princípio do interesse superior da criança, materializando a doutrina da proteção integral, fora ratificado na Convenção sobre os Direitos da Criança, de 1989, juntamente com a recepção jurídica da afetividade, como fundamentos das relações de família, determinantes para alçá-los à esfera constitucional.

Apesar da Convenção sobre os Direitos da Criança ter sido ratificada pelo Brasil (setembro de 1990), em data posterior à Constituição, os documentos que lastrearam remontam ao final da década de 1970.

A recepção desses novos paradigmas pela Constituição propiciou uma grande guinada no Direito de Família, mediante o disruptivo artigo que reconheceu a todos os filhos os mesmos direitos e qualificações, proibidas quaisquer designações discriminatórias. A igualdade da filiação tem como consequência imediata o reconhecimento da filiação socioafetiva e a revogação da proibição de reconhecimento dos filhos incestuosos e os adulterinos (Lei nº 7.841, de 1989). Ademais, consubstanciado na doutrina da proteção integral, foi assegurado à criança e ao adolescente um rol de direitos fundamentais, os quais foram incorporados, posteriormente, ao Estatuto da Criança e do Adolescente.

Filiação socioafetiva em igualdade de condições com a filiação biológica, princípio do melhor interesse da criança e paternidade responsável passaram a ser os novos paradigmas no campo da filiação, inscrevendo como inconstitucional qualquer interpretação contrária.

A referência a esse contexto histórico é imperiosa para demarcar o percurso percorrido pela socioafetividade, até sua apropriação plena pela doutrina e pela jurisprudência brasileiras, em particular após a Constituição Federal de 1988 e, no plano infraconstitucional, o Código Civil de 2002.

Por certo, nas demandas envolvendo disputa entre a filiação biológica e socioafetiva não havia prevalência *a priori* de uma espécie sobre a outra, mas uma excluía a outra, em atenção ao critério binário da filiação. Os fatos subjacentes ao caso concreto, norteados pelo princípio do melhor interesse, passaram a ser os critérios determinantes na atribuição de paternidade.

Paternidade e critério biológico não necessariamente coincidem e neste sentido Paulo Lôbo defende que estado de filiação e origem genética constituem dimensões distintas. Certo que, perante o Direito brasileiro, a socioafetividade da filiação detinha estabilização e ares de requinte, sofisticação e complexidade no enfrentamento das demandas judiciais.

Complexidade que bateu às portas do STF e, em 2016, após julgamento do Tema 622, resultou na fixação da tese de repercussão geral, com o seguinte teor: a paternidade socioafetiva, declarada ou não em registro público, não impede o reconhecimento do vínculo de filiação concomitante baseado na origem biológica, com os efeitos jurídicos próprios.

Dessa tese emerge no Direito brasileiro, pela via jurisprudencial, o instituto da multiparentalidade, a qual possibilita que uma pessoa concentre em sua certidão de nascimento a coexistência de vínculos biológicos e socioafetivos, com todas as consequências jurídicas ínsitas à parentalidade.

Numa abordagem atual e crítica, Karina Barbosa Franco debruçou-se sobre o instituto jurídico da multiparentalidade, a fim de analisar os limites e efeitos jurídicos práticos desse instituto, sob o enfoque preferencial e determinante do princípio jurídico da afetividade.

A maneira como a obra foi desenvolvida vai conduzindo o leitor por uma trilha instigante e de relevo para compreender as nuances do instituto no Direito de Família brasileiro.

Obra de referência para alunos, profissionais e todos aqueles que cultuam o Direito de Família como objeto de estudo e aplicação.

Boa leitura!

Fabíola Albuquerque Lobo
Professora titular da Faculdade de Direito do Recife da Universidade Federal de Pernambuco (FDR/UFPE). Doutora e mestra em Direito pela Universidade Federal de Pernambuco (UFPE). Professora do Departamento de Direito Privado do Centro de Ciências Jurídicas da Universidade Federal de Pernambuco (CCJ/UFPE). Professora do programa de pós-graduação em Direito da Universidade Federal de Pernambuco (PPGD/CCJ/UFPE). Vice-líder do Grupo de Pesquisa Constitucionalização das Relações Privadas (Conrep/UFPE).

REFERÊNCIAS

ACRE. Acordo de reconhecimento de paternidade c/c anulação de registro e fixação de alimentos nº 0711965-73.8.01.0001, juiz Fernando Nóbrega da Silva, j. 24 jun. 2014. Disponível em: http://www.rodrigodacunhapereira.adv.br/multiparentalidade-tac-sentenca. Acesso em: 18 jul. 2016.

AGUIRRE, João. Reflexos sobre a multiparentalidade e a Repercussão Geral nº 622 do STF. *Revista Eletrônica Direito e Sociedade*, Canoas, v. 5, n. 1, 2017. Disponível em: http://dx.doi.org/10.18316/REDES. Acesso em: 16 abr. 2017, ISSN 2318-8081.

ALBUQUERQUE JUNIOR, Roberto Paulino de. *A filiação socioafetiva no direito brasileiro e a impossibilidade de sua desconstituição posterior*, set. 2017. Disponível em: https://jus.com.br/artigos/10456/a-filiacao-socioafetiva-no-direito-brasileiro-e-a-impossibilidade-de-sua-desconstituicao-posterior. Acesso em: 12 abr. 2019.

ALBUQUERQUE, Fabíola Freire de; MELO, Gerlanne Luiza Santos de; MESQUITA, Ivonaldo da Silva. "ADOÇÃO CARTORÁRIA"?! O Provimento nº 63 do CNJ: uma discussão sobre a paternidade/maternidade socioafetiva e o reconhecimento cartorário, 27 fev. 2018. Disponível em: https://www.portalaz.com.br/blog/opiniao/412818/adoo-cartorria-o-provimento-n-63-do-cnj-uma-discussao-sobre-a-paternidadematern.

ALMEIDA, Renata Barbosa de; RODRIGUES JUNIOR, Walsir Edson. *Direito Civil:* famílias. Rio de Janeiro: Lumen Juris, 2010.

AMARILLA, Silmara Domingues Araújo. A multiparentalidade e a ânsia por pertencimento: desafios jurídicos na recognição dos vínculos parentais plúrimos. *Revista Nacional de Direito de Família e Sucessões*, Porto Alegre, v. 24, maio/jun. 2018, ISSN 2358-3223.

AMARILLA, Silmara Domingues Araújo. *O afeto como paradigma da parentalidade*. Curitiba: Juruá, 2014.

AMAZONAS. Corregedoria Geral da Justiça do Amazonas. *Provimento nº 234/2014*. Dispõe sobre o reconhecimento voluntário de paternidade socioafetiva perante os Oficiais de Registro Civil das Pessoas Naturais do Estado do Amazonas e dá outras providências, 5 dez. 2014. Disponível em:http://www.tjam.jus.br/index.php?option=com_docman&task=cat_view&gid=1106&Itemid=347. Acesso em: 7 jan. 2019.

BARBOZA, Heloísa Helena. Novas relações de filiação e paternidade. *In:* CUNHA PEREIRA, Rodrigo (Coord.). Repensando o Direito de Família. *Anais do I Congresso Brasileiro de Direito de Família*. Belo Horizonte: Del Rey, 1999.

BARBOZA, Heloísa Helena. Perfil Jurídico do Cuidado e da Afetividade nas Relações Familiares. *In:* PEREIRA, Tânia da Silva; OLIVEIRA, Guilherme de; COLTRO, Antônio Carlos Mathias. *Cuidado e afetividade*. São Paulo: Atlas, 2017.

BARROS, André Borges de Carvalho. Multiparentalidade e sucessão: aplicabilidade das regras sucessórias do Código Civil em face do reconhecimento da multiparentalidade pelo Supremo Tribunal Federal. *Revista Nacional de Direito de Família e Sucessões*, Porto Alegre, n. 23, p. 106-119, mar./abr. 2018, ISSN 2358-3223.

BONAVIDES, Paulo. *Curso de Direito Constitucional*. 31. ed. São Paulo: Malheiros, 2016.

BRASIL. Conselho da Justiça Federal. I Jornada de Direito Civil. Disponível em: https://www.cjf.jus.br/enunciados/enunciado/501. Acesso em: 12 abr. 2019.

BRASIL. Conselho da Justiça Federal. V Jornada de Direito Civil. Disponível em: https://www.cjf.jus.br/enunciados/enunciado/588. Acesso em: 12 abr. 2019.

BRASIL. Conselho da Justiça Federal. VI Jornada de Direito Civil. Disponível em: https://www.cjf.jus.br/cjf/CEJ-Coedi/jornadas-cej/enunciados-vi-jornada/view. Acesso em: 13 abr. 2019.

BRASIL. Conselho da Justiça Federal. VIII Jornada de Direito Civil, 26 e 27.04.2018.

BRASIL. Conselho Nacional de Justiça. Corregedoria Nacional de Justiça. *Provimento nº 63*. Institui modelos únicos de certidão de nascimento, de casamento e de óbito, a serem adotadas pelos ofícios de registro civil das pessoas naturais, e dispõe sobre o reconhecimento voluntário e a averbação da paternidade e maternidade socioafetiva no Livro "A" e sobre o registro de nascimento e emissão da respectiva certidão dos filos havidos por reprodução assistida, 14 nov. 17. Disponível em: http://www.cnj.jus.br/files/atos_administrativos/provimento-n63-14-11-2017-corregedoria.pdf. Acesso em: 7 jan. 2019.

BRASIL. Conselho Nacional de Justiça. Corregedoria Nacional de Justiça. *Provimento nº 83*. Altera a Seção II, que trata da Paternidade Socioafetiva, do Provimento nº 63, de 14 de novembro de 2017 da Corregedoria Nacional de Justiça, 14 ago. 19. Disponível em: chrome-extension://efaidnbmnnnibpcajpcglclefindmkaj/https://atos.cnj.jus.br/files//provimento/provimento_83_14082019_15082019095759.pdf. Acesso em: 25 ago. 2024.

BRASIL. Conselho Nacional de Justiça. Corregedoria Nacional de Justiça. *Provimento nº 149*. Institui o Código Nacional de Normas da Corregedoria Nacional de Justiça do Conselho Nacional de Justiça – Foro Extrajudicial (CNN/CN/CNJ-Extra), que regulamenta os serviços notariais e de registro, 30 ago. 23. Disponível em: chrome-extension://efaidnbmnnnibpcajpcglclefindmkaj/https://atos.cnj.jus.br/files/original1336562023090464f5dd78ec839.pdf. Acesso em: 25 ago. 2024.

BRASIL. Superior Tribunal de Justiça. *Agravo no Recurso Especial* nº 1.348.666, Relator Ministro Moura Ribeiro, DJ 11 set. 2018.

BRASIL. Superior Tribunal de Justiça. *Agravo no Recurso Especial* nº 1.521.757, Relator Ministro Luis Felipe Salomão, DJ 20 set. 2019.

BRASIL. Superior Tribunal de Justiça. *Agravo no Recurso Especial* nº 1.435.096/SP, Rel. Min. Marco Buzzi, j. 03 fev. 2020.

BRASIL. Superior Tribunal de Justiça (Quarta Turma). *AgRg no AREsp* nº 347.160/GO. Relator Ministro Raul Araújo, 16 jun. 2015. Disponível em: https://ww2.stj.jus.br/processo/revista/documento/mediado/?componente=ITA&sequencial=1417100&num_registro=201301576027&data=20150803&formato=PDF. Acesso em: 7 jan. 2019.

BRASIL. Superior Tribunal de Justiça (Quarta Turma). *AgRg no Recurso Especial* nº 1.201.311/RJ. Relatora Ministra Maria Isabel Gallotti, 16 ago. 2016. Disponível em: https://ww2.stj.jus.br/processo/revista/documento/mediado/?componente=ITA&sequencial=1524127&num_registro=200701982976&data=20160928&formato=PDF. Acesso em: 7 jan. 2019.

BRASIL. Superior Tribunal de Justiça (Quarta Turma). *AgRg no Recurso Especial* nº 1.319.721/RJ. Relator Ministro Antonio Carlos Ferreira, 7 abr. 2016. Disponível em: https://ww2.stj.jus.br/processo/revista/documento/mediado/?componente=ITA&sequencial=1501982&num_registro=201103065881&data=20160412&formato=PDF. Acesso em: 7 jan. 2019.

BRASIL. Superior Tribunal de Justiça (Terceira Turma). *Recurso Especial* nº 833.712/RS. Relatora Ministra Nancy Andrighi, 17 maio 2007. Disponível em: https://ww2.stj.jus.br/processo/revista/documento/mediado/?componente=ITA&sequencial=693163&num_registro=200600706094&data=20070604&formato=PDF. Acesso em: 7 jan. 2019.

BRASIL. Superior Tribunal de Justiça (Terceira Turma). *Recurso Especial* nº 1.087.163/RJ. Relatora Ministra Nancy Andrighi, 18 ago. 2011. Disponível em: https://ww2.stj.jus.br/processo/revista/documento/mediado/?componente=ITA&sequencial=1082609&num_registro=200801897430&data=20110831&formato=PDF. Acesso em: 7 jan. 2019.

BRASIL. Superior Tribunal de Justiça (Terceira Turma). *Recurso Especial* nº 1.159.242/SP, Relatora Ministra Nancy Andrighi, j. 24 abr. 2012. Disponível em: https://ww2.stj.jus.br/processo/revista/documento/mediado/?componente=ITA&sequencial=1067604&num_registro=200901937019&data=20120510&formato=PDF. Acesso em: 7 jan. 2019.

BRASIL. Superior Tribunal de Justiça (Terceira Turma). *Recurso Especial* nº 1.274.240/SC, Relatora Ministra Nancy Andrighi, j. 8 out. 13. Disponível em: https://ww2.stj.jus.br/processo/revista/documento/mediado/?componente=ITA&sequencial=1271958&num_registro=201102045237&data=20131015&formato=PDF. Acesso em: 7 jan. 2019.

BRASIL. Superior Tribunal de Justiça (Terceira Turma). *Recurso Especial* nº 1.417.598/CE. Relator Ministro Paulo de Tarso Sanseverino, 17 dez. 2015. Disponível em: https://ww2.stj.jus.br/processo/revista/documento/mediado/?componente=ITA&sequencial=1469418&num_registro=201303754208&data=20160218&formato=PDF. Acesso em: 7 jan. 2019.

BRASIL. Superior Tribunal de Justiça (Terceira Turma). *Recurso Especial* nº 1.548.187/SP, Relator Ministro Marco Aurélio Bellizze, j. 27 fev. 18. Disponível em: https://ww2.stj.jus.br/processo/revista/documento/mediado/?componente=ITA&sequencial=1678940&num_registro=201400495693&data=20180402&formato=PDF. Acesso em: 7 jan. 2019.

BRASIL. Superior Tribunal de Justiça (Terceira Turma). *Recurso Especial* nº 1.618.230/RS, Relator Ministro Ricardo Villas Bôas Cuevas, j. 28 mar. 2017. Disponível em: https://ww2.stj.jus.br/processo/revista/documento/mediado/?componente=ITA&sequencial=1586336&num_registro=201602041244&data=20170510&formato=PDF. Acesso em: 7 jan. 2019.

BRASIL. Superior Tribunal de Justiça (Terceira Turma). *Recurso Especial* nº 1.622.330/RS, Relator Ministro Ricardo Villas Bôas Cueva, j. 12 dez. 17. Disponível em: https://ww2.stj.jus.br/processo/revista/documento/mediado/?componente=ITA&sequencial=1668731&num_registro=201300042822&data=20180202&formato=PDF. Acesso em: 7 jan. 2019.

BRASIL. Superior Tribunal de Justiça. *Pet.* nº 12.824/PR, Rel. Min. Maria Isabel Gallotti, j. 07 ago. 19.

BRASIL. Superior Tribunal de Justiça. *Recurso Especial* nº 1.059.214/RS (Quarta Turma), Relator Min. Luis Felipe Salomão, j. 16 fev. 2012. Disponível em: http://www.stj.jus.br/SCON/jurisprudencia/toc.jsp?processo=1059214&b=ACOR&thesaurus=JURIDICO&p=true. Acesso em: 12 abr. 2019.

BRASIL. Superior Tribunal de Justiça. *Recurso Especial* nº 1.244.957/SC (Terceira Turma), Relatora Min. Nancy Andrighi, j. 07 ago. Disponível em: http://www.stj.jus.br/SCON/jurisprudencia/toc.jsp?processo=1244957&b=ACOR&thesaurus=JURIDICO&p=true. Acesso em: 12 abr. 2019.

BRASIL. Superior Tribunal de Justiça. *Recurso Especial* nº 1.352.529/SP (Quarta Turma), Relator Min. Luis Felipe Salomão, j. 24 fev. 2015. Disponível em: http://www.stj.jus.br/SCON/jurisprudencia/toc.jsp?processo=1352529&b=ACOR&thesaurus=JURIDICO&p=true. Acesso em: 12 abr. 2019.

BRASIL. Superior Tribunal de Justiça. *Recurso Especial* nº 1.417.868/MG (Terceira Turma), Relator Ministro João Otávio de Noronha, j. 10 maio 2016. Disponível em: http://www.stj.jus.br/SCON/jurisprudencia/toc.jsp?processo=1417868&b=ACOR&thesaurus=JURIDICO&p=true. Acesso em: 28 abr. 2019.

BRASIL. Superior Tribunal de Justiça. *Recurso Especial* nº 1.605.477/RS (Terceira Turma), Relator Ministro Ricardo Villas Bôas Cueva, j. 21.06.2016. Disponível em: https://ww2.stj.jus.br/processo/revista/inteiroteor/?num_registro=201600611909&dt_publicacao=27/06/2016. Acesso em: 28 abr. 2019.

BRASIL. Superior Tribunal de Justiça. *Recurso Especial* nº 1.607.056, Relator Min. Luis Felipe Salomão, j. 5 dez. 2018.

BRASIL. Superior Tribunal de Justiça. *Recurso Especial* nº 1.674.879/RS, Relator Ministro Marco Aurélio Belizze, j. 17 abr. 2018. Acórdão não publicado.

BRASIL. Superior Tribunal de Justiça. *Recurso Especial* nº 1.753.043, Relator Min. Raul Araújo, j. 29.04.19.

BRASIL. Superior Tribunal de Justiça. *Recurso Especial* nº 1.824.814/MG, Relator Min. Raul Araújo, j. 12 ago. 20.

BRASIL. Superior Tribunal de Justiça. *Recurso Especial* nº 964.866/SP, Rel. Min. João Otávio de Noronha, j. 01 mar. 2011.

BRASIL. Supremo Tribunal Federal (Tribunal Pleno). *Recurso Extraordinário* nº 898.060/SC, Relator Ministro Luiz Fux, j. 21 set. 2016. Disponível em: http://redir.stf.jus.br/paginadorpub/paginador.jsp?docTP=TP&docID=13431919. Acesso em: 7 jan. 2019.

BUNAZAR, Maurício. Pelas portas de Villela: Um ensaio sobre a pluriparentalidade como realidade sociojurídica. *Revista Direito UNIFACS*, n. 151, 2013, ISSN 1808-4435. Disponível em: http://www.revistas.unifacs.br/index.php/redu/article/view/2458/1802. Acesso em: 31 out. 2016.

CABRAL, Camila Buarque; FRANCO, Karina Barbosa. Vulnerabilidade da criança e do adolescente e a (inconstitucionalidade da Lei da Alienação Parental). *In:* EHRHARDT JR., Marcos; LOBO, Fabíola. (Org.). *Vulnerabilidade e sua compreensão no Direito Brasileiro*. Indaiatuba, SP: Foco, 2021.

CALDERÓN, Ricardo Lucas. Afetividade e cuidado sob as lentes do Direito. *In:* PEREIRA, Tânia da Silva; OLIVEIRA, Guilherme de; COLTRO, Antônio Carlos Mathias. *Cuidado e afetividade*. São Paulo: Atlas, 2017.

CALDERÓN, Ricardo Lucas. Multiparentalidade acolhida pelo STF: Análise da decisão proferida no RE 898060/SC. *Revista IBDFAM – Famílias e Sucessões*, Belo Horizonte, v. 22, p. 169-194, jul./ago. 2017, ISSN 2358-1670.

CALDERÓN, Ricardo Lucas. Multiparentalidade: a socioafetividade nos laços de filiação. *Revista Jurídica da Escola Superior da Advocacia da OAB-PR*, ano 3, n. 2, ago. 2018. Disponível em: http://revistajuridica.esa.oabpr.org.br/wp-content-uploads/2018/09/revista_esa_06.pdf.

CALDERÓN, Ricardo Lucas. *Novidades no Direito de Família*: STF acolhe socioafetividade e multiparentalidade, 06 abr. 2017. Disponível em: http://www.lfg.com.br. Acesso em: 17 abr. 2017.

CALDERÓN, Ricardo Lucas. Primeiras impressões sobre o Provimento nº83 do CNJ, que alterou as disposições sobre registro extrajudicial da filiação socioafetiva regidas pelo Provimento nº63. Disponível em: http://www.ibdfam.org.br/noticias/7034/Provimento+do+CNJ+altera+registro+de+filia%C3%A7%C3%A3o+socioafetiva+em+cart%C3%B3rios+para+pessoas+acima+de+12+anos. Acesso em: 21 ago. 2019.

CALDERÓN, Ricardo Lucas. *Princípio da afetividade no Direito de Família*. Rio de Janeiro: Renovar, 2013.

CALDERÓN, Ricardo Lucas. *Princípio da afetividade no Direito de Família*. 2. ed. Rio de Janeiro: Forense, 2017.

CALDERÓN, Ricardo Lucas. Socioafetividade na filiação: análise da decisão proferida pelo STJ no RESP 1.613.641/MG. *Revista Brasileira de Direito Civil – RBDCivil*, Belo Horizonte, v. 13, p. 141-154, jul./set. 2017, ISSN 2594-4932.

CALDERÓN, Ricardo Lucas; FRANCO, Karina Barbosa. Multiparentalidade e direitos sucessórios: efeitos, possibilidades e limites. *In:* TEIXEIRA, Ana Carolina Brochado; NEVARES, Ana Luiza Maia. (Coord.). *Direitos das sucessões*: problemas e tendências. Indaiatuba, SP: Foco, 2022.

CALDERÓN, Ricardo Lucas; GRUBERT, Camila. Projeções sucessórias da multiparentalidade. *In:* TEIXEIRA, Daniele Chaves (Coord.). *Arquitetura do planejamento sucessório*. 2. ed. Belo Horizonte: Fórum, 2020, p. 285-298.

CAMBI, Eduardo. O paradoxo da verdade biológica e sócio-afetiva na ação negatória de paternidade, surgido com o exame de DNA, na hipótese de "adoção à brasileira". *Revista de Direito Privado – RDPriv*, São Paulo, 13/85, jan./mar. 2003.

CAMPOS, Isabel Prates de Oliveira. A multiparentalidade no Supremo Tribunal Federal: considerações acerca dos votos ministeriais no julgamento do Tema 622. *Civilística.com*, Rio de Janeiro, ano 9, n. 1, 2020. Disponível em: http://civilistica.com/a-multiparentalidade-no-supremo/. Acesso em: 24 fev. 2021.

CARBONERA, Silvana Maria. O papel jurídico do afeto nas relações de família. *In*: FACHIN, Luiz Edson (Org.). *Repensando fundamentos do Direito Civil brasileiro contemporâneo*. Rio de Janeiro: Renovar, 1998.

CARVALHO, Dimas Messias de. Multiparentalidade: equiparação ou prevalência da filiação socioafetiva com relação à biológica? *In*: CUNHA PEREIRA, Rodrigo da; DIAS, Maria Berenice (Coord.). *Família e Sucessões*: polêmicas, tendências e inovações. Belo Horizonte: IBDFAM, 2018.

CASSETARI, Christiano. *Multiparentalidade e parentalidade socioafetiva*: efeitos jurídicos. 2. ed. São Paulo: Atlas, 2015.

CASSETARI, Christiano. *Multiparentalidade e parentalidade socioafetiva*: efeitos jurídicos. 3. ed. São Paulo: Atlas, 2017.

CEARÁ. Corregedoria Geral da Justiça do Ceará. *Provimento nº 15/2013*. Dispõe sobre o reconhecimento voluntário de paternidade socioafetiva perante os Oficiais de Registro Civil das Pessoas Naturais do Estado do Ceará, 17 dez. 2013. Disponível em: http:// http:// corregedoria.tjce.jus.br/wp-content/uploads/2013/12/Prov-n-15-2013-Reconhecimento-voluntario-de-paternidade-uniao-socioafetiva.pdf. Acesso em: 7 jan. 2019.

CHAVES, Marianna. Famílias mosaico, socioafetividade e multiparentalidade: breve ensaio sobre as relações parentais na Pós-Modernidade. *In*: CUNHA PEREIRA, Rodrigo da; DIAS, Maria Berenice (Coord.). Famílias: pluralidade e felicidade. *Anais do IX Congresso Brasileiro de Direito de Família*. Belo Horizonte: IBDFAM, 2014.

CHAVES, Marianna; ROSPIGLIOSI, Enrique Varsi. La multiparentalidad. La pluralidad de padres sustentados en el afecto y en lo biológico. *Revista de Derecho y Genoma Humano* = Law and the Human Genome Review, 2018.

CHAVES, Marianna; ROSPIGLIOSI, Enrique Varsi. Paternidad Socioafectiva. La evolución de las relaciones paterno-filiales del imperio del biologismo a la consagración del afecto. *Revista Novedades Jurídicas*, ano XII, n. 111, sep. 2015.

CONVENÇÃO DOS DIREITOS DA CRIANÇA. Disponível em: https://www.unicef. org/brazil/pt/resources_10120.html. Acesso em: 13 fev. 2019.

CUNHA PEREIRA, Rodrigo da. *Dicionário de Direito de Família e Sucessões*. São Paulo: Saraiva, 2015.

CUNHA PEREIRA, Rodrigo da. *Princípios fundamentais norteadores do Direito de Família*. 2. ed. São Paulo: Saraiva, 2012.

DAVID, Felipe Guerra Reis; BERLINI, Luciana Fernandes. A autonomia do adotado no direito à identidade biológica e a conjugação de parentalidades. *Revista Brasileira de Direito Civil – RBDCivil*, Belo Horizonte, v. 14, p. 41-55, out./dez. 2017, ISSN 2594-4932.

DELINSKI, Julie Cristine. *O novo Direito da Filiação*. São Paulo: Dialética, 1997.

DIAS, Maria Berenice. *Filhos do afeto*: questões jurídicas. São Paulo: Revista dos Tribunais, 2016.

DIAS, Maria Berenice. *Manual de Direito das Famílias*. 11. ed. São Paulo: Revista dos Tribunais, 2016.

DISTRITO FEDERAL. Comarca de Sobradinho. Processo nº 2013.06.1.001874-5, 1ª vara de família, órfãos e sucessões, juíza Ana Maria Gonçalves Louzada, j. 6 jun. 2014.

DISTRITO FEDERAL. Tribunal de Justiça. *Apelação Cível* nº 0001898-47.2017.8.07.0013, Rel. Des. Roberto Freitas, j. 04 set. 2019.

DUPLA paternidade biológica: juiz determina que gêmeos idênticos paguem pensão à criança. *Tribunal de Justiça de Goiás*, 01 abr. 2019. Disponível em: https://www.tjgo.jus.br/index.php/institucional//centro-de-comunicacao-social/20-destaque/6716-dupla-paternidade-biologica-juiz-determina-que-gemeos-identicos-paguem-pensao-a-crianca.

FACHIN, Luiz Edson. *Comentários ao Novo Código Civil*. Rio de Janeiro: Forense, 2003. v. 18.

FACHIN, Luiz Edson. *Da paternidade*: relação biológica e afetiva. Belo Horizonte: Del Rey, 1996.

FACHIN, Luiz Edson. *Estabelecimento da filiação e paternidade presumida*. Porto Alegre: Fabris, 1992.

FACHIN, Luiz Edson. *Questões do Direito Civil Brasileiro Contemporâneo*. Rio de Janeiro: Renovar, 2008.

FACHIN, Luiz Edson (Coord.). *Repensando fundamentos do Direito Civil brasileiro contemporâneo*. Rio de Janeiro: Renovar, 2000.

FARIAS, Cristiano Chaves; ROSENVALD, Nelson. *Curso de Direito Civil*: Famílias. 7. ed. São Paulo: Atlas, 2015. v. 6.

FARIAS, Cristiano Chaves; ROSENVALD, Nelson. *Curso de Direito Civil*. 9. ed. Salvador: JusPodivm, 2016. v. 6.

FARIAS, Cristiano Chaves; ROSENVALD, Nelson. *Curso de Direito Civil*. 11. ed. Salvador: JusPodivm, 2019. v. 6.

FONSECA, Maria Luíza. Agora é permitido estabelecer multiparentalidade diretamente no cartório? Disponível em: https://www.anoreg.org.br. Acesso em: 20 jan. 2021.

FROTA, Pablo Malheiros da Cunha. Princípio da dignidade da pessoa humana ressignificado a partir do direito civil constitucional prospectivo. *In:* EHRHARDT JR., Marcos; CORTIANO JR., Erouths (Coord.). *Transformações no Direito Privado nos 30 anos da Constituição*. Estudos em homenagem a Luiz Edson Fachin. Belo Horizonte: Fórum, 2019.

FROTA, Pablo Malheiros da Cunha; CALDERÓN, Ricardo Lucas. Multiparentalidade a partir da tese aprovada pelo Supremo Tribunal Federal. *In:* TEPEDINO, Gustavo; TEIXEIRA, Ana Carolina Brochado; ALMEIDA, Vitor (Coord.). Da dogmática à efetividade do Direito Civil. *Anais do Congresso Internacional de Direito Civil Constitucional* – IV Congresso do IBDCIVIL. Belo Horizonte: Fórum, 2017.

GAGLIANO, Pablo Stolze; PAMPLONA FILHO, Rodolfo. *Novo Curso de Direito Civil.* Direito de Família. 7. ed. São Paulo: Saraiva, 2017.

GHILARDI, Dóris. A decisão do Supremo Tribunal Federal sobre parentalidades simultâneas e adoção legal: uma brecha para mudanças ou uma afronta ao princípio da isonomia? *Revista de Direito de Família e Sucessão*, Brasília, v. 3, n. 1, jan./jun. 2017, ISSN 2526-0227.

GHILARDI, Dóris. A possibilidade de reconhecimento da multiparentalidade: vínculo biológico x vínculo socioafetivo, uma análise a partir do julgado da AC nº 2011.027498-4 do TJSC. *Revista Brasileira de Direito das Famílias e Sucessões*, n. 36, out./nov. 2013. Disponível em: http://www.magisteronline.com.br. Acesso em: 16 dez. 2018.

GODOY, Cláudio Luiz Bueno de. Atualidades sobre a parentalidade socioafetiva e a multiparentalidade. *In:* SALOMÃO, Luis Felipe; TARTUCE, Flávio. *Direito Civil:* diálogos entre a doutrina e a jurisprudência. São Paulo: Atlas, 2018.

GOMES, Orlando. *Direito de Família.* 14. ed. Atualizada por Humberto Theodoro Junior. Rio de Janeiro: Forense, 2002.

GOZZO, Débora. Dupla parentalidade e direito sucessório: a orientação dos tribunais superiores brasileiros. *Civilística.com*, ano 6, n. 2, p. 18, 2017. Disponível em: http://civilistica.com/wp-content/uploads/2017/12/Gozzo-civilistica.com-a.6.n.1.2017.pdf. Acesso em: 20 out. 2018.

GRAMSTRUP, Erik Frederico; QUEIROZ, Odete Novais Carneiro. A socioafetividade e a multiparentalidade. *Revista Nacional de Direito de Família e Sucessões*, Porto Alegre, ano II, n. 11, p. 104-127, mar./abr. 2016, ISSN 2358-3223.

HIRONAKA, Giselda Maria Fernandes Novaes. Do Código Civil de 1916 ao de 2002 e além. *In:* HIRONAKA, Giselda Maria Fernandes Novaes; SANTOS, Romualdo Baptista dos (Coord.). *Direito Civil:* Estudos. Coletânea do XV Encontro dos Grupos de Pesquisa – IBDCIVIL. São Paulo: Blucher, 2018.

HIRONAKA, Giselda Maria Fernandes Novaes. Sobre peixes e afetos: um devaneio acerca da ética no direito. *In:* CUNHA PEREIRA, Rodrigo (Org.). *Anais do V Congresso Brasileiro de Direito de Família.* São Paulo: IOB Thompson, 2006.

HOLANDA, Maria Rita de. *A multiparentalidade e seus limites* (disponibilizado pela autora).

LEAL, Lívia Teixeira. Multiparentalidade genética? Análise da sentença proferida pelo Juiz Filipe Luis Peruca, de Cachoeira Alta – Goiás. *Revista Brasileira de Direito Civil – RBDCivil*, Belo Horizonte, v. 20, p. 139-154, abr./jun. 2019.

LEITE, Eduardo de Oliveira. *Temas de Direito de Família.* São Paulo: Revista dos Tribunais, 1994.

LIRA, Wlademir Paes. Análise da Multiparentalidade num caso concreto por meio de sentença. *Revista IBDFAM – Famílias e Sucessões*, Belo Horizonte, v. 19, p. 157-175, jan./fev. 2017, ISSN 2358-1670.

LOBO, Fabíola Albuquerque. Direito à privacidade e as limitações à multiparentalidade. *In*: EHRHARDT JUNIOR, Marcos; LOBO, Fabíola Albuquerque (Coord.). *Privacidade e sua compreensão no Direito brasileiro*. Belo Horizonte: Fórum, 2019, p. 225-246.

LOBO, Fabíola Albuquerque. Efeitos da multiparentalidade na filiação. *In*: MENEZES, Joyceane de; MATOS, Ana Carla Harmatiuk (Coord.). *Direito das Famílias*: por Juristas Brasileiras. 2. ed. Indaiatuba, SP: Foco, 2022.

LOBO, Fabíola Albuquerque. *Multiparentalidade*: efeitos no Direito de Família. Indaiatuba, SP: Foco, 2021.

LOBO, Fabíola Albuquerque. *Multiparentalidade*: efeitos no Direito de Família. 2. ed. Indaiatuba, SP: Foco, 2023.

LÔBO, Paulo. A socioafetividade no Direito de Família: a persistente trajetória de um conceito fundamental. *In*: DIAS, Maria Berenice *et al.* (Coord.). *Afeto e estruturas familiares*. Belo Horizonte: Del Rey, 2010.

LÔBO, Paulo. *Código Civil*. São Paulo: Atlas, 2003. v. XVI.

LÔBO, Paulo. Direito ao Estado de Filiação e Direito à Origem Genética: uma distinção necessária. *In*: PEREIRA, Rodrigo da Cunha (Coord.). *Afeto, ética, família e o Novo Código Civil*. Belo Horizonte: Del Rey, 2004.

LÔBO, Paulo. Direito ao estado de filiação e direito à origem genética: uma distinção necessária. *Revista Jus Navigandi*, Teresina, ano 9, n. 194, 16 jan. 2004. ISSN 1518-4862. Disponível em: https://jus.com.br/artigos/4752. Acesso em: 18 maio 2017.

LÔBO, Paulo. *Direito Civil*. Famílias. 6. ed. São Paulo: Saraiva, 2015. v. 5.

LÔBO, Paulo. *Direito Civil*. Famílias. 7. ed. São Paulo: Saraiva, 2017. v. 5.

LÔBO, Paulo. *Direito Civil*. Famílias. 8. ed. São Paulo: Saraiva, 2018. v. 5.

LÔBO, Paulo. *Direito Civil*. Famílias. 9. ed. São Paulo: Saraiva, 2019. v. 5.

LÔBO, Paulo. *Direito Civil*. Sucessões. 5. ed. São Paulo: Saraiva, 2019. v. 6.

LÔBO, Paulo. Famílias, afetos e democracia. *Revista IBDFAM – Famílias e Sucessões*, Belo Horizonte, n. 35, out./nov. 2017.

LÔBO, Paulo. Novas razões para a força normativa dos princípios nas relações privadas. *Revista Fórum de Direito Civil – RFDC*, Belo Horizonte, ano 7, n. 19, p. 271-282, set./dez. 2018.

LÔBO, Paulo. Princípio jurídico da afetividade na filiação. *Jus Navigandi*. Disponível em: http://www1.jus.com.br/doutrina/texto.asp?id=527. Acesso em: 15 jan. 2018.

LÔBO, Paulo. Quais os limites e a extensão da tese de repercussão geral do STF sobre socioafetividade e multiparentalidade? *Revista IBDFAM – Famílias e Sucessões*, Belo Horizonte, v. 22, p. 11-27, jul./ago. 2017, ISSN 2358-1670.

LOUZADA, Flávio Gonçalves. *O reconhecimento da multiparentalidade pelo STF*: o interesse patrimonial em detrimento do afeto? Curitiba: CRV, 2019.

MADALENO, Rolf. *Filiação sucessória*. Disponível em: http://www.ibdfam.org.br/_img/congressos/anais/102.pdf. Acesso em: 15 maio 2017.

MADALENO, Rolf. Multiparentalidade: TJSC – Análise da decisão da Apelação Cível nº 0300233-75.2017.8.24.0068. *Revista IBDFAM – Famílias e Sucessões*, Belo Horizonte, v. 37, jan./fev. 2020.

MALUF, Carlos Alberto Dabus; MALUF, Adriana Caldas do Rego Freitas Dabus. *Curso de Direito de Família*. 2. ed. São Paulo: Saraiva, 2016.

MARANHÃO. Corregedoria Geral da Justiça do Maranhão. *Provimento nº 21*. Dispõe sobre o reconhecimento espontâneo de paternidade socioafetiva para pessoas maiores de 18 anos em cujo registro não haja paternidade estabelecida, 26 dez. 2013.

MATOS, Ana Carla Harmatiuk; FAGUNDES, João Paulo Lopes. Multiparentalidade e suas repercussões nas sucessões. *Revista Nacional de Direito de Família e Sucessões*, n. 53, set./out. 2022.

MATOS, Ana Carla Harmatiuk; SANTOS, Gabriel Percegona. Efetividade dos alimentos na multiparentalidade. *Revista IBDFAM – Famílias e Sucessões*, Belo Horizonte, v. 32, mar./abr. 2019.

MATOS, Ana Carla Harmatiuk; HAPNER, Paula Aranha. Multiparentalidade: uma abordagem a partir das decisões nacionais. *Civilistica.com*, Rio de Janeiro, ano 5, n. 2, 2016. Disponível em: http://www.civilistica.com/multiparentalidade-uma-abordagem-a-partir-das-decisoes-nacionais/. Acesso em: 20 fev. 2017.

MATOS, Ana Carla Harmatiuk; PEREIRA, Jacqueline Lopes. Filiação no direito brasileiro: da paternidade presumida à Repercussão Geral nº 622 do Supremo Tribunal Federal. *In:* EHRHARDT JUNIOR, Marcos; CORTIANO JUNIOR, Eroulths (Coord.). *Transformações no Direito Privado nos 30 anos da Constituição*. Estudos em homenagem a Luiz Edson Fachin. Belo Horizonte: Fórum, 2019.

MIRANDA, Pontes de. *Tratado de Direito de Família*. 3. ed. São Paulo: Max Limonad, 1947. v. III.

MORAES, Maria Celina Bodin de. A nova família, de novo: estruturas e função das famílias contemporâneas. *In:* TEIXEIRA, Ana Carolina Brochado; RIBEIRO, Gustavo Pereira Leite. *Manual de Direito das Famílias e das Sucessões*. 3. ed. Rio de Janeiro: Processo, 2017.

MULTEDO, Renata Vilela. *Liberdade e família*. Rio de Janeiro: Processo, 2017.

NOGUEIRA, Jacqueline Filgueras. *A filiação que se constrói*: o reconhecimento do afeto como valor jurídico. São Paulo: Memória Jurídica, 2001.

OLIVEIRA, Catarina Almeida de. Refletindo o afeto nas relações de família. Pode o Direito impor o amor? *In:* ALBUQUERQUE, Fabíola Santos; EHRHARDT JR., Marcos; OLIVEIRA, Catarina Almeida de (Coord.). *Famílias no Direito Contemporâneo*. Estudos em Homenagem a Paulo Luiz Netto Lôbo. Salvador: JusPodivm, 2010.

OLIVEIRA, Catarina; ROCHA, Patrícia Ferreira. Multiparentalidade. *In*: MENEZES, Joyceane Bezerra de; MATOS, Ana Carla Harmatiuk (Coord.). *Direito das Famílias por juristas brasileiras*. 2. ed. Indaiatuba, SP: Foco, 2022.

O QUE prevalece: a paternidade biológica ou a socioafetiva? STF vai decidir. Disponível em: http://www.ibdfam.org.br. Acesso em: 31 out. 2016.

PAIANO, Daniela Braga. *A família atual e as espécies de filiação*: da possibilidade jurídica da multiparentalidade. Rio de Janeiro: Lumen Juris, 2017.

PARANÁ. ARPEN BRASIL. *Nota de Esclarecimento acerca do Provimento CNJ nº 63/17*, 06 dez. 2017. Disponível em: http://ibdfam.org.br/assets/img/upload/files/2%20NOTA%20DE%20ESCLARECIMENTO%20PROVIMENTO%20CNJ%20N%C2%BA%2063%20(1).pdf. Acesso em: 7 jan. 2019.

PARANÁ. Comarca de Cascavel. Ação de Adoção nº 0038958-54.2012.8.16.0021, juiz Sérgio Luiz Kreuz da Vara da Infância e Juventude, j. 20 fev. 2013.

PENNA, Saulo Versiani. Famílias brasileiras reconstituídas e a multiparentalidade: adequação do Direito à realidade socioafetiva. *Revista IBDFAM – Famílias e Sucessões*, Belo Horizonte, n. 21, p. 27-43, maio/jun. 2017, ISSN 2358-1670.

PERLINGIERI, Pietro. *Perfis do Direito Civil*. 2. ed. Rio de Janeiro: Renovar, 2002.

PERNAMBUCO. Corregedoria-Geral da Justiça de Pernambuco. *Provimento nº 9*. Dispõe sobre o reconhecimento voluntário de paternidade socioafetiva perante os Oficiais de Registro Civil das Pessoas Naturais do Estado de Pernambuco, 2 dez. 2013.

PORTANOVA, Rui. *Ações de filiação e paternidade socioafetiva*. Porto Alegre: Livraria do Advogado, 2016.

QUINTANA, Julia Gonçalves; BRANDT, Fernanda. Os desafios da sucessão na multiparentalidade. *In*: NARDI, Norberto Luiz; NARDI, Marília Possenatto; NARDI, Vinícius Possenatto (Org.). *Direito acontecendo na união estável*. São Paulo: Ledriprint, 2017. v. 9.

RABELO, Sofia Miranda. Por uma abordagem hermenêutica nas relações parentais. *Revista IBDFAM – Famílias e Sucessões*, Belo Horizonte, v. 30, nov./dez. 2018.

RIO DE JANEIRO. Tribunal de Justiça do Rio de Janeiro, *Apelação Cível* nº 0013384-47.2013.8.19.0203, Des. Fernando Cerqueira Chagas, j. 15 fev. 2017.

RIO GRANDE DO SUL. Tribunal de Justiça (Oitava Câmara Cível). *Apelação Cível* nº 70071719827, Relator Des. Luiz Felipe Brasil Santos, j. 27 abr. 2017.

RIO GRANDE DO SUL. Tribunal de Justiça (Oitava Câmara Cível). *Apelação Cível* nº 70062692876, Relator Des. José Pedro de Oliveira Eckert, j. 12 fev. 2015.

RIO GRANDE DO SUL. Tribunal de Justiça (Oitava Câmara Cível). *Apelação Cível* nº 70033740325, 8ª Câmara Cível, Relator Des. Rui Portanova, j. 25 mar. 2010.

RIO GRANDE DO SUL. Tribunal de Justiça (Oitava Câmara Cível). *Apelação Cível* nº 700670062692876, Relator Des. José Pedro de Oliveira Eckert, j. 12 fev. 2015.

RIO GRANDE DO SUL. Tribunal de Justiça (Oitava Câmara Cível). *Apelação Cível* nº 70065388175, Relator Des. ALZIR FELIPPE SCHMITZ, j. 17 set. 2015.

RIO GRANDE DO SUL. Tribunal de Justiça (Oitava Câmara Cível). *Apelação Cível* nº 70072947419, Relator Des. Ivan Leomar Bruxel, j. 22 mar. 2018.

RIO GRANDE DO SUL. Tribunal de Justiça (Oitava Câmara Cível). *Apelação Cível* nº 70071719827, Relator Des. Luiz Felipe Brasil Santos, j. 27 abr. 2017.

RIO GRANDE DO SUL. Tribunal de Justiça (Oitava Câmara Cível). *Apelação Cível* nº 70074005844, Relator Des. Rui Portanova, j. 28 jun. 2018.

RIO GRANDE DO SUL. Tribunal de Justiça (Sétima Câmara Cível). *Apelação Cível* nº 70061442059, Relator Des. Sérgio Fernando de Vasconcellos Chaves, j. 29 out. 2014.

RIO GRANDE DO SUL. Tribunal de Justiça (Sétima Câmara Cível). *Apelação Cível* nº 70059147280, Relator Des. Sérgio Fernando de Vasconcellos Chaves, j. 16 abr. 2014.

RIO GRANDE DO SUL. Tribunal de Justiça (Sétima Câmara Cível). *Apelação Cível* nº 70029502531, Relator Des. Rel. Ricardo Raupp, 13 jan. 2010.

RIO GRANDE DO SUL. Tribunal de Justiça (Sétima Câmara Cível). *Apelação Cível* nº 70077152056, Relator Des. Jorge Luís Dall'Agnol, j. 29 ago. 2018.

RIO GRANDE DO SUL. Tribunal de Justiça. Processo nº 0003264-62.2012.8.21.0125, j. 7 ago. 2013.

RODRIGUES PEREIRA, Lafayette. *Direitos de Família*. 4. ed. São Paulo: Livraria Editora Freitas Bastos, 1945.

RORAIMA. Comarca de Ariquemes. Processo nº 0012530-95.2010.8.22.0002, 1ª vara cível, juíza Deisy Cristhian Lorena de Oliveira Ferraz, j. 12 mar. 2012.

RUZYK PIANOVSKI, Carlos Eduardo; OLIVEIRA, Ligia Ziggiotti de; PEREIRA, Jacqueline Lopes. A multiparentalidade e seus efeitos segundo três princípios fundamentais do direito de família. *Revista Quaestio Iuris*, Rio de Janeiro, v. 11, n. 02, p. 1268-1286, 2018. DOI: 10.12957/rqi.2018.28886, ISSN 1516-0351.

SANTA CATARINA. Comarca da Capital. Processo nº 0318249-86.2015.8.24.0023, 2ª Vara de Família, publicado em 7 ago. 2015.

SANTA CATARINA. Corregedoria Geral da Justiça de Santa Catarina. *Provimento nº 11*. Dispõe sobre o reconhecimento voluntário de paternidade socioafetiva perante os Oficiais de Registro Civil no âmbito do Estado de Santa Catarina, 11 nov. 2014. Disponível em: http://cgj.tjsc.jus.br/consultas/provcirc/provimento/a2014/p20140011.pdf. Acesso em: 7 jan. 2019.

SANTA CATARINA. Tribunal de Justiça. *Agravo de Instrumento* nº 2012.073749-3, j. 14 fev. 2013.

SANTA CATARINA. Tribunal de Justiça. *Embargos Infringentes* nº 2010.054045-7, Relator Des. Luiz Fernando Boller, j. 13 jul. 2011.

SANTA CATARINA. Tribunal de Justiça (Quarta Câmara de Direito Civil). *Apelação Cível.* nº 2011.027498-4, Relator Des. Luiz Fernando Boller, j. 22 set. 2011.

SANTA CATARINA. Tribunal de Justiça (Segunda Câmara). *Apelação Cível* nº 0300233-75.2017.8.24.0068, Relator Des. Jorge Luis Costa Beber, j. 06 fev. 2020.

SANTOS ALBUQUERQUE, Fabíola. Os princípios constitucionais e sua aplicação nas relações jurídicas de família. *In*: SANTOS ALBUQUERQUE, Fabíola; EHRHARDT JR., Marcos; OLIVEIRA, Catarina Almeida de (Coord.). *Famílias no Direito Contemporâneo.* Estudos em homenagem a Paulo Luiz Netto Lôbo. Salvador: JusPodivm, 2010.

SANTOS, Gabriel Percegona. *Precedentes judiciais e o Direito de Família*: reflexões a partir da multiparentalidade. Curitiba: Appris, 2022.

SÃO PAULO. Tribunal de Justiça de São Paulo (Primeira Câmara de Direito Privado). *Apelação Cível* nº 0006422-26.2011.8.26.0286, Relator Des. Alcides Leopoldo e Silva Junior, j. 14 ago. 2012.

SARAIVA, Viviane. *O afeto está em festa!* 24 nov. 2017. Disponível em: http://www.ibdfam.org.br. Acesso em: 17 abr. 2018.

SCHREIBER, Anderson. Multiparentalidade e seus reflexos. *Revista IBDFAM – Famílias e Sucessões*, Belo Horizonte, n. 29, out./nov. 2016.

SCHREIBER, Anderson. STF, Repercussão Geral nº 622: a multiparentalidade e seus efeitos, *Carta Forense*, 26 set. 16. Disponível em: http://www.cartaforense.com.br/conteudo/artigos/stf-repercussao-geral-622-a-multiparentalidade-e-seus-efeitos/16982. Acesso em: 23 fev. 2017.

SCHREIBER, Anderson; LUSTOSA, Paulo Franco. Efeitos jurídicos da multiparentalidade. *Pensar Revista de Ciências Jurídicas*, Fortaleza, v. 21, n. 3, p. 847-873, set./dez. 2016, ISSN 2317-2150.

SHIKICIMA, Nelson Sussumu. Sucessão dos ascendentes na multiparentalidade: uma lacuna da lei para ser preenchida. *Revista Científica Virtual da Escola Superior da Advocacia da OAB/SP*, São Paulo, n. 18, ano V, OAB/SP, 2014.

SILVA OLIVEIRA, Maria Rita de Holanda. Os limites jurídicos do projeto parental no Brasil: crítica estrutural à multiparentalidade. *Direito Civil*: Estudos - Coletânea do XV Encontro dos Grupos de Pesquisa – IBDCIVIL, 2018, p. 410-411. Disponível em: http://openaccess.blucher.com.br/article-details/18-21247.

SILVA PEREIRA, Caio Mário da. *Instituições de Direito Civil*. Atualização de Tânia da Silva Pereira. 25. ed. Rio de Janeiro: Forense, 2017. v. 6.

SIMÃO, José Fernando. A multiparentalidade está admitida e com repercussão geral. Vitória ou derrota do afeto?. *Jornal Carta Forense*, 03 jan. 2017. Disponível em: http://www.cartaforense.com.br. Acesso em: 17 dez. 2018.

SIMÃO, José Fernando. A multiparentalidade está admitida e com repercussão geral. Vitória ou derrota do afeto? Parte 2. *Jornal Carta Forense*, 03 jan. 2017. Disponível em: www.cartaforense.com.br. Acesso em: 13 abr. 2017.

SIMÃO, José Fernando. Multiparentalidade e a sucessão legítima: divisão da herança em linhas (art. 1836 do CC). *Jornal Carta Forense*, 02 dez. 2016. Disponível em: http://cartaforense.com.br. Acesso em: 17 dez. 2018.

SIMÃO, José Fernando. Que 2016 venha com as decisões do STF necessárias ao Direito de Família. *Consultor Jurídico*, 13 dez. 2015. Disponível em: https://www.conjur.com.br/2015-dez-13/2016-venha-decisoes-necessarias-direito-familia#_ftnref1. Acesso em: 19 maio 2017.

SIQUEIRA, Dirceu Pereira; LIMA, Henriqueta Fernanda Chaves Alencar Ferreira. Multiparentalidade e a efetividade do direito da personalidade aos alimentos: uma análise a partir da visão do Supremo Tribunal Federal no RE nº 898.060. *Revista Direito em Debate*, ano XXIX, n. 53, p. 246-259, jul./dez. 2020. Disponível em: http://dx.doi.org/10.215227/2176-6622.2020.54.246-259.

SOUZA, Vanessa Ribeiro Corrêa Sampaio; FERNANDES, Manoela Gomes; ALMEIDA, Vitor. *A desjudicialização do direito de filiação e os direitos de crianças e adolescentes*: notas sobre o Provimento nº 83 do Conselho Nacional de Justiça. No prelo.

STJ autoriza desconstituição de paternidade mesmo após cinco anos de convivência. *IBDFAM*, 03 mar. 2015. Disponível em: http://www.ibdfam.org.br/noticias/5557/STJ+au toriza+desconstitui%C3%A7%C3o+de+paternidade+mesmo+apC3%B3s+cinco+anos+de +conviv%C3%AAncia#. Acesso em: 17 jan. 2019.

TARTUCE, Fernanda; SILVA, Erica Barbosa. Reconhecimento de paternidade socioafetiva no cartório de registro civil: mudanças significativas. *Revista IBDFAM – Famílias e Sucessões*, Belo Horizonte, v. 35, p. 41-50, set./out. 2019.

TARTUCE, Flávio. Anotações ao Provimento nº 63 do Conselho Nacional de Justiça. Parte I. *Migalhas*, 25 abr. 2018. Disponível em: http://www.migalhas.com.br. Acesso em: 3 maio 2018.

TARTUCE, Flávio. Anotações ao Provimento nº 63 do Conselho Nacional de Justiça. Parte II. *Migalhas*, maio 2018.

TARTUCE, Flávio. Da extrajudicialização da parentalidade socioafetiva e da multiparentalidade. *Migalhas*, 29 mar. 2017. Disponível em: http://www.migalhas.com.br/Fami liaeSucessoes/104,MI256444,31047-Da+extrajudicializacao+da+parentalidade+socioafet iva+e+da. Acesso: 29 abr. 2018.

TARTUCE, Flávio. *Direito Civil*. Rio de Janeiro: Forense, 2018. v. 5.

TARTUCE, Flávio. *Direito Civil*. Rio de Janeiro: Forense, 2018. v. 6.

TARTUCE, Flávio. O Provimento nº 83/2019 do Conselho Nacional de Justiça e novo tratamento do reconhecimento extrajudicial da parentalidade socioafetiva. *Revista "Entre Aspas"*, jan. 2020.

TARTUCE, Flávio. O Provimento nº83/2019 do Conselho Nacional de Justiça e o novo tratamento do reconhecimento extrajudicial da parentalidade socioafetiva. *Migalhas*, 28 ago. 2019. Disponível em: www.migalhas.com.br. Acesso em: 28 ago. 2019.

TARTUCE, Flávio. Propostas para a desburocratização do Direito de Família e das Sucessões brasileiro. *Migalhas*, jan. 2018. Disponível em: http://www.migalhas.com.br. Acesso em: 15 jan. 2018.

TAVARES DA SILVA, Regina Beatriz. Descabimento da multiparentalidade. *In:* MARTINS, Ives Gandra da Silva; CARVALHO, Paulo de Barros (Org.). *O Direito e a família*. São Paulo: Noeses, 2014.

TAVARES DA SILVA, Regina Beatriz. Multiparentalidade não poderia ter sido examinada pelo STF. *Regina Beatriz*, 28 set. 2016. Disponível em: http://www.reginabeatriz.com.br. Acesso em: 20 fev. 2017.

TAVARES DA SILVA, Regina Beatriz. Multiparentalidade: muitos pais e muitas mães para uma única criança. *Regina Beatriz*, 7 jul. 2016. Disponível em: http://www.reginabeatriz.com.br. Acesso em: 18 jul. 2016.

TEIXEIRA, Ana Carolina Brochado; RODRIGUES, Renata de Lima. A multiparentalidade como nova estrutura de parentesco na contemporaneidade. *Revista Brasileira de Direito Civil – RBDCivil*, Belo Horizonte, v. 4, p. 10-39, abr./jun. 2015, ISSN 2594-4932.

TEIXEIRA, Ana Carolina Brochado; RODRIGUES, Renata de Lima. *O Direito das Famílias entre a norma e a realidade*. São Paulo: Atlas, 2010.

TEIXEIRA, Ana Carolina Brochado; RODRIGUES, Renata de Lima. Quais devem ser os parâmetros para o reconhecimento jurídico da multiparentalidade? *In:* MATOS, Ana Carla Harmatiuk; TEIXEIRA, Ana Carolina Brochado; TEPEDINO, Gustavo. Direito Civil, Constituição e Unidade do Sistema. *Anais do Congresso de Direito Civil Constitucional – V Congresso IBDCivil*. Belo Horizonte: Fórum, 2019.

VALADARES, Maria Goreth Macedo. Como ficam as adoções perante a decisão do STF (RE 898.00) que reconheceu a possiblidade da multiparentalidade? *Revista IBDFAM – Famílias e Sucessões*, Belo Horizonte, v. 24, p. 23-38, nov./dez. 2017, ISSN 2358-1670.

VALADARES, Maria Goreth Macedo. *Multiparentalidade e as novas relações parentais*. Rio de Janeiro: Lumen Juris, 2016.

VALADARES, Maria Goreth; COELHO, Thais Câmara Maia Fernandes. Autoridade Parental e Multiparentalidade. *In:* TEIXEIRA, Ana Carolina Brochado; DADALTO, Luciana (Coord.). *Autoridade parental:* dilemas e desafios contemporâneos. Indaiatuba, SP: Foco, 2019.

VARGAS, Hilda Ledoux. *Parentalidade nas famílias neoconfiguradas*: as famílias com padrastos, madrastas e enteados. Curitiba: Juruá, 2017.

VELOSO, Zeno. *Direito brasileiro da filiação e paternidade*. São Paulo: Malheiros, 1997.

VENCELAU, Rose Melo. *O elo perdido da filiação:* entre a verdade jurídica, biológica e afetiva no estabelecimento do vínculo paterno-filial. Rio de Janeiro: Renovar, 2004.

VIEIRA DE CARVALHO, Luiz Paulo; COELHO, Luiz Cláudio Guimarães. Multiparentalidade e herança: alguns apontamentos. *Revista IBDFAM – Famílias e Sucessões*, Belo Horizonte, v. 19, p. 11-41, jan./fev. 2017, ISSN 2358-1670.

VILLELA, João Baptista. Desbiologização da paternidade. Separata da *Revista da Faculdade de Direito da Universidade Federal de Minas Gerais*, Belo Horizonte, ano XXVII, n. 21 (nova fase), maio 1979.

VILLELA, João Baptista. O modelo constitucional de filiação: verdade e superstições. *Revista Brasileira de Direito de Família*, Porto Alegre, v. 1, n. 2, jul./set. 1999.

WELTER, Belmiro Pedro. *Teoria tridimensional do Direito de Família*. Porto Alegre: Livraria do Advogado, 2009.

WELTER, Belmiro Pedro. Teoria tridimensional no Direito de Família: reconhecimento de todos os direitos das filiações genética e socioafetiva. *Ministério Público do Rio Grande do Sul*, 13 abr. 2009. Disponível em: http://www.mprs.mp.br/noticias/17076/. Acesso em: 9 dez. 2018.

Esta obra foi composta em fonte Palatino Linotype, corpo 10
e impressa em papel Pólen Bold 70g (miolo) e Supremo 250g (capa)
pela Gráfica Star7.